Vertiefen und vernetzen mit den Sonderseiten:

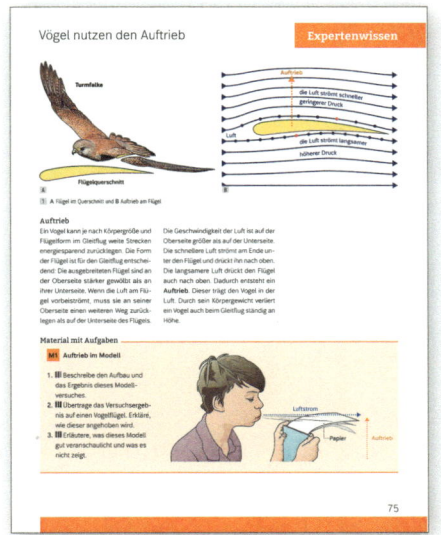

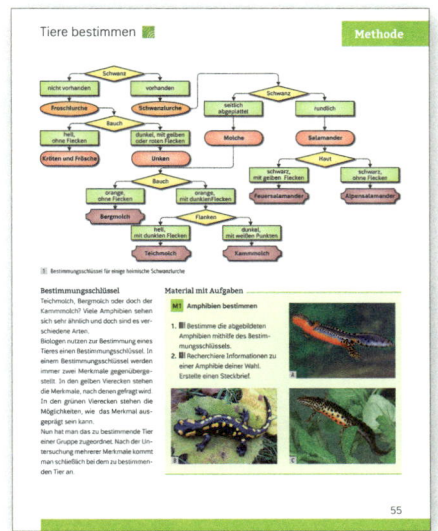

Expertenwissen: Auf diesen Seiten werden bestimmte Themen des Kapitels vertieft. Hier wirst du zur Expertin oder zum Experten.

Methode: Auf diesen Seiten werden dir naturwissenschaftliche Methoden vorgestellt. Du lernst auch, diese selber anzuwenden.

Auf einen Blick: Auf diesen Seiten werden verschiedene Themen des Kapitels miteinander vernetzt.

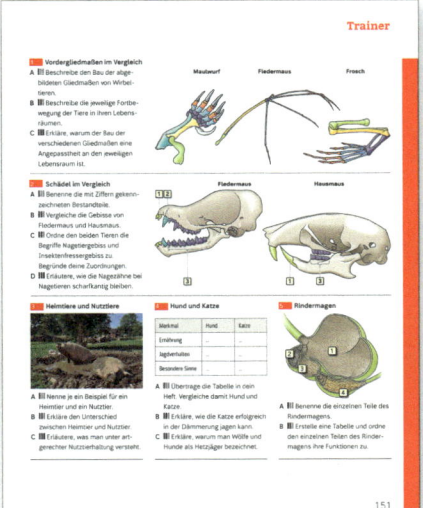

Zusammenfassung: Auf diesen Seiten sind die wichtigsten Inhalte des Kapitels noch einmal für dich zusammengefasst.

Trainer: Auf diesen Seiten findest du viele Aufgaben, mit denen du dein Wissen trainieren kannst.

Digital+

Digitale Ergänzungen zu deinem Buch erkennst du an dem Symbol **Digital+**. Gehe auf die Seite *www.westermann. de/blickpunkt-188463* und gib den Online-Schlüssel ein. Du kannst auch den QR-Code scannen und dann den Online-Schlüssel eingeben. Dort findest du Filme und Animationen passend zum jeweiligen Thema.

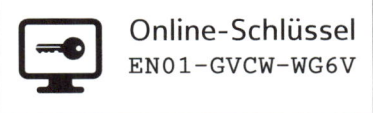

Online-Schlüssel
EN01-GVCW-WG6V

westermann

blickpunkt.

BIOLOGIE

5

in Teilen eine Bearbeitung von:

978-3-14-188025-0   978-3-14-102000-7   978-3-14-188170-7
978-3-14-188032-8   978-3-14-102001-4   978-3-14-188174-5

erarbeitet von: Nina Abels, Sandra Adamitzki, Horst Groth, Dr. Petra Hoppe, Tobias Hoppe, Jennifer Jakobsen, Daniel Kroll, Uwe Leiding, Nina Matzke, Daniela Mittler, Dr. Katharina Moschner-Rahe, Thomas Sudeik, Julia Volkmer, Petra Wolthaus

unter Mitarbeit der Verlagsredaktion

© 2024 Westermann Bildungsmedien Verlag GmbH, Georg-Westermann-Allee 66, 38104 Braunschweig www.westermann.de

Druck A[1] / Jahr 2024
Alle Drucke der Serie A sind im Unterricht parallel verwendbar.

Grafikkonzept: Atelier tigercolor Tom Menzel
Illustrationen: Atelier tigercolor Tom Menzel, Scharbeutz/Klingberg; Berghahn, Matthias, Bielefeld; Bláha, Marek, Offenbach am Main; Gall, Eike, Enkirch; Goessel, Hannes von, Erding; Hardel, Thorsten/www.39punkt.de (RV), Wees; Naumann, Andrea, Aachen; Rössler, Michal, Freiburg
Umschlaggestaltung: LIO Design GmbH, Braunschweig
Layout: LIO Design GmbH, Braunschweig
Druck und Bindung: Westermann Druck GmbH, Georg-Westermann-Allee 66, 38104 Braunschweig

ISBN 978-3-14-**188463**-0

Biologie, die Wissenschaft der Lebewesen

1

Fische in ihren Lebensräumen

2

Lurche und Kriechtiere in ihren Lebensräumen

3

Vögel in ihren Lebensräumen

4

Säugetiere in ihren Lebensräumen

5

Arbeiten mit Erschließungsfeldern

Bei allen Lebewesen kann man eine Vielzahl unterschiedlicher Merkmale und Eigenschaften beobachten. Viele Regeln und Erklärungsmuster tauchen aber in unterschiedlichen Themen immer wieder auf. Man bezeichnet diese Muster als Erschließungsfelder.

Sie helfen, übergeordnete Prinzipien und Zusammenhänge in den Naturwissenschaften besser zu verstehen und miteinander zu vergleichen.
Sie stehen miteinander in Verbindung und ermöglichen unterschiedliche Zugänge zu biologischen Themen.

Erschließungsfeld Bau und Funktion

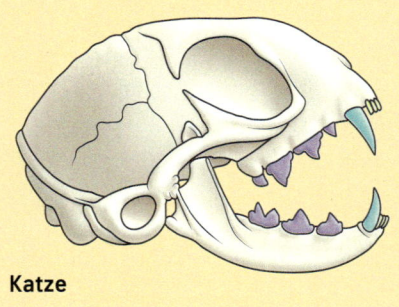

Katze

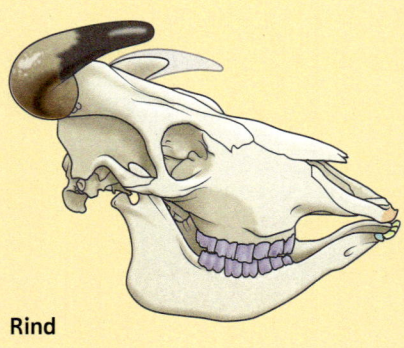

Rind

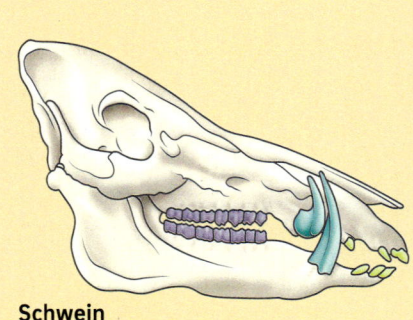

Schwein

Dem Bau von Lebewesen kann man stets eine biologische Bedeutung, also eine Aufgabe, zuordnen. Solche Baumerkmale bezeichnet man auch als Struktur. Jede biologische Struktur erfüllt eine bestimmte Funktion.

▸ Katzen sind reine Fleischfresser. Sie haben lange Eckzähne, mit denen sie ihre Beutetiere festhalten können. Mit ihren spitzen Backenzähnen zerteilen sie ihre Beutetiere.
Rinder haben als Pflanzenfresser kleine Eckzähne und breite Schneidezähne. Mit ihren breiten, flachen Backenzähne zermahlen sie Pflanzen.
Hausschweine besitzen spitze vordere Backenzähne, mit denen sie Fleisch zerreißen können. Mit ihren flachen hinteren Backenzähnen können sie pflanzliche Nahrung zermahlen. Die unterschiedlich gebauten Backenzähne kennzeichnen das Gebiss des Hausschweins als Allesfressergebiss.

Erschließungsfeld Fortpflanzung

Alle Lebewesen erzeugen Nachkommen und pflanzen sich fort.
Bei vielen Tieren gibt es Männchen und Weibchen. Nach der Begattung des Weibchens durch das Männchen kommt es zur Befruchtung der Eizelle. Aus dieser befruchteten Eizelle entwickelt sich ein neues Lebewesen. Lebewesen vermehren sich. Ihre Nachkommen entwickeln sich im Laufe der Zeit und verändern sich dabei.

▸ Katzen entwickeln sich in wenigen Monaten von hilflosen Kätzchen zu erwachsenen Katzen. Diese können sich wieder fortpflanzen und neue Nachkommen hervorbringen.

Erschließungsfeld Angepasstheit

Alle Lebewesen sind durch ihre Merkmale an ihren jeweiligen Lebensraum angepasst. So haben Vertreter bestimmter Gruppen zwar dieselben Strukturen, diese können sich aber im Bau und so auch in ihrer Funktion unterschieden.

▸ Mit ihren Kletterfüßen und ihrem Stützschwanz können sich Specht gut am Baumstamm festhalten. Ihre Nahrung finden sie unter Rinde, die sie mit ihrem Meißelschnabel aufhacken. Mit ihrer Schleuderzunge spießen sie wirbellose Tiere auf un verspeisen sie.

▸ Mit seinen großen Pupillen und seinem weit drehbaren Kopf beobachtet der Uhu nachts seine Umgebung. Hat er ein Beutetier erspäht, fliegt er dank spezieller Federn lautlos auf sein Beutetier zu. Er packt es mit seinem Greiffuß mit Wendezehe.

Meißel-
schnabel

drehbarer
Kopf

große
Pupille

Schleuderzunge

Kletterfuß

Hakenschnabel

Stützschwanz

Greiffuß
mit Wendezehe

Federn

Erschließungsfeld Vielfalt

Auch innerhalb einer Gruppe sind Lebewesen sehr vielfältig. Sie unterscheiden sich in ihren Merkmalen und in ihrem Verhalten. Auch innerhalb einer Art unterscheiden sich die Lebewesen.

▸ Die Klasse der Säugetiere ist sehr vielfältig. Es gibt an den Lebensraum Wasser angepasste Säugetiere wie Wale, fliegende Säugetiere wie Fledermäuse und eine große Vielfalt von Säugetieren an Land mit verschiedenen Merkmalen.

Braunes
Mausohr

Schweinswal

Katta

Dromedar

Löwe

Hausrind

Walross

Igel

Pottwal

Berggorilla

Giraffe

Rothirsch

Wolf

Eich-
hörnchen

Eisbär

Feldhase

Wildschwein

Biologie, die Wissenschaft der Lebewesen

Womit beschäftigt sich die Biologie?
Was kennzeichnet Lebewesen?
Wie kann die Natur untersucht werden?

Die Biologie beschäftigt sich mit der Erforschung der Lebewesen. Dazu gehören, wo und wie sie leben, wie Lebewesen aufgebaut sind und wie bestimmte Prozesse bei Lebewesen ablaufen.

Ein Hund liegt auf dem Roboter und lässt sich tragen.
Der Roboter bewegt sich und der Hund nicht.
Warum ist der Roboter kein Lebewesen?

1 Hund auf einem Staubsaugerroboter

Kennzeichen des Lebendigen

Biologie beschäftigt sich mit Lebewesen

Die Biologie ist eine Naturwissenschaft. Sie befasst sich mit Lebewesen wie Pflanzen, Tieren und Menschen. Biologen untersuchen deren Aufbau und erforschen die Vorgänge, die in ihnen ablaufen. Sie klären auch die Frage, wie sich die verschiedenen Lebewesen im Laufe der Zeit entwickelten. Sie erforschen auch das Verhalten von Lebewesen in ihrer Umwelt.

Kennzeichen des Lebendigen

Jedes Lebewesen besitzt eine Reihe von Kennzeichen, die es von nicht lebenden Gegenständen unterscheidet. Man spricht von den **Kennzeichen des Lebendigen**. Fehlt auch nur eines dieser Kennzeichen, handelt es sich nicht um ein Lebewesen.

▸ **Fortpflanzung** • Begegnen sich eine paarungsbereite, läufige Hündin und ein Rüde, kann es zur Paarung kommen. Sie

2 Hund: **A** Mutter säugt ihre Jungtiere, **B** Welpe beim Spielen, **C** Erwachsener Hund

paaren sich. Nach etwa 62 Tagen bringt das Weibchen mehrere lebende Jungtiere zur Welt. So pflanzen sich Hunde fort.

Lebewesen stammen von anderen Lebewesen ab und bekommen auch selbst Nachkommen. Die **Fortpflanzung** ist ein Kennzeichen des Lebendigen.

▸ **Wachstum und Entwicklung** • Bei der Geburt wiegt ein Welpe je nach Rasse zwischen 70 und 700 Gramm. Er nimmt an Körpergröße und Körpergewicht zu. Er wächst. Das Jungtier entwickelt sich mit der Zeit zu einem erwachsenen Hund. Ein ausgewachsener Hund kann je nach Rasse zwischen 3 und 120 Kilogramm schwer werden.

Wachstum und **Entwicklung** sind ebenfalls Kennzeichen des Lebendigen.

▸ **Bewegung** • Nach der Geburt bewegt sich der Welpe eigenständig zu den Milchdrüsen der Mutter und wird mit Muttermilch gesäugt. Je älter er wird, desto mehr läuft und springt er umher. Diese aktive **Bewegung** kennzeichnet ebenfalls ein Lebewesen.

▸ **Reizbarkeit** • Hunde jagen sehr gerne geworfenen Bällen hinterher. Dabei verfolgen sie mit ihren Augen den Ball, um ihn manchmal sogar schon aus der Luft zu fangen. Hunde nehmen also Reize mit ihren Sinnesorganen auf und reagieren darauf. Jedes Lebewesen kann Reize aus seiner Umgebung aufnehmen und auf diese reagieren.

Diese **Reizbarkeit** ist ein weiteres Kennzeichen des Lebendigen.

▸ **Stoffwechsel** • Mit der Muttermilch nimmt der Welpe energiereiche Stoffe auf. Wenn er älter ist, frisst er Fleisch. Die aufgenommene Nahrung wird im Körper verdaut. Dabei werden die in der Nahrung enthaltenen Stoffe umgewandelt. So gewinnt der Hund Energie. Diese wird für das Wachstum und die Versorgung des Körpers genutzt. Die Aufnahme, den Umbau und die Abgabe von Stoffen durch Lebewesen bezeichnet man als **Stoffwechsel**.

Material mit Aufgaben

M1 **Kennzeichen des Lebendigen**

1. ▮▮ Vergleiche eine Drohne mit einem Uhu. Übernimm die Tabelle in dein Heft und ergänze sie.
2. ▮▮ Erläutere, ob die Drohne oder der Uhu ein Lebewesen ist. ✚
3. Wähle eine der Aufgaben aus:
   a ▮▮ Erkläre, ob eine Wolke ein Lebewesen ist.
   b ▮▮ Erkläre, ob es sich bei einer brennenden Kerze um ein Lebewesen handelt. Begründe deine Antwort.

Kennzeichen	Drohne	Uhu
Fortpflanzung	...	...
Wachstum und Entwicklung	...	...
Bewegung	...	...
Reizbarkeit	...	...
Stoffwechsel	nein	...

3 Eiche: **A** Keimling, **B** ausgewachsener Baum

Sind Pflanzen auch Lebewesen?

Wenn Pflanzen Lebewesen sind, müssen sie alle Kennzeichen des Lebendigen zeigen.

Das **Wachstum** und die **Entwicklung** kann man an der Eiche gut beobachten. Aus einem heruntergefallenen Samen wachsen Wurzeln und ein Stängel. Im Laufe der Zeit wächst der Stängel zu einem mächtigen Baumstamm mit vielen Ästen heran. Es entwickelt sich eine Baumkrone mit vielen Laubblättern. Im Frühjahr bildet eine Eiche Blüten, in denen sich später wieder neue Samen bilden. Ihre Blüten mit den Samen dienen der **Fortpflanzung**.

Die Blüten der Gänseblümchen sind am Morgen noch geschlossen. Mit dem ersten Sonnenlicht öffnen sich die Blüten. Wenn die Sonne untergeht, schließen sich ihre Blüten wieder. Sie reagieren auf die Reize des Sonnenlichts. **Reizbarkeit** und **Bewegung** weisen auch Pflanzen auf. Alle Pflanzen nehmen Stoffe aus ihrer Umgebung auf. Mithilfe des Sonnenlichts wandeln sie diese in ihren grünen Blättern in Traubenzucker und später in andere Nährstoffe um. Dabei geben sie Sauerstoff an die Luft ab. Pflanzen nehmen Stoffe auf, wandeln sie um und geben andere Stoffe wieder ab. Sie haben einen **Stoffwechsel**.

Material mit Aufgaben

M2 **Venusfliegenfalle**

Die Venusfliegenfalle kommt aus den USA. Sie wächst in mineralstoffarmen Böden. Daher fängt und „verdaut" die Venusfliegenfalle kleine Tiere wie zum Beispiel Insekten. So erhält sie wichtige Stoffe für ihren Stoffwechsel.

1. ▮▮▮ Beschreibe den auf den Bildern dargestellten Vorgang.

2. ▮▮▮ Erkläre, welche Kennzeichen des Lebendigen bei der Pflanze in den Bildern gezeigt werden. ✛

3. ▮▮▮ Erkläre die Bedeutung des Vorgangs für die Venusfliegenfalle.

Zellen – Grundbausteine des Lebens

Lebewesen bestehen aus Zellen

Untersuchungen mit dem Mikroskop zeigen eine weitere Gemeinsamkeit aller Lebewesen. Die kleinen „Körperbausteine", die man mit dem Mikroskop entdeckt, sind die kleinsten Einheiten des Lebens. Alle Lebewesen bestehen aus diesen **Zellen**. In ihnen laufen alle Lebensvorgänge ab.

Einzeller und Vielzeller

Menschen, Tiere und Pflanzen bestehen aus Millionen von Zellen. Man nennt sie **Vielzeller**. Sie haben verschiedene Zellen, die unterschiedliche Aufgaben erfüllen. Meistens liegen gleichartige Zellen dicht beieinander und bilden einen Zellverband.

Viele winzige Lebewesen wie die Amöbe oder das Pantoffeltierchen bestehen aus nur einer einzigen Zelle. Die Amöbe und das Pantoffeltierchen gehören zu den **Einzellern**.

Die Amöbe lebt zum Beispiel in kleinen Wassertröpfchen in Moospolstern. Sie kann chemische Stoffe im Wasser erkennen und so kleine Nahrungsteilchen aufspüren. Sie bewegt sich aktiv auf die Nahrungsteilchen zu, umfließt die Nahrung und nimmt sie dann in ihr Zellinneres auf. Unverdauliche Reste scheidet die Amöbe wieder aus. Ist die Amöbe groß genug, kann sie sich teilen. Aus einer Amöbe werden zunächst zwei kleinere Amöben. Sie wachsen jeweils zu ihrer endgültigen Größe heran. Einzeller wie die Amöbe zeigen also alle Kennzeichen des Lebendigen.

A Nenne die Unterschiede zwischen einem Menschen und einer Amöbe.

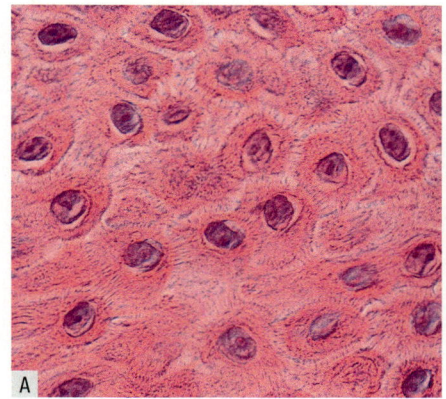 

1 Zellen: **A** Tierzellen, **B** Pflanzenzellen

Material mit Aufgaben

M1 Amöbe

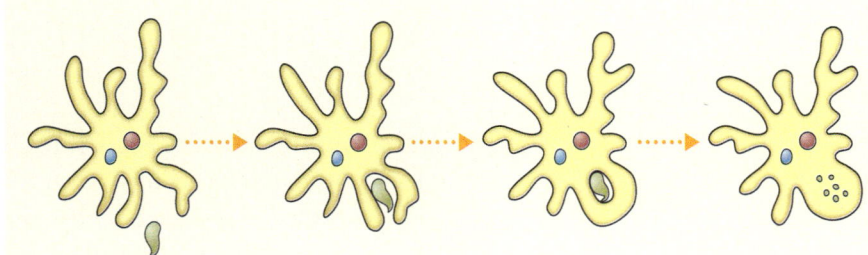

A Amöbe beim Fressen

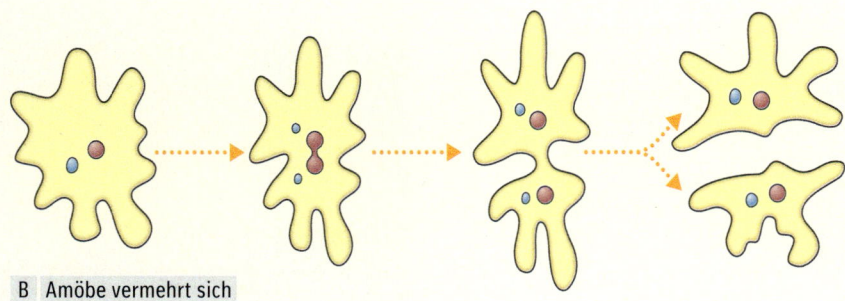

B Amöbe vermehrt sich

1. ▮▮▮ Beschreibe, wie sich die Amöbe ernährt.
2. ▮▮▮ Beschreibe, wie sich die Amöbe vermehrt.
3. ▮▮▮ Stelle anhand des Textes und der Bilder heraus, dass Einzeller alle Kennzeichen des Lebendigen zeigen.

Im naturwissenschaftlichen Unterricht wird viel experimentiert. Was muss dabei alles beachtet werden?

1 Schüler und Schülerinnen beim Experimentieren

Arbeiten im Fachraum

Experimentieren im Fachraum

In den Naturwissenschaften wird oft experimentiert. Viele Experimente werden zu zweit oder in Gruppen durchgeführt. Damit jeder weiß, was er zu tun hat, sollten die Aufgaben vorher verteilt und besprochen werden. Der Arbeitsplatz sollte auch beim Experimentieren aufgeräumt sein. Zur Vermeidung von Unfällen müssen die Sicherheitsregeln und die Anweisungen der Lehrkraft eingehalten werden.

Sicherheitsregeln

Damit man sich und andere beim Experimentieren nicht verletzt, muss man Einiges beachten:

▸ **Nicht essen** • Im Fachraum darf man nicht essen und trinken. Man darf auch keine Lebensmittel offen herumstehen lassen.

▸ **Schutzbrille** • Eine Schutzbrille muss beim Experimentieren mit Gasbrennern, Chemikalien oder auf Anweisung der Lehrkraft getragen werden.

▸ **Versuchsaufbau** • Der Aufbau sollte immer auf einer festen Unterlage und die Geräte in sicherer Entfernung zur Tischkante stehen.

▸ **Wärmequellen** • Beim Umgang mit Gasbrennern, Herdplatten oder Kerzen muss man vorsichtig sein. Wärmequellen sollten sicher auf einer festen, nicht brennbaren Unterlage stehen. Es dürfen sich in ihrer Nähe keine brennbaren Materialien wie Papier befinden.

▸ **Umgang mit Strom** • Nur auf Anweisung der Lehrkraft werden Geräte ein- und ausgesteckt.

Sicherheitseinrichtungen

Im Fachraum gibt es nicht nur Anschlüsse für Wasser, Strom und Gas. Einrichtungen wie der Erste-Hilfe-Kasten mit Verbandsmaterial dienen der Sicherheit:

▸ **Not-Ausschalter** • Den Not-Aus-Schalter findet man neben den Türen und am Lehrerpult. Wird der rote Knopf gedrückt, wird der elektrische Strom abgeschaltet und die Gaszufuhr wird sofort unterbrochen.

▸ **Augendusche** • Gelangen beim Experimentieren Fremdkörper ins Auge, muss schnell der Fremdkörper entfernt werden. Mit der Augendusche kann man im Notfall schnell das Auge ausspülen.

▸ **Fluchtweg** • Das grüne Schild zeigt den schnellsten Fluchtweg ins Freie. Bei einem Brand bringt man sich so in Sicherheit und sammelt sich an einem Sammelplatz.

▸ **Löschmittel** • Ein kleiner Brand kann häufig mit einer **Löschdecke** oder einem **Feuerlöscher** gelöscht werden. Bei größeren Bränden muss man schnell die Feuerwehr rufen.

▸ **Abzug** • Bei vielen Experimenten entstehen giftige Gase, die gesundheitsschädlich sind. Diese Experimente müssen unter dem Abzug von der Lehrkraft durchgeführt werden.

Arbeitsplatz aufräumen

Nach dem Experimentieren muss man seinen Arbeitsplatz aufräumen. Die benutzten Geräte und Materialien werden immer sauber zurückgestellt. Reste von Chemikalien müssen besonders entsorgt werden. Dafür müssen die Anweisungen der Lehrkraft befolgt werden.

Augendusche — Erste-Hilfe-Kasten — Not-Ausschalter — Fluchtweg

2 Sicherheitseinrichtungen im Fachraum

Material mit Aufgaben

M1 Arbeiten im Fachraum

1. ⫼ Nenne die Sicherheitseinrichtungen, die in dem Bild zu sehen sind.

2. ⫼ Erkläre, warum Sicherheitseinrichtungen wichtig sind. ✚

3. ⫼ Beschreibe, welche Sicherheitsregeln die Schülerinnen und Schüler im Bild beachten. ✚

15

Wie kommen Forscherinnen und Forscher zu neuen Erkenntnissen?

1 Arbeiten in einem Forschungslabor

So arbeiten Forscher

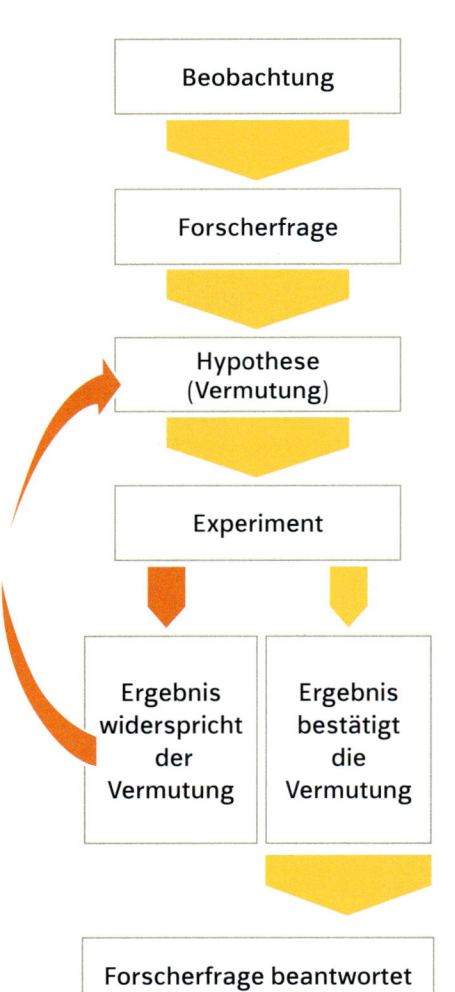

2 Weg der Erkenntnis

Um zu neuen Erkenntnissen in den Naturwissenschaften zu kommen, gibt es einen ganz bestimmten Weg.

Von der Beobachtung zur Hypothese

Am Anfang steht meistens eine Beobachtung. Das kann eine Beobachtung aus der Natur sein oder aus dem Alltag. Aus dieser Beobachtung ergeben sich oft Fragen. Diese Fragen möchte ein Naturwissenschaftler lösen. Dazu stellt man verschiedene Überlegungen an. Welche Idee ist am wahrscheinlichsten? Schließlich entscheidet man sich für eine bestimmte Vermutung, eine so genannte Hypothese.

Von der Hypothese zur Erkenntnis

Die Hypothese muss nun geprüft werden – meistens durch ein **Experiment**. Bestätigt das Ergebnis des Experiments die Hypothese, dann hat man eine **neue Erkenntnis** gewonnen.

Viele Hypothesen erweisen sich als falsch

Stimmt das Ergebnis des Experiments nicht mit der Hypothese überein, muss man eine neue Hypothese finden. Doch jeder Irrtum ist auch ein Schritt hin zur Lösung, weil man dann eine bestimmte Vermutung ausschließen kann. Auch eine neue Hypothese muss dann durch ein Experiment überprüft werden.

Naturwissenschaftler machen eine Beobachtung oder stellen eine Frage. Sie formulieren eine Vermutung und prüfen sie durch ein Experiment. Bestätigt das Ergebnis die Vermutung, ist die Frage beantwortet. Falls nicht, muss eine neue Vermutung gefunden werden.

A Erkläre das Fremdwort Hypothese.
B Erläutere, wie man eine Hypothese überprüft.

M1 Forschen im Alltag

Eine interessante Beobachtung

Marie hat keine Lust, die Suppe zu essen, sie meckert: „...ih, was sind denn das für runde Dinger auf der Suppe?" „Na das sind doch bloß kleine Fett-Tröpfchen. Die schwimmen oben, weil Fett leichter als Wasser ist; das ist ganz normal. Man sagt übrigens auch Fettaugen dazu.

Aber nun iss doch endlich, die Suppe ist gesund. Da sind Kartoffeln, Möhren, Lauch und Kräuter drin".

Doch Marie ist etwas aufgefallen: „Die runden Fettaugen haben viel mehr Farbe als der Rest der Suppe. Das ist doch komisch ..."

Eine Vermutung ...

Marie fragt ihre Mutter, warum die Fett-Tröpfchen dunkler orange aussehen als die restliche Suppe. Sie antwortet: „Ist das wirklich so?

Ich weiß es nicht. Vielleicht hat es mit den Möhren zu tun? Denn die sind doch auch orangefarben."

Marie denkt nach...: „Stimmt, von den Kartoffeln und den grünen Kräutern wird die orange Farbe wohl nicht herkommen."

Marie vermutet, dass die orange Farbe der Fett-Tröpfchen von den Möhren stammt. Aber ob es wirklich so ist und warum das so ist, das weiß sie nicht. Sie beschließt, ein Experiment zu machen.

Ein Experiment hilft weiter

Marie schneidet ein Stück einer Möhre in kleine Stücke und gibt diese in ein leeres Marmeladenglas. In das Glas füllt sie etwas heißes Wasser und ein wenig Pflanzenöl. Dann rührt sie ein bis zwei Minuten gut um. Zum Schluss gibt sie noch etwas kaltes Wasser darauf.

Und tatsächlich: Oben schwimmt Fett mit gelborangem Farbton. Die wässrige Schicht darunter ist dagegen farblos.

Damit ist die Frage geklärt:
Die Fettaugen auf der Suppe sind orange, weil das Fett den roten Farbstoff aus den Möhren herausgelöst hat. In Wasser dagegen löst sich der orange Farbstoff nicht. Dieses Problem hat Marie also gelöst.

1. ▐▐▐ Notiere die Stichworte aus der Abb. 2 (links). Schreibe zu jedem Begriff dazu, was aus Maries Geschichte dazu passt.

2. ▐▐▐ Der orange Farbstoff in Möhren ist sehr gesund. Ein Tipp zur gesunden Ernährung lautet, dass man Möhren immer mit etwas Fett zubereiten soll.
Vermute, warum man diesen Rat gibt.

Beobachten und beschreiben

Das Eichhörnchen ist vom Kopf bis zum Schwanzende ungefähr 40 cm lang. Sein Körper ist sehr schlank. Es hat einen langen, buschigen Schwanz. An den Vorder- und Hinterbeinen befinden sich lange Krallen an den Pfoten. Sein Fell ist rotbraun.

1 Beschreibung eines Eichhörnchens

Beobachten

Das ganze Jahr über können viele Tiere beobachtet werden. Während Insekten, Spinnen und Schnecken besonders von Frühling bis Herbst zu finden sind, sieht man manche Vögel das ganze Jahr. Um Tiere in der Natur beobachten zu können, werden zum Beispiel Ferngläser, Lupen, Bechergläser und auch Pinsel, Kescher und Pinzetten benötigt. Mit dem Kescher kann man durch Wiesen oder den Rasen streichen. Mithilfe von Pinzetten und Pinseln können kleine Tiere aufgesammelt werden, die unter Steinen zu finden sind. Auf der Suche nach Tieren ist es wichtig, sich ruhig zu verhalten. Außerdem dürfen die Tiere nicht gequält werden. Setze sie nach der Beobachtung wieder aus.

Bei Beobachtungen sollte man sorgfältig und ruhig vorgehen. Ansonsten können einem Einzelheiten entgehen. Außerdem werden Beobachtungen nicht mit Erklärungen oder persönlichen Empfindungen vermischt. Beobachtungen können in Tabellen, Texten, Diagrammen oder Bildern festgehalten werden.

Material mit Aufgaben

P1 **Tiere beobachten**

Material: Kescher, Pinsel, Pinzette, Lupe, Schale, Gläser, Bestimmungsbücher oder Bestimmungsapps

Durchführung: Geht zu einer Wiese und streicht dort mit dem Kescher durch die Gräser. Sammelt die gefangenen Tiere mithilfe von Pinzette und Pinsel aus dem Kescher.

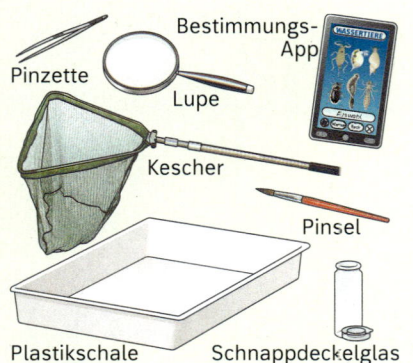

1. ▮▮▮ Beobachte die gefangenen Tiere mit der Lupe.

2. ▮▮▮ Such dir ein Tier aus und beschreibe es.

Beschreiben

Bei einer Beschreibung stellt man seine Beobachtungen von Lebewesen, Gegenständen oder Abläufen so dar, dass andere Personen sie verstehen oder erkennen können.

Bevor etwas beschrieben wird, sollte man sich geeignete **Kriterien** suchen. Danach werden Merkmale oder Eigenschaften beschrieben, die ein Kriterium kennzeichnen. Kriterien für die Beschreibung eines Tieres können zum Beispiel die Körpergliederung, die Körperbedeckung und das Verhalten sein.

Material mit Aufgaben

M2 Vögel am See

Rohrweihe

Graureiher

Rohrdommel

Bachstelze

Stockente

Eisvogel

Teichrohrsänger

Höckerschwan

Rohrammer

Haubentaucher

Kormoran

1. ▐▌ Beschreibe Aufenthaltsorte von Vögeln in und am See.

2. ▐▌ Suche dir zwei Vögel aus und beschreibe sie einem Mitschüler oder einer Mitschülerin so, dass sie das Tier erkennen.

> Warum hält der Mensch Tiere im Zoo?

1 Schimpansen im Gehege

Tiere im Zoo

Schimpansen in der Wildnis

Schimpansen zählen zu den Menschenaffen. Sie leben vor allem in den Regenwäldern Zentralafrikas. Die Schimpansen leben in Gruppen zusammen. Eine Gruppe besteht aus mehreren Männchen und Weibchen. Sie pflegen sich gegenseitig das Fell. Dies fördert auch den Gruppenzusammenhalt. Schimpansen sind Allesfresser. Jedoch bevorzugen sie pflanzliche Nahrung wie Früchte und Blätter. Nüsse knacken sie oft mit Steinen. Sie fressen aber Insekten, die sie mit kleinen Stöckchen aus ihren Nestern stochern. Die Tiere verbringen daher die meiste Zeit des Tages mit der Futtersuche. Dabei legen sie in ihrem Revier weite Strecken zurück, graben oder klettern auf Bäumen.

Haltung in modernen Zoos

In wissenschaftlichen geführten Zoos leben Schimpansen in Gruppen aus mehreren Männchen und Weibchen. Sie haben abwechslungsreich gestaltete Gehege mit Rückzugsräumen und vielen Klettermöglichkeiten. In Zoos müssen die Tiere nicht zeitaufwändig nach Nahrung suchen, sondern werden regelmäßig gefüttert. Dabei berücksichtigen die Tierpfleger die natürlichen Verhaltensweisen der Zootiere. Die Fütterung der Schimpansen wird deshalb abwechslungsreich gestaltet. Nahrung wird dazu versteckt oder auch in einem Eisblock eingefroren. Die Schimpansen sind lange beschäftigt, die Nahrung mit Stöcken und Fingern aus dem Eis oder aus Stocherkästen herauszulösen.

2 Schimpansen auf Futtersuche im Zoo

Zoos im Wandel

Früher hielten sich wohlhabende Menschen exotische Tiere in privaten Gehegen zur Belustigung, zum Jagen oder auch dazu ihren Reichtum zur Schau zu stellen. Erst im 18. Jahrhundert wurden Zoos für die Bevölkerung geöffnet. Jedoch waren die Gehege und Käfige für die meisten Tiere viel zu klein. Die Tiere konnten sich weder verstecken oder selbst nach Nahrung suchen. Oft wurde Tiere auch allein ohne Artgenossen gehalten. Viele Tiere erkrankten schnell und starben. In heutigen, modernen Zoos sind die Gehege wesentlich größer. Die Zoos berücksichtigen die Bedürfnisse der Tiere und sie können ihre natürlichen Verhaltensweisen zeigen. Die Zoos bieten eine gute Möglichkeit das Verhalten der Tiere zu beobachten und viel über die Tiere zu lernen.

Schutz bedrohter Arten

Durch den Eingriff des Menschen in die Lebensräume der Tiere, zum Beispiel durch das Abholzen der Regenwälder, durch den stetigen Ausbau landwirtschaftlicher Flächen oder den Bau von Städten, verlieren viele Tierarten ihren Lebensraum. Der durch den Menschen verstärkte Klimawandel lässt das Eis in der Arktis schmelzen. Daher verkleinert sich zum Beispiel der Lebensraum des Eisbären. Die Zahl freilebender Eisbären sinkt daher in den letzten Jahren deutlich. Der Mensch jagt auch gezielt viele Tiere. Nashörner werden oft wegen ihrer Hörner gejagt und getötet. Viele Privatpersonen wollen ich tropische Tiere wie Korallenfische halten. Diese werden teilweise im großen Stil gefangen.

In Zoos werden viele vom Aussterben bedrohte gezielt vermehrt. Durch Zuchtprogramme konnten auch vom Aussterben bedrohte Tiere erfolgreich in Zoos nachgezüchtet werden. Viele Tiere konnten im Anschluss erfolgreich in ihrem natürlichen Lebensraum ausgewildert werden.

A Beschreibe natürliche Verhaltensweisen von Schimpansen.

B Beschreibe eine artgerechte Haltung von Schimpansen im Zoo.

C Plane eine Exkursion in einen Zoo in deiner Nähe.

3 Eisbärenhaltung heute

Material mit Aufgaben

M1 Zooumfrage

Schülerinnen und Schüler der Lewe-Waschek-Oberschule haben in ihrer Schule eine Umfrage zum Thema „Brauchen wir Zoos?" durchgeführt. Einige Aussagen sind hier aufgeführt.

1. ▊▊▊ Die Ziele eines Zoos lassen sich mit drei Begriffen beschreiben: Artenschutz – Bildung – Erholung. Beschreibe mit diesen Begriffen die Aufgaben von Zoos.
2. ▊▊▊ Ordne die Aussagen der Schülerinnen und Schüler nach Pro und Kontra.
3. ▊▊▊ Sammle Pro- und Kontra-Argumente für die Haltung von Tieren in Zoos. ✚
4. ▊▊▊ Entwirf einen Zoo, der optimale Bedingungen für Tiere bietet.

In Zoos lerne ich mehr als in Tier-Dokumentationen im Fernsehen.
Martin

Ich mag Zoos, weil dort Tiere wie das Löwenkopfäffchen gezüchtet werden, damit die Art nicht ausstirbt!
Niklas

Ich finde es toll durch die großen Parkanlagen im Zoo zu spazieren.
Elif

Ich hasse Zoos, weil alle Tiere in Gefangenschaft leben.
Lennard

Ich finde es eigentlich toll, Tiere im Zoo zu beobachten. Jedoch finde ich dort die Gehege viel zu klein!
Myriam

Manche Lebewesen oder Objekte sind zu klein oder zu weit entfernt, um sie genau zu betrachten. Welche Hilfsmittel gibt es?

1 Beobachtungen mit einer Lupe

Lupe und Binokular

Kleine Dinge betrachten

Manche Einzelheiten von Lebewesen sind so klein, dass man sie mit bloßem Auge nicht erkennen kann. Mit Hilfsmitteln zur **Vergrößerung** können Einzelheiten vergrößert betrachtet werden.

Material mit Aufgaben

M1 Arbeiten mit der Lupe

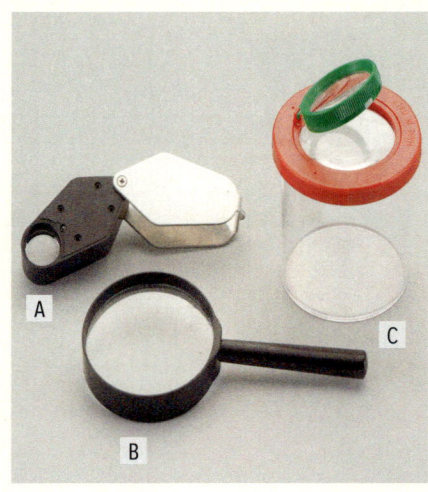

1. ‖‖ Ordne den Lupen die folgenden Bezeichnungen zu: Becherlupe, Einschlaglupe, Stiellupe.
2. ‖‖ Beschreibe mithilfe der Tabelle die Vor- und Nachteile der einzelnen Lupen. ⊞

Lupe	Vorteile	Nachteile
Becherlupe	auch für lebende Objekte	…
…	…	…

3. ‖‖ Erkläre, für welche Zwecke die verschiedenen Lupen jeweils geeignet sind. ⊞

Lupe

Mithilfe einer Lupe ist es möglich, zum Beispiel die Blüte einer Pflanze oder die Flügel eines Insektes bis zu 20-fach vergrößert zu betrachten.

Je nach Untersuchungsobjekt oder Untersuchungsort werden ganz unterschiedliche Lupen verwendet. Die kleinen **Einschlaglupen** vergrößern relativ stark. Sie sind gut für das Arbeiten im Freiland geeignet. **Stillupen** vergrößern nicht so stark. Dafür kann mit ihnen ein größerer Ausschnitt betrachtet werden. **Becherlupen** sind gut für die Beobachtung von bewegten Objekten wie Insekten geeignet.

Bei Untersuchungen mit Lupen sieht man immer nur mit einem Auge durch die Lupe. Das andere Auge bleibt geschlossen. Wenn möglich, bleibt die Lupe immer dicht am Auge und das zu untersuchende Objekt wird immer näher Richtung Auge bewegt, bis es scharf zu sehen ist.

Binokular

Mit einem Binokular kann man Gegenstände mit beiden Augen gleichzeitig betrachten. Daher können hiermit noch kleinere Strukturen erkannt werden als mit einer Lupe. Ein Binokular besteht aus mehreren geschliffenen und gewölbten Linsen. Die Linsen, die sich beim Beobachten unmittelbar vor dem Auge befinden, werden **Okular** genannt. Die Linse, die dem zu beobachtenden Gegenstand, dem Objekt, zugewandt ist, bezeichnet man als **Objektiv**. Mit dem Binokular, auch Stereolupe genannt, lässt sich ein Objekt mit beiden Augen gleichzeitig betrachten.

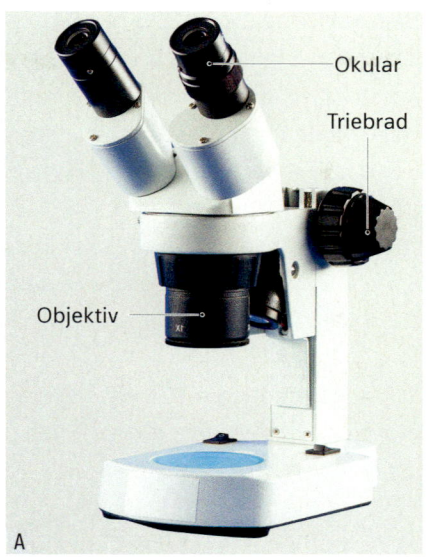

2 **A** Binokular, **B** Fernglas

Fernglas

Mithilfe von Lupen und Binokularen kann man kleine Objekte und Lebewesen untersuchen. Sollen aber weit entfernte Objekte genauer betrachtet werden, sind andere Hilfsmittel notwendig. Mit einem **Fernglas** können weit entfernte Objekte, wie zum Beispiel Vögel, beobachtet werden. Wie auch beim Binokular, kann man mit einem Fernglas Objekte mit zwei Augen betrachten. Allerdings ist bei einem Fernglas das Objektiv weniger gekrümmt als das Okular. Dadurch werden entfernte Objekte scharf gesehen.

A Beschreibe den Unterschied zwischen einer Lupe und einem Fernglas.

B Betrachte kleine Blüten oder Insekten mit der Lupe und dem Binokular möglichst bei gleicher Vergrößerung. Zeichne die Objekte, die du betrachtest.

Material mit Aufgaben

M2 **Arbeiten mit dem Binokular**

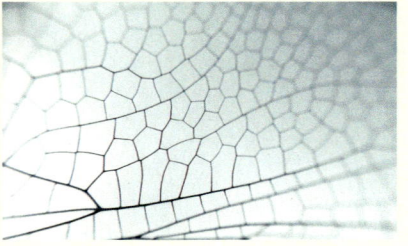

1. Beschreibe die Details, die du bei der Vergrößerung der Tulpenblüte erkennen kannst.
2. Beschreibe die Details, die du bei der Vergrößerung des Flügels der Libelle erkennen kannst.
3. Untersuche ein Objekt deiner Wahl mit dem Binokular. Arbeite mit unterschiedlichen Vergrößerungen.

Ein Versuchsprotokoll erstellen

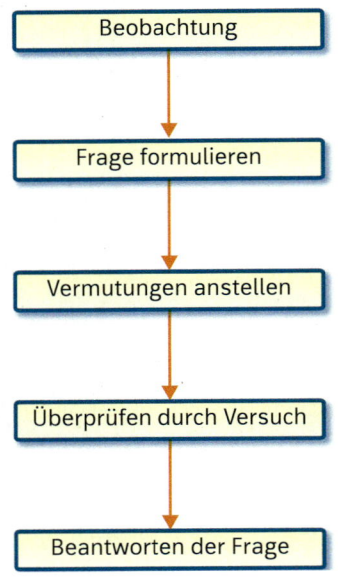

1 Erkenntnisgewinnung in den Naturwissenschaften

Bestandteile eines Protokolls

Damit der Vergleich von Versuchen einfacher ist, schreibt man Versuchsprotokolle. Darin werden der Versuchsaufbau und das Ergebnis vermerkt. So können auch andere Personen den Versuch durchführen und die Ergebnisse überprüfen. Ein Versuchsprotokoll besteht aus folgenden Teilen:

1. Frage formulieren: Am Anfang eines Protokolls wird eine Frage gestellt, die mit dem Versuch beantwortet wird.

2. Vermutungen anstellen: Zu deiner Frage werden Vermutungen angestellt. Beim Anstellen der Vermutungen nutzt man sein Vorwissen.

3. Versuche: Zu Überprüfung deiner formulierten Vermutungen werden Versuche durchgeführt.

A Liste der Materialien: Liste alle Versuchsmaterialien auf, die man für den Versuch benötigt.

B Versuchsskizze anfertigen: Wenn es aufwändigere Versuchsaufbauten sind, fertige eine einfache Zeichnung, eine Skizze, an. Dazu wird der Versuchsaufbau mit einem Bleistift skizziert.

C Versuchsdurchführung: Beschreibe möglichst genau die Durchführung des Versuchs. Je eindeutiger die Durchführung beschrieben ist, desto einfacher kann jemand anderes den Versuch ebenfalls durchführen.

4. Beobachtung und Ergebnis: Notiere deine Beobachtungen während des Versuchs. Messwerte können beispielsweise in Tabellen festgehalten werden.

5. Auswertung: Hier beantwortest du deine anfangs formulierte Frage. Deine Vermutungen werden überprüft. Sollte die eingangs angestellte Vermutung nicht zutreffen, kann es sein, dass sich aus dem Versuchsergebnis neue Fragen ergeben.
Mögliche Fehler, die während des Versuches auftauchen, werden hier angesprochen. Dies nennt man Fehlerdiskussion.
Wenn sich mithilfe des Versuchs deine Vermutungen nicht bestätigen lassen, müssen neue Vermutungen angestellt und überprüft werden.

Versuchsprotokoll   Name: Bianca Scholz   Datum 17.9.2019

Frage: Warum rollen sich Igel beim Winterschlaf ein?
Vermutungen: Die Körpertemperatur kann besser aufrechterhalten werden, da der Igel durch das Zusammenrollen weniger Wärme verliert.

Materialien: 2 Thermometer,
2 Stopfen mit Loch,
1 Messzylinder (100ml),
1 Rundkolben (100ml),
Stoppuhr, warmes Wasser

Versuchsaufbau:

100 ml

100 ml

Durchführung: In einen Messzylinder und einen Rundkolben werden je 100 ml warmes Wasser gefüllt. Beide Gefäße werden mit einem Stopfen verschlossen, in die zuvor ein Thermometer gesteckt wird. Die Wassertemperaturen werden nun im Abstand von 10 Minuten gemessen.

Beobachtungen:

Zeit in Minuten	Mess-zylinder	Rund-kolben
0	60 °C	60 °C
10	51 °C	55 °C
20	43 °C	51 °C
30	38 °C	47 °C
40	33 °C	44 °C
50	29 °C	41 °C
60	26 °C	38 °C

Ergebnis:
Die Temperatur im Messzylinder sinkt schneller ab, als die Temperatur Rundkolben.

Auswertung:
Im Messzylinder bedeckt das Wasser eine größere Fläche am Glasgefäß und gibt so schneller Wärme ab. Das Wasser im Rundkolben gibt langsamer Wärme ab.
Rollt sich ein Igel im Winter zusammen, kann er seine Körperwärme besser speichern und gibt weniger Wärme an seine Umgebung ab. Dadurch muss sein Körper auch weniger Energie aufwenden, um die Körpertemperatur aufrechtzuerhalten. Die Vermutung trifft also zu.

2 Ein Versuchsprotokoll

Material mit Aufgaben

M1 Funktion des Fells

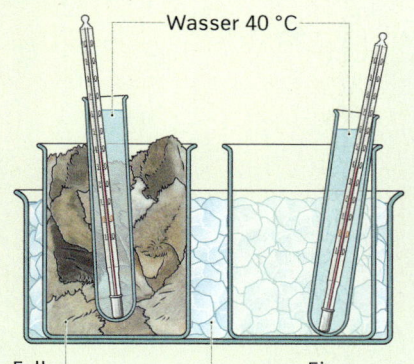

Wasser 40 °C

Fell — Eiswasser

	Reagenzglas 1	Reagenzglas 2
Beginn	40 °C	40 °C
nach 1 Minute	37 °C	33 °C
nach 2 Minuten	32 °C	25 °C
nach 3 Minuten	27 °C	20 °C
nach 4 Minuten	23 °C	15 °C

1. ▮▮▮ Ordne den Bauteilen im Versuch die entsprechenden Teile in der Wirklichkeit zu.
2. ▮▮▮ Erstelle für die Werte der beiden Reagenzgläser aus der Tabelle ein Liniendiagramm.
3. ▮▮▮ Werte die Versuchsergebnisse aus und erläutere die Funktion des Fells von Säugetieren.
4. ▮▮▮ Erstelle ein Versuchsprotokoll.
5. ▮▮▮ Statt Fell werden in zwei weiteren Versuchen jeweils Daunenfedern beziehungsweise Schwungfedern von Vögeln verwendet.
   Stelle begründete Vermutungen über die Versuchsergebnisse an.

P2 Verhalten von Pinguinen

Es wurde beobachtet, dass Pinguine dicht gedrängt zusammenstehen. Sie bewegen sich, sodass auch die Tiere am Rand bei eisiger Kälte in die Mitte gelangen. Warum machen sie das?

Material: 9 Reagenzgläser, 2 Bechergläser, Thermometer, Gummiband, warmes Wasser, Eis

Durchführung: Arbeitet in Gruppen mit 4-5 Personen zusammen. Baut die beiden Teilversuche auf. Jedes Reagenzglas stellt dabei einen Pinguin dar. Füllt die Reagenzgläser gleich hoch mit warmem Wasser (50 °C)

Teilversuch 1: Stellt ein gefülltes Reagenzglas in das mit Eis gefüllte Becherglas. Achtet darauf, dass das Reagenzglas sicher steht.

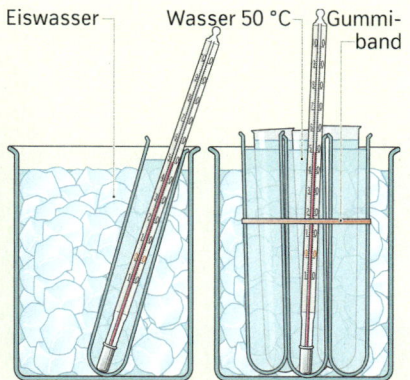

Eiswasser — Wasser 50 °C — Gummiband

Teilversuch 2: Bindet acht Reagenzgläser mit dem Gummiband zusammen, sodass eines in der Mitte ist. Stellt sie ins Becherglas mit Eis. Messt im Abstand von zwei Minuten die Wassertemperatur im einzelnen Reagenzglas und in den zusammengebundenen Reagenzgläsern. Messt dabei die Wassertemperatur in einem Reagenzglas aus der Mitte und in einem Reagenzglas vom Rand.

1. ▮▮▮ Übertragt die Tabelle in euer Heft und tragt die Wassertemperaturen ein.
2. ▮▮▮ Erklärt das Verhalten der Pinguine mithilfe der Versuchsergebnisse.
3. ▮▮▮ Erstellt ein Versuchsprotokoll.

	einzelnes Reagenzglas	zusammengebundene Reagenzgläser	
		am Rand	in der Mitte
Beginn	50 °C	50 °C	50 °C
nach 2 Minuten	...	...	...
nach 4 Minuten	...	...	...

Biologie ist eine Naturwissenschaft

Die Biologie ist eine Naturwissenschaft, die sich mit den Lebewesen befasst. Biologen untersuchen den Aufbau von Lebewesen sowie die Vorgänge, die in ihnen ablaufen. Auch die Entwicklung von Lebewesen im Laufe der Zeit und das Verhalten von Lebewesen in ihrer Umwelt sind Forschungsbereiche der Biologie.

Arbeitsgeräte und Arbeitsweisen

Naturwissenschaftler, wie Biologen, nutzen bestimmte Geräte für ihre Arbeit. Häufig möchten Biologen Lebewesen genau betrachten. Dazu verwenden sie Arbeitsgeräte, mit denen sie die Lebewesen vergrößert sehen und so ihre Einzelheiten genauer erkennen können.

Mit einer Lupe kann man Objekte bis zu 20-fach vergrößert sehen. Mit einem Binokular, durch das man mit beiden Augen blickt, noch größer. Höhere Vergrößerungen sind mit einem Mikroskop möglich. Mit einem Fernglas beobachtet man weiter Entferntes.

Kennzeichen des Lebendigen

Lebewesen haben bestimmte Kennzeichen, die sie von nicht lebenden Gegenständen unterscheiden: Fortpflanzung, Wachstum und Entwicklung, Bewegung, Reizbarkeit und Stoffwechsel. Ein Lebewesen zeigt immer alle diese Kennzeichen.

Lebewesen stammen von anderen Lebewesen ab und können Nachkommen zeugen. Das bezeichnet man als Fortpflanzung.

Lebewesen nehmen im Verlauf ihres Lebens an Körpergröße und Gewicht zu. Sie wachsen. Sie entwickeln sich auch aber auch weiter.

Lebewesen haben die Fähigkeit zur Bewegung. Die möglichen Bewegungen sind unterschiedlich.

Lebewesen zeigen eine Reizbarkeit. Pflanzen reagieren beispielsweise auf Licht, Menschen und Tiere nehmen mit ihren Sinnesorganen verschiedene Reize aus der Umwelt auf und reagieren darauf.

Lebewesen haben einen Stoffwechsel. Nährstoffe werden in den Körper aufgenommen, umgebaut und ausgeschieden. Aus den aufgenommenen Stoffen wird Energie für alle Lebensprozesse gewonnen.

Lebewesen bestehen aus Zellen

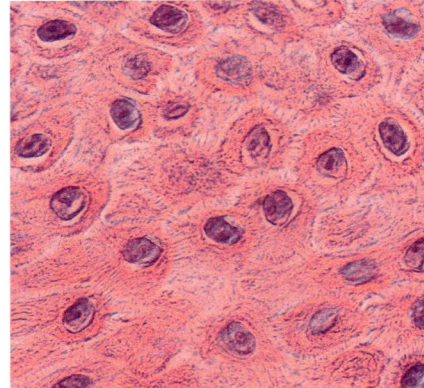

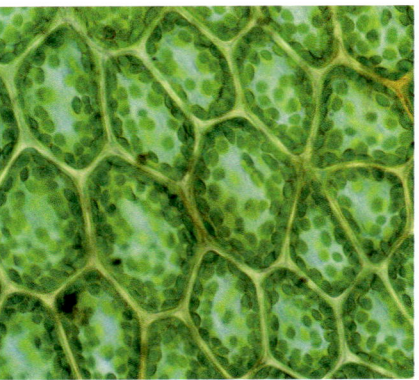

Untersuchungen mit dem Mikroskop zeigen eine weitere Gemeinsamkeit aller Lebewesen. Die kleinen „Körperbausteine", die man mit dem Mikroskop entdeckt, sind die kleinsten Einheiten des Lebens. Alle Lebewesen bestehen aus diesen Zellen. In ihnen laufen alle Lebensvorgänge ab.

Menschen, Tiere und Pflanzen bestehen aus Millionen von Zellen. Man nennt sie Vielzeller. Sie haben verschiedene Zellen, die unterschiedliche Aufgaben erfüllen. Viele winzige Lebewesen wie die Amöbe oder das Pantoffeltierchen bestehen aus nur einer einzigen Zelle. Die Amöbe und das Pantoffeltierchen gehören zu den Einzellern.

1 Arbeiten im Fachraum

A ▌ Benenne die zwei abgebildeten Sicherheitseinrichtungen im Fachraum.

B ▌ Beschreibe die Verwendungszwecke der zwei Sicherheitseinrichtungen.

C ▌ Nenne weitere Sicherheitseinrichtungen und Sicherheitsregeln im Fachraum.

D ▌ Beschreibe, worauf man beim Umgang mit Wärmequellen achten muss.

E ▌ Erläutere, warum ein Fachraum immer aufgeräumt sein muss.

F ▌ Stelle eine Vermutung dazu an, warum Naturwissenschaftler häufig Experimente durchführen.

2 Kennzeichen des Lebendigen

A ▌ Erkläre bei jeder Abbildung, ob es sich um ein Lebewesen handelt oder warum nicht.

B ▌ Nenne die möglichen Kennzeichen des Lebendigen, die in den Bildern zu sehen sind.

C ▌ Beschreibe für jedes Kennzeichen des Lebendigen ein weiteres Beispiel.

3 Tiere im Zoo

A ▌ Beschreibe Gründe, warum Wildtiere in Zoos gehalten werden.

B ▌ Beschreibe, welchen Beitrag Zoos zum Erhalt bedrohter Arten leisten.

C ▌ Erläutere, warum die Haltung von Wildtieren in Zoos auch umstritten ist.

D ▌ Erläutere am einem von dir gewählten Beispiel den Begriff artgerechte Tierhaltung.

Fische in ihren Lebensräumen

2

Wo leben überall Fische?

Wie atmen Fische?

Warum müssen Gewässer geschützt werden?

Fische sind eine vielfältige Tiergruppe. Sie leben im Meer, aber auch in heimischen Gewässern wie Seen und Flüssen.

Die Bachforelle kann sich im Wasser blitzschnell fortbewegen.
Wie kann sie im Wasser schwimmen?

1 Die Bachforelle lebt in klaren Bächen.

Die Fische

Fortbewegung im Wasser

Der Körper der Bachforelle unterteilt sich in Kopf, Rumpf und Schwanz. Zum Kopf und zum Schwanz hin läuft ihr Körper spitz zu. Durch diese Körperform strömt das Wasser leichter am Körper vorbei. Der Körper der Bachforelle ist **stromlinienförmig**. Ihre Haut ist mit Schuppen bedeckt, die wie Dachziegel übereinanderliegen. Die Haut ist so vor Verletzungen geschützt. Sie gibt nach außen Schleim ab. Die Bachforelle kann dadurch schnell durch das Wasser gleiten und ihre Beutetiere jagen.

Flossen

Die Bachforelle hat wie alle Fische Flossen. Diese bestehen aus feinen Knochenstäben, den Flossenstrahlen. Zwischen den Strahlen spannt sich die Flossenhaut. Durch Muskeln im Schwanz kann die Bachforelle mit der **Schwanzflosse** kräftig hin- und herschlagen. So bewegt sich die Bachforelle schlängelnd im Wasser vorwärts. Die **Rückenflosse** und **Afterflosse** halten die Bachforelle aufrecht. Die paarigen **Bauchflossen** und **Brustflossen** dienen vor allem der Steuerung im Wasser. Mit ihnen kann die Bachforelle langsam vorwärts und rückwärts schwimmen, sich drehen und bremsen. Bachforellen und Lachse haben zudem eine **Fettflosse**.

Material mit Aufgaben

M1 Flossen

1. ‖‖ Benenne die Flossen.
2. ‖‖ Ordne den Flossen die passenden Aufgaben zu. Erstelle dazu eine Tabelle. ▦
3. ‖‖ Neben den Flossen sind auch die Körperform und die Haut für die Fortbewegung der Fische im Wasser wichtig. Erkläre diesen Sachverhalt.

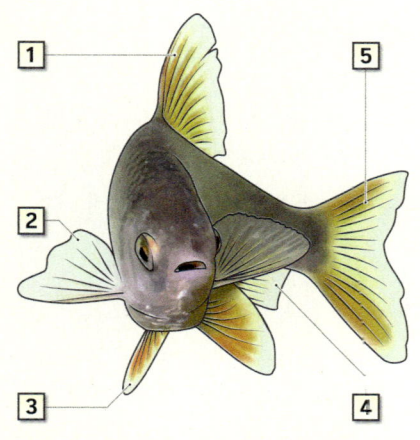

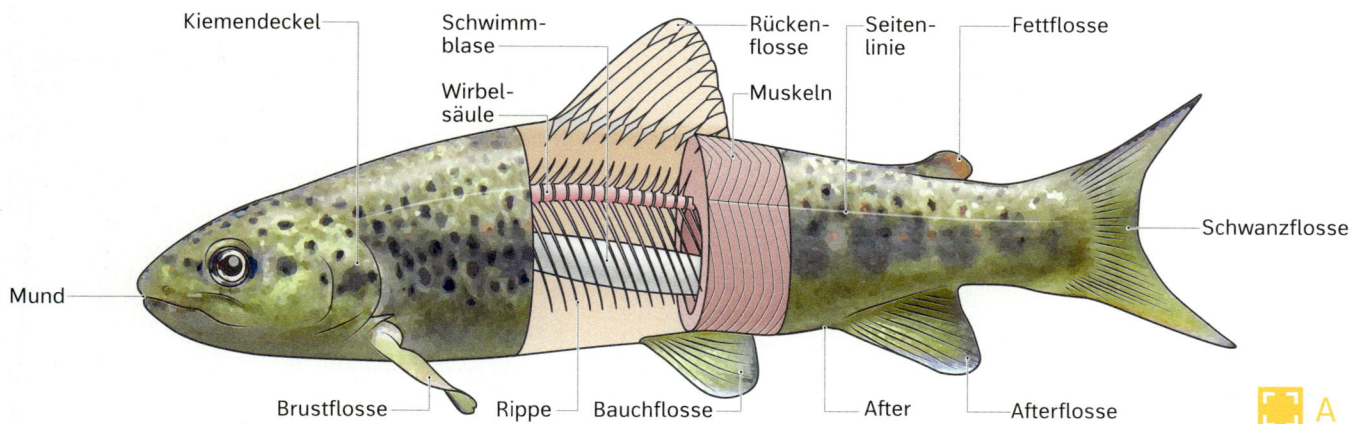

Kiemendeckel — Schwimmblase — Rückenflosse — Seitenlinie — Fettflosse

Wirbelsäule — Muskeln

Schwanzflosse

Mund

Brustflosse — Rippe — Bauchflosse — After — Afterflosse

A

2 Körperbau der Bachforelle

Körperbau

Den Körper der Bachforelle durchzieht eine **Wirbelsäule**. Sie besteht aus einzelnen Wirbeln. Fische sind Wirbeltiere. Die Rippen setzen an den Wirbeln an und schützen die inneren Organe. Zwischen den Muskeln liegen feine, verknöcherte Stäbe, die **Gräten**. Sie festigen den Rumpf und sind nicht mit der Wirbelsäule verbunden.

Ernährung

Die Bachforelle hat spitze Zähne und ernährt sich von kleinen Fischen und anderen Kleintieren. Der Wels ertastet am Grund von Seen mit langen Fäden am Maul, den Barteln, kleine Fische. Die Bachforelle und der Wels zählen zu den **Raubfischen**. Der Karpfen sucht mit seinen Barteln den Boden nach Nahrung ab. Er frisst Pflanzen und Kleintiere. Er zählt zu den **Friedfischen**. Diese haben meistens gar keine Zähne im Kiefer. ▶

A Nenne Angepasstheiten von Fischen an ihre Fortbewegung im Wasser.

Material mit Aufgaben

M2 Raubfisch und Friedfisch

Hecht

Karpfen

1. ▮▮▮ Beschreibe die Köpfe und die Körperform der beiden Fische.
2. ▮▮▮ Erkläre, ob der Hecht ein Friedfisch oder ein Raubfisch ist. ✚
3. Wähle eine der Aufgaben aus:
a ▮▮▮ Erkläre mithilfe der Körperform, welcher der beiden Fische der schnellere Schwimmer ist.

b ▮▮▮ Bei manchen Raubfischen ist die Position der Rückenflosse und Afterflosse so verändert, dass sie die Aufgabe der Schwanzflosse unterstützen. Erkläre diese Angepasstheit der Flossen mancher Raubfische.

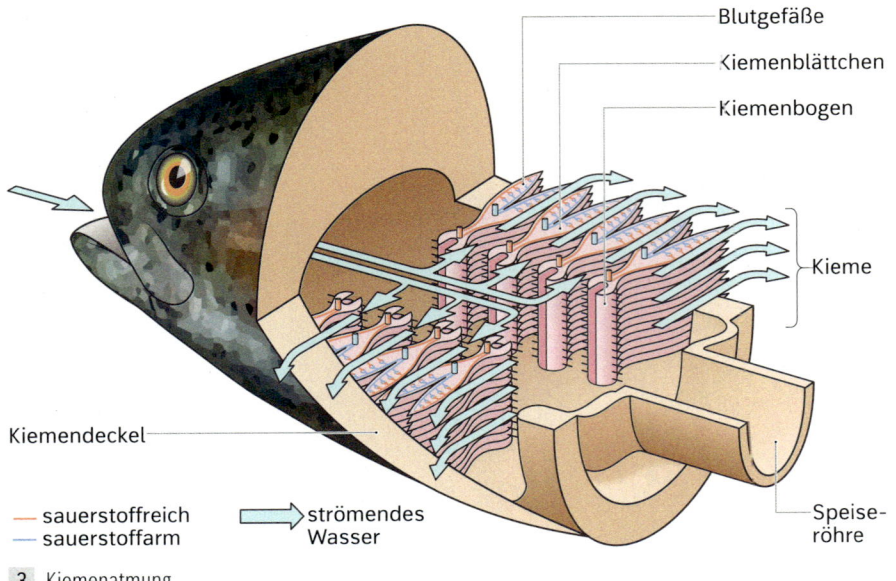

Blutgefäße
Kiemenblättchen
Kiemenbogen
Kieme
Speise-
röhre

Kiemendeckel

— sauerstoffreich
— sauerstoffarm

⇨ strömendes
Wasser

3 Kiemenatmung

Atmung unter Wasser

Fische können unter Wasser atmen. Sie nehmen den im Wasser gelösten Sauerstoff mit ihren Atmungsorganen, den **Kiemen**, auf. Diese liegen an beiden Kopfseiten und werden von harten Kiemendeckeln geschützt. Die Kiemen bestehen aus knöchernen Kiemenbögen, an denen hunderte hauchdünne, stark durchblutete **Kiemenblättchen** befestigt sind.

Atmungsvorgang

Beim Einatmen öffnet der Fisch sein Maul und saugt bei geschlossenen Kiemendeckeln Wasser ein. Beim Ausatmen presst er das Wasser mit pumpenden Bewegungen des Mauls durch die geöffneten Kiemendeckel nach außen. Das Wasser strömt an den Kiemenblättchen vorbei. Dabei wird Sauerstoff aus dem Wasser in die Blutgefäße der Kiemenblättchen aufgenommen. Der Sauerstoff wird dann mit dem Blut im Körper verteilt. Gleichzeitig wird das Kohlenstoffdioxid aus dem Blut über die Kiemenblättchen an das Wasser abgegeben.

Fische atmen mit Kiemen. Der im Wasser gelöste Sauerstoff wird über die Kiemenblättchen aufgenommen.

Körpertemperatur

Die Körpertemperatur der Bachforelle hängt von der Wassertemperatur ab. Fische zählen zu den **wechselwarmen** Tieren. Bachforellen bevorzugen kühle und sauerstoffreiche Gewässer.

B Beschreibe den Bau der Kiemen mithilfe von Bild 3.

Material mit Aufgaben

M3 Kiemenatmung

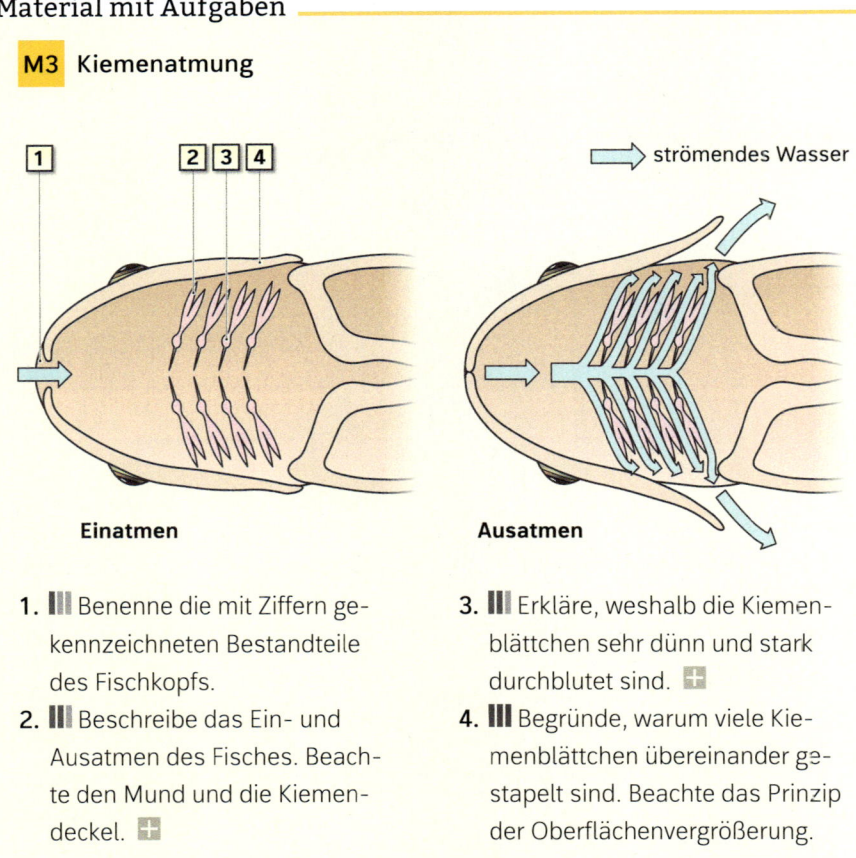

⇨ strömendes Wasser

Einatmen

Ausatmen

1. ▮▮▮ Benenne die mit Ziffern gekennzeichneten Bestandteile des Fischkopfs.
2. ▮▮▮ Beschreibe das Ein- und Ausatmen des Fisches. Beachte den Mund und die Kiemendeckel. ➕

3. ▮▮▮ Erkläre, weshalb die Kiemenblättchen sehr dünn und stark durchblutet sind. ➕
4. ▮▮▮ Begründe, warum viele Kiemenblättchen übereinander gestapelt sind. Beachte das Prinzip der Oberflächenvergrößerung.

Schwimmblase

Fische wie die Bachforelle können im Wasser schweben, aufsteigen oder auch absinken. Die Forelle hat direkt unter der Wirbelsäule einen mit Gas gefüllten Sack, die **Schwimmblase**. Die Gase gelangen über das Blut in die Schwimmblase und so auch wieder hinaus. In der Schwimmblase kann sich unterschiedlich viel Gas befinden. Wenn die Bachforelle nach oben steigt, nimmt die Schwimmblase mehr Gas auf. Sie wird größer. Wenn die Bachforelle im Wasser absinkt, gibt die Schwimmblase Gas an das Blut ab. Sie wird kleiner. So kann die Bachforelle in unterschiedlichen Wassertiefen schweben.

Sinnesorgane

An beiden Seiten der Bachforelle ist vom Kopf bis zur Schwanzflosse eine feine Linie zu erkennen, die **Seitenlinie**. Mit ihr kann die Bachforelle Strömungen des Wassers wahrnehmen. So kann sie Hindernissen ausweichen oder auch Fressfeinde wahrnehmen. Die Augen der Bachforelle befinden sich seitlich am Kopf. Sie kann dadurch gut nach vorn und nach hinten sehen. Mit ihren Geschmacksknospen am Mund kann die Bachforelle ihre Nahrung im Wasser aufspüren.

C Beschreibe die Aufgabe der Schwimmblase.

D Erkläre, warum ein Fisch in unterschiedlichen Wassertiefen schweben kann.

E Erkläre, wie Fische auch im trüben Wasser Beutetiere oder Hindernisse erkennen können.

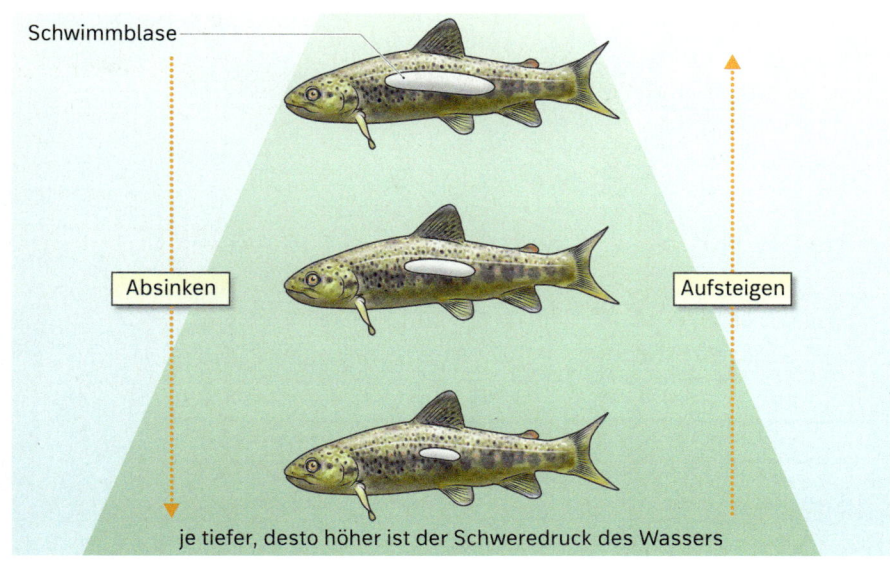

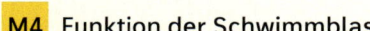

je tiefer, desto höher ist der Schweredruck des Wassers

4 Funktion der Schwimmblase

Material mit Aufgaben

M4 Funktion der Schwimmblase

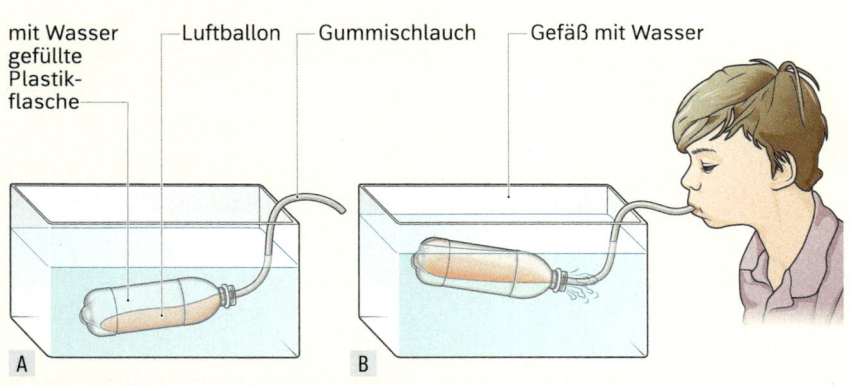

mit Wasser gefüllte Plastikflasche — Luftballon — Gummischlauch — Gefäß mit Wasser

A   B

1. ▮▮ Beschreibe den Aufbau und die Durchführung des Versuchs.
2. ▮▮ Beschreibe die Versuchsbeobachtungen.
3. ▮▮ Erkläre, wie du vorgehen musst, damit die Plastikflasche in halber Höhe im Wasser schwebt. ✚

4. Wähle eine der Aufgaben aus:
a ▮▮▮ Ordne die Teile des Modellversuches den Körperteilen des Fisches und seinem Lebensraum zu.
b ▮▮▮ Erkläre, ob dieser Modellversuch alle Vorgänge an der Schwimmblase zeigt.

Mit der Schwanzflosse schlägt das Forellenweibchen mehrmals ins Bachbett. In die so entstandene Grube legt es Eier ab. Wie entwickeln sich aus den Eiern Forellen?

1 Forellenweibchen schlägt eine Grube

Fortpflanzung und Entwicklung bei Fischen

Fortpflanzung

Während der Paarung gibt das Forellenweibchen bis zu 1 500 unbefruchtete Eier, den **Laich**, ins Bachbett ab. Gleichzeitig gibt das Forellenmännchen eine milchige Flüssigkeit ins Wasser über den Laich. Die in der Flüssigkeit enthaltenen Spermienzellen befruchten die Eizellen.

Die Befruchtung erfolgt außerhalb des Körpers des Weibchens. Diesen Vorgang nennt man **äußere Befruchtung**. Nach der Befruchtung bedeckt das Weibchen die Eier mit Kies und überlässt sie sich selbst. Es entwickelt sich im befruchteten Ei ein **Embryo**.

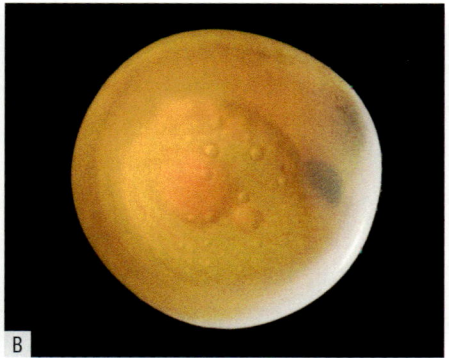

2 Entwicklung der Forelle: **A** Eier, **B** Ei mit Embryo, **C** Larven beim Schlüpfen, **D** Larven mit Dottersack, **E** Jungforelle, **F** erwachsene Forelle

Entwicklung

Etwa zwei Monate nach der Befruchtung schlüpfen aus den befruchteten Eiern die Jungtiere, die **Larven**. Die Larve der Forelle ist fast durchsichtig und ist nur wenige Millimeter groß. Sie ernährt sich zunächst von ihrem nährstoffreichen Dottersack an ihrer Bauchseite. Sie schwimmt zwischen den Kieselsteinen des Bachbetts, damit sie nicht von Fressfeinden entdeckt und gefressen wird. Erst wenn die Nährstoffe ihres Dottersacks fast aufgebraucht sind, verlässt sie als **Jungforelle** das schützende Bachbett und sucht im offenen Wasser nach Nahrung. Am Ende des ersten Jahres ist die Jungforelle etwa 10 bis 12 Zentimeter groß. Im Alter von zwei bis vier Jahren ist die Forelle etwa 30 Zentimeter groß. Sie ist nun geschlechtsreif und kann sich fortpflanzen. ▶

A Erkläre, warum man bei der Forelle von einer äußeren Befruchtung spricht.

B Erkläre, weshalb das Forellenweibchen vor der Paarung eine Grube mit ihrer Schwanzflosse ins Bachbett schlägt.

Material mit Aufgaben

M1 Entwicklung der Forelle

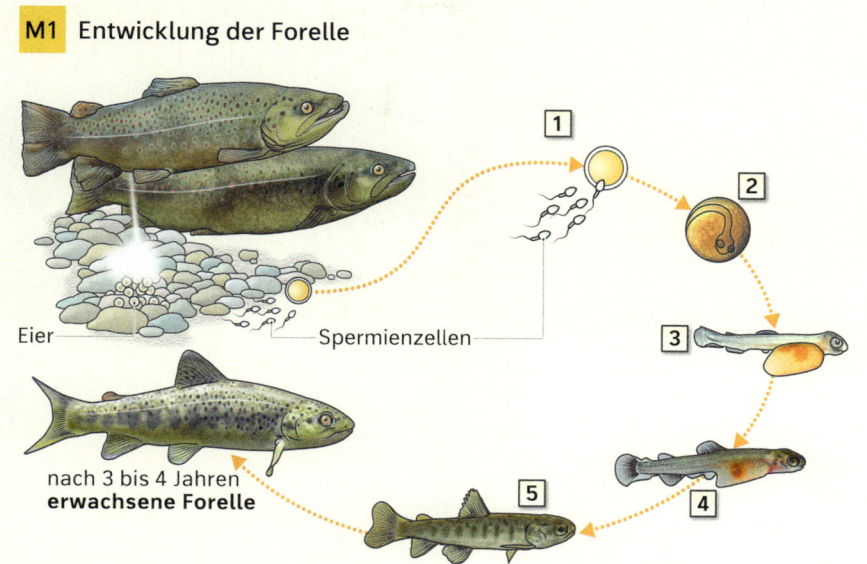

Eier — Spermienzellen

nach 3 bis 4 Jahren **erwachsene Forelle**

1. ▮▮▮ Ordne den Zahlen die folgenden Begriffe zu: Jungforelle, befruchtetes Ei, Embryo im Ei, Larve (3,5 Monate alt), Larve (2,5 Monate alt).

2. ▮▮▮ Beschreibe die Entwicklung der Forelle von der Larve zur erwachsenen Forelle. ➕

3. ▮▮▮ Erkläre, warum sich die Größe des Dottersacks während der Entwicklung verändert. ➕

4. Wähle eine der Aufgaben aus:

a ▮▮▮ Erkläre, warum das Forellenweibchen und das Forellenmännchen bei der Paarung ganz dicht zusammen schwimmen.

b ▮▮▮ Stelle Vermutungen an, weshalb Forellenweibchen eine große Anzahl von Eiern ins Bachbett ablegen.

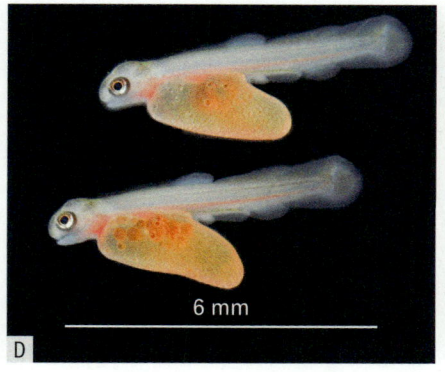

6 mm

D

12 cm

E

30 cm

F

3 Dreistacheliger Stichling: **A** Männchen; **B** Männchen und Weibchen am Nest, **C** Brutfürsorge durch das Männchen

Material mit Aufgaben

M2 Brutverhalten des Stichlings

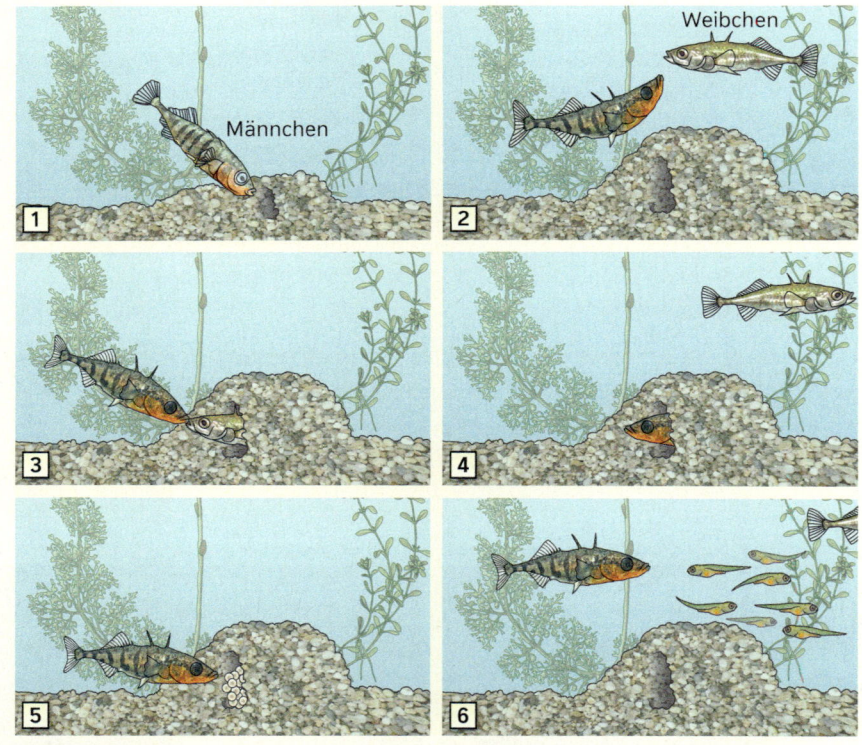

1. ▌▌ Beschreibe mithilfe der Abbildungen das besondere Brutverhalten des Stichlings.
2. ▌▌ Erkläre die Bedeutung der Rotfärbung des Männchens. ⊞
3. ▌▌ Begründe die Funktion des Nestbaus. ⊞
4. ▌▌ Erkläre am Beispiel des Stichlings die Begriffe Brutfürsorge und Brutpflege.

Stichling

Im Gegensatz zur Bachforelle gibt es Fischarten, die sich nach der Befruchtung um die Eier kümmern. Der Dreistachelige Stichling ist ein kleiner Fisch, der in Seen und Teichen in Sachsen lebt. Das Stichlings -Männchen baut am Gewässergrund ein Nest. Mit dem Maul hebt es zunächst eine Grube aus. Mit kleinen Wurzeln und Steinchen wird das Nest ausgekleidet. Während der Fortpflanzungszeit haben die Männchen einen leuchtend roten Bauch. Kommt ein fortpflanzungsbereites Weibchen in die Nähe des Nestes, beginnt das Männchen zu werben. Das Weibchen wird mithilfe eines Zick-Zack-Tanzes ins Nest gelockt. Das Weibchen gibt dort seine Eizellen ab und das Männchen befruchtet diese. Danach vertreibt das Männchen das Weibchen und bewacht die befruchteten Eizellen. Auch fächelt es ständig Wasser zu, damit genügend Sauerstoff für die Entwicklung der Eier vorhanden ist. Der Stichling betreibt **Brutfürsorge**. Nach einigen Tagen schlüpfen die Jungtiere. Auch dann bewacht das Männchen den Nachwuchs vor Feinden. Es betreibt **Brutpflege**.

Fortpflanzung der Lachse

In schnellfließenden Oberläufen von Bächen und Flüssen laicht der Lachs. Nach etwa zwei Jahren wandern die Jungfische flussabwärts ins Meer. Im Meer verbringen die Jungfische etwa zwei bis drei Jahre. Wenn die jungen Lachse geschlechtsreif geworden sind, kehren sie in ihre ursprünglichen Laichgewässer zurück. Den Weg finden sie mithilfe ihres guten Geruchssinns. Oft müssen die jungen Lachse auf ihren Wanderungen flussaufwärts Hindernisse wie Stromschnellen überqueren. Während der Wanderung nehmen die Lachse keine Nahrung auf. Im Laichgewässer angekommen, paaren sich die Lachse. Nach der Paarung sterben die Lachse völlig erschöpft.

Fortpflanzung der Aale

Im Atlantik vor der nordamerikanischen Küste laicht der Aal in einem Gebiet, das man als Sargassosee bezeichnet. Nach dem Schlüpfen wandern die Larven mehrere Jahre lang Hunderte Kilometer durchs Meer bis nach Europa. Als fast durchsichtige **Glasaale** leben die Larven bis zu drei Jahre im Meer. Bevor sie in die Flüsse wandern, verändern sich die Larven in Form und Gestalt. Während ihrer Entwicklung zu erwachsenen Aalen verlieren sie an Gewicht und Größe. Die erwachsenen Aale leben bis zu zehn Jahren in Flüssen und Bächen und wachsen. Zur Fortpflanzung kehren sie in die Sargassosee zurück. Während der etwa acht Monate dauernden Wanderung nehmen die Aale keine Nahrung zu sich. Nach der Paarung und dem Ablaichen sterben die Aale an Erschöpfung.

4 Lachs während seiner Wanderung

5 Glasaal

Material mit Aufgaben

M3 Fortpflanzung und Entwicklung der Aale

1 eben geschlüpft; 0,7 cm

2 8 Monate; 4,5 cm

3 1,5 Jahre; 7,5 cm

4 2,5 Jahre; 7 cm

5 3 Jahre; 6,5 cm

6 5 Jahre; 18 cm

1. ▋▋▋ Beschreibe die Wanderungen des Aals mithilfe der abgebildeten Karte.
2. ▋▋▋ Beschreibe die Veränderung der Form und der Gestalt bei den Aalen. ➕
3. ▋▋▋ Stelle Vermutungen an, welchen Gefahren die Aale während ihres Lebens ausgesetzt sind. ➕
4. ▋▋▋ Erläutere Unterschiede zwischen der Entwicklung der Aale und Lachse.

Es gibt eine große Vielfalt an Fischen.
Wie kann man die Fische einteilen?

1 Fetzenfisch im Korallenriff

Vielfalt der Fische

Merkmale der Fische

Fische haben paarige oder einzelne Flossen. Ihre Körpertemperatur ähnelt der umgebenen Wassertemperatur. Sie sind **wechselwarm**. Fische atmen mit Kiemen. Diese Merkmale kennzeichnen alle Fische. Die Bachforelle hat ein knöchernes Skelett und zählt daher zu den **Knochenfischen**. Jedoch gibt es auch Fische, deren Skelett nur aus biegsamem Knorpel aufgebaut ist. Der Walhai mit einer Länge von bis zu zwölf Metern ist der größte Fisch der Welt. Er zählt wie alle Haie zu den **Knorpelfischen**.

Süßwasserfische

Fische werden gerne im Aquarium gehalten. Beliebt sind zum Beispiel Neonsalmler und Buntbarsche. Sie stammen aus warmen, tropischen Seen. Da diese Fische im Süßwasser leben, bezeichnet man sie als **Süßwasserfische**.
Weltweit sind bisher 12 000 Fischarten bekannt, die im Süßwasser von Bächen, Flüssen oder Seen leben.
Zu den bekanntesten heimischen Süßwasserfischen zählen die Bachforelle, die Rotfeder, der Karpfen oder auch der Flussbarsch. Der Hecht ist der größte heimische **Raubfisch** im Süßwasser. Er jagt zum Beispiel die Rotfeder, die sich von Pflanzen oder Insekten ernährt. Die Rotfeder ist ein **Friedfisch**.
Einige Fische wie Forellen oder Karpfen werden in Zuchtteichen großgezogen und gehalten. Sie werden aus den Teichen entnommen und dienen dem Menschen als eiweißreiche Nahrung.

2 Walhai

3 Neonsalmler

Meeresfische in Küstennähe

Im Salzwasser der Meere leben über 23 000 verschiedene Fischarten. Besondere Körperformen findet man beim Seepferdchen, Feuerfischen und Fetzenfischen. Vor allem in Küstennähe warmer Meere gibt es Korallenriffe mit einer unglaublichen Vielfalt an Farben und Formen von Fischen. So suchen zum Beispiel Kofferfische in Korallenriffen nach Nahrung und verstecken sich vor Fressfeinden.

Am sandigen Meeresgrund der Nord- und Ostsee jagt der für den Menschen ungefährliche Gefleckte Katzenhai. Durch seine Körperfärbung ist der Gefleckte Katzenhai gut getarnt an den sandigen Untergrund angepasst, wenn er auf seine Beutetiere wie kleine Fische wartet. Zum Schutz vor Fressfeinden tarnt sich auch die Scholle. Dieser flache Plattfisch gräbt sich in den Sand ein und kann seine Farbe dem Untergrund anpassen.

Meeresfische im Freiwasser

Im weit von der Küste entfernten Freiwasser leben Fischarten, die meist sehr stromlinienförmig gebaut sind. Dazu zählen zum Beispiel die Makrele, der Kabeljau oder auch der Hering. In der Nord- und Ostsee steigen riesige Heringsschwärme zur Nahrungssuche nach kleinen Krebsen an die Wasseroberfläche. Heringe sind wie Makrelen typische **Schwarmfische**.

In 800 Metern Meerestiefe herrscht absolute Dunkelheit. Tiefseefische wie der Anglerfisch besitzen oft Leuchtorgane mit deren Hilfe sie auf Beutefang oder Partnersuche gehen.

4 Kofferfisch

5 Heringe im Schwarm

6 Scholle

7 Anglerfisch

Material mit Aufgaben

M1 Fischfang

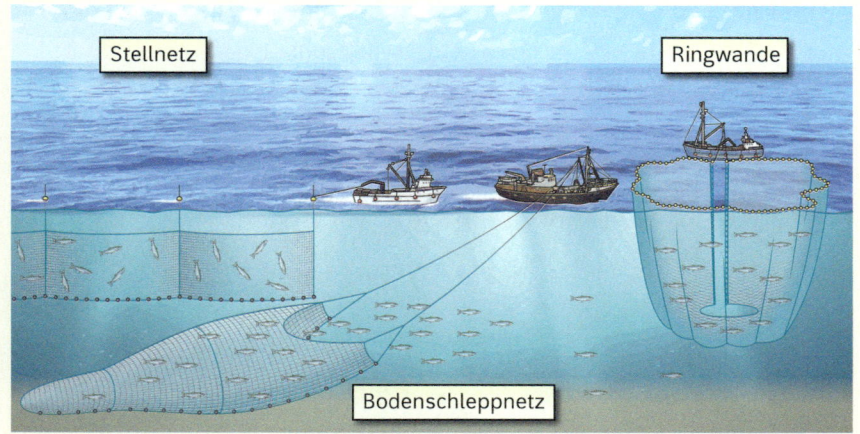

Mit großen Fangschiffen werden jährlich riesige Mengen an Fisch gefangen. Mittlerweile sind die Meere überfischt. Die Bestände vieler Arten gehen stark zurück. Auch viele gefährdete Tiere wie Delfine oder Wale landen als Beifang in den Netzen.

1. ▐ Beschreibe die dargestellten Fangmethoden.
2. ▐ Begründe, welche Fangmethode sich jeweils eignet, um Heringe und Schollen zu fangen. ✚
3. ▐ Erkläre, warum Stellnetze eine Gefahr für Delfine darstellen.

Vielfalt der Fische

Karpfen

40–100 Zentimeter

lebt in stehenden und langsam fließenden Gewässern

Aal

60–150 Zentimeter

lebt in fließenden Gewässern und Salzwasser

Zander

40–80 Zentimeter

lebt in langsam fließenden Gewässern und Salzwasser

Barbe

40–70 Zentimeter

lebt in langsam fließenden Gewässern

Kaulbarsch

10–15 Zentimeter

lebt in stehenden, langsam fließenden Gewässern und Brackwasser

Flunder

20–40 Zentimeter

lebt in Salzwasser

Hering

40–50 Zentimeter

lebt in Salzwasser

Lachs

70–120 Zentimeter

lebt in fließenden Gewässern und Salzwasser

Schleie

20–40 Zentimeter

lebt in stehenden und langsam fließenden Gewässern

Europäischer Stör

100–300 Zentimeter

lebt in Süßwasser und
Brackwasser

Kabeljau

100–150 Zentimeter

lebt in Salzwasser

**Dreistacheliger
Stichling**

8–10 Zentimeter

lebt in langsam
fließenden Gewässern
und Brackwasser

Flussbarsch

20–40 Zentimeter

lebt in Seen, langsam
fließenden Gewässern
und Brackwasser

Äsche

30–50 Zentimeter

lebt in schnell fließenden Gewässern

Brachse

30–50 Zentimeter

lebt in Seen und langsam
fließenden Gewässern

Hecht

80–120 Zentimeter

lebt in Seen und langsam fließenden Gewässern

Bachforelle

30–80 Zentimeter

lebt in schnell fließenden
Gewässern

In welcher Beziehung stehen Lebewesen eines Sees zueinander?

1 Hecht mit erbeutetem Karpfen

Nahrungsbeziehungen im See

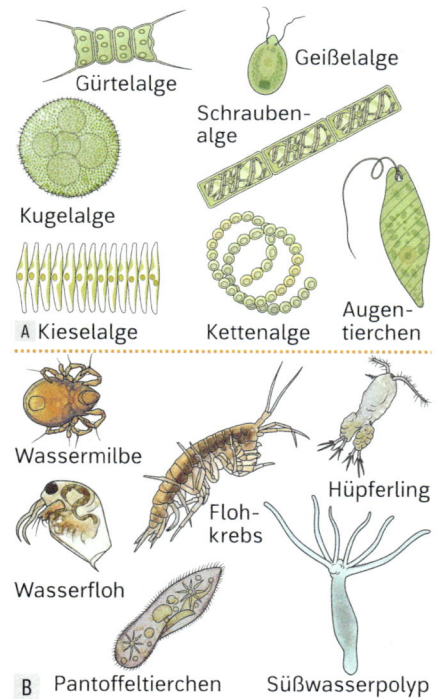

Geißelalge
Gürtelalge
Schrauben-alge
Kugelalge
A Kieselalge
Kettenalge
Augen-tierchen

Wassermilbe
Floh-krebs
Hüpferling
Wasserfloh
B Pantoffeltierchen
Süßwasserpolyp

2 Plankton: **A** pflanzlich, **B** tierisch

Produzenten

Wasserpflanzen und kleine Algen, das **pflanzliche Plankton**, betreiben im See **Fotosynthese**. Dabei bauen sie alle Stoffe selbst auf, die sie zum Leben und Wachsen benötigen. Man bezeichnet sie daher als **Produzenten**. Bei guten Lebensbedingungen wachsen und vermehren sich die Produzenten immer weiter. So nimmt auch ihre **Biomasse** im Ökosystem zu. **Sauerstoff** wird bei der Fotosynthese als Nebenprodukt an das Wasser abgegeben.

Konsumenten

Fische, Insekten aber auch einzellige Lebewesen wie **tierisches Plankton** müssen zum Leben Nährstoffe aufnehmen. Man bezeichnet sie daher als Konsumenten. Konsumenten 1. Ordnung erhalten diese Nährstoffe von Pflanzen, sie sind **Pflanzenfresser**. Konsumenten 2. Ordnung ernähren sich von Pflanzenfressern, sie sind **Fleischfresser**. Es gibt aber auch Tiere, die sich von Pflanzen und Tieren ernähren. Man bezeichnet sie als **Allesfresser**.

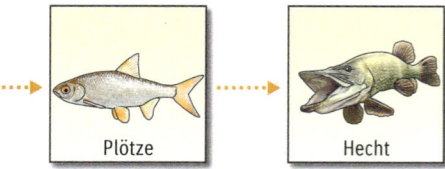

Wasserpflanzen — Schlammschnecke — Plötze — Hecht

········▶ wird gefressen von ...

3 Nahrungskette in einem See

Nahrungsbeziehungen

Wasserpflanzen sind Nahrung für Pflanzenfresser wie der Schlammschnecke. Diese werden von Fischen wie Plötzen erbeutet, die wiederum von anderen Fischen wie dem Hecht gefressen werden. Lebewesen, die nach ihrer Nahrungsbeziehung in eine Reihenfolge geordnet werden können, bilden eine **Nahrungskette**. Plötzen ernähren sich nicht nur von Schlammschnecken, sondern fressen als Allesfresser auch Pflanzen. Plötzen werden auch nicht nur von Hechten gefressen, sondern auch von Barschen erbeutet. Die einzelnen Nahrungsketten sind miteinander also verbunden und bilden ein **Nahrungsnetz**.

Ökologische Nische

Jedes Lebewesen eines Ökosystems benötigt bestimmte **Umweltfaktoren**, um leben zu können. So brauchen beispielsweise Wasserpflanzen viel Licht. Wachsen im Uferbereich viele Seerosen, verdunkeln sie mit ihren Schwimmblättern den Bereich darunter. Dort können wegen des Mangels an Licht kaum andere Pflanzen wachsen. Pflanzen stehen miteinander in **Konkurrenz** um den Umweltfaktor Licht. Weitere Faktoren sind Strömung, Nahrungsangebot, Wassertemperatur sowie Fressfeinde. Alle Umweltfaktoren, die zusammen auf ein Lebewesen in einem Ökosystem einwirken und die es zum Leben braucht, bilden seine **ökologische Nische**.

A Erstelle mithilfe von Bild 4 zwei Nahrungsketten.

B Erkläre, warum Hecht und Barsch im See in Konkurrenz stehen.

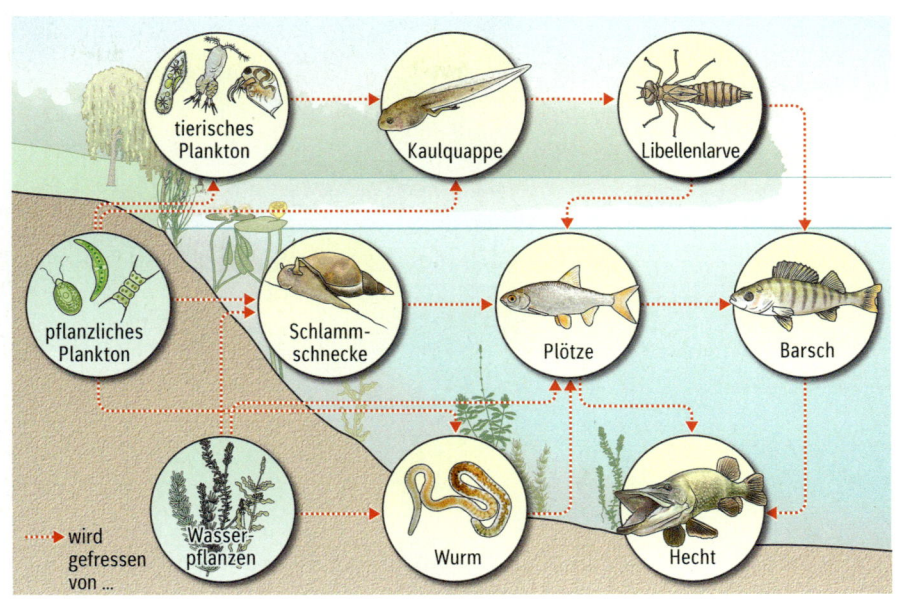

4 Nahrungsnetz in einem See

Material mit Aufgaben

M1 Ökologische Nische

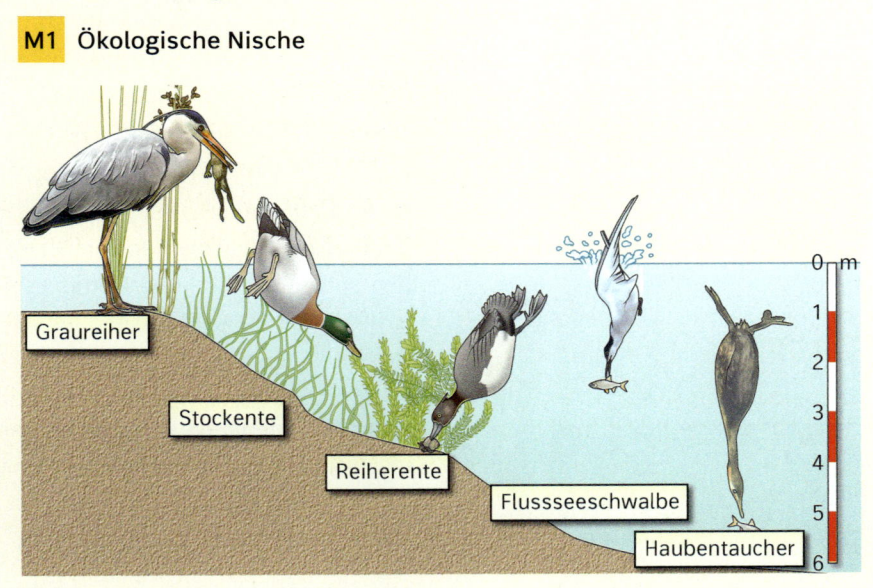

1. ▐▐▐ Nenne Beispiele für die Nahrung der einzelnen Vogelarten.
2. ▐▐▐ Beschreibe, in welchen Bereichen eines Sees die Wasservögel nach Nahrung suchen.
3. ▐▐▐ Erkläre, warum die Vögel nicht miteinander konkurrieren. ➕
4. ▐▐▐ Erkläre am Beispiel von Stockente und Haubentaucher den Begriff der ökologischen Nische.

Warum treten große Flüsse immer wieder über die Ufer?

1 Überschwemmungen des Mains

Gefährdung von Fließgewässern

Begradigung von Flüssen

Einige Flussläufe hat der Mensch verändert, sodass sie gerade durch die Landschaft verlaufen. Dadurch nimmt der Fluss nur wenig Platz ein und es werden neue Flächen für Siedlungen und Felder gewonnen. Durch solche **Begradigungen** wird der Fluss besser für den Schiffsverkehr nutzbar. Oft haben solche Flüsse hohe Dämme mit steilen Ufern auf beiden Seiten. Sie sind deutlich tiefer als natürliche Flüsse.

Gefahren durch Begradigungen

Schmilzt im Frühjahr im Gebirge der Schnee, führen Flüsse mehr Wasser. Schlängeln sie sich natürlich durch die Landschaft, gibt es genügend Überschwemmungsgebiete entlang der Flüsse. Bei begradigten Flüssen kann das Wasser nicht entweichen. Deshalb ist die **Fließgeschwindigkeit** hoch. Bricht ein Damm, werden oft riesige Flächen überschwemmt. Solch ein **Hochwasser** kann Straßen und Gebäude zerstören.

Stauung von Flüssen

Einige Flussläufe sind durch Staudämme und Wehre unterbrochen, die das Wasser anstauen. Sie dienen der Trinkwasserspeicherung, der Stromerzeugung in Wasserkraftwerken oder halten den Wasserstand konstant. Sind diese zu groß, können sie nicht von wandernden Fischen wie Lachsen und Aalen überwunden werden. Oft werden dann **Fischtreppen** für diese Arten gebaut.

2 Stauwehr mit Fischtreppen

Gewässergüte

Bei der **Düngung** von Feldern werden Nähr- und Mineralstoffe ausgebracht. Über den Boden gelangen sie in die Gewässer. Auch **Abwässer** von Siedlungen und Industrieanlagen werden in Flüsse eingeleitet. Entsprechend ihres Gehalts an Nähr- und Mineralstoffen teilt man Fließgewässer in **Güteklassen**. Durch Klärung von Abwässern und weniger Düngung hat sich die Wasserqualität der Flüsse heute verbessert. Manche in Fließgewässern lebende Tiere benötigen sauerstoffreiches, klares Wasser. Andere leben auch im trüben, sauerstoffarmen Wasser. Durch Vorhandensein oder Fehlen bestimmter Tiere kann man die Qualität des Wassers einschätzen. Solche Tiere heißen **Zeigerorganismen**.

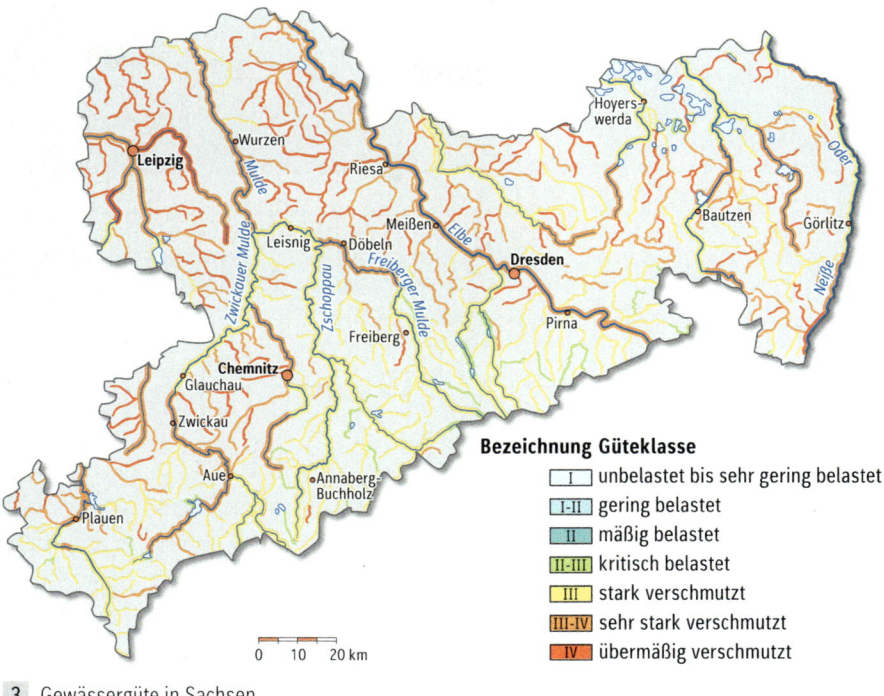

Bezeichnung Güteklasse

I	unbelastet bis sehr gering belastet
I-II	gering belastet
II	mäßig belastet
II-III	kritisch belastet
III	stark verschmutzt
III-IV	sehr stark verschmutzt
IV	übermäßig verschmutzt

0   10   20 km

3   Gewässergüte in Sachsen

Material mit Aufgaben

P1   Wasserqualität

Material:

Kescher, weiße Plastikschale, Glasgefäße, Pinsel, Lupe, Bestimmungsbuch oder Bestimmungs-App

Durchführung:

Suche Steine im Bachbett. Sammle die Tiere von der Unterseite ab. Streiche sie vorsichtig mit dem Pinsel ab. Du kannst auch den Kescher vorsichtig durch Pflanzen im Uferbereich ziehen. Achte darauf, nicht zu viele Äste und Steine aufzunehmen. Entleere den Inhalt des Keschers in die Plastikschale. Nimm alle Lebewesen mit einem Pinsel und setze sie einzeln in durchsichtige Gefäße.

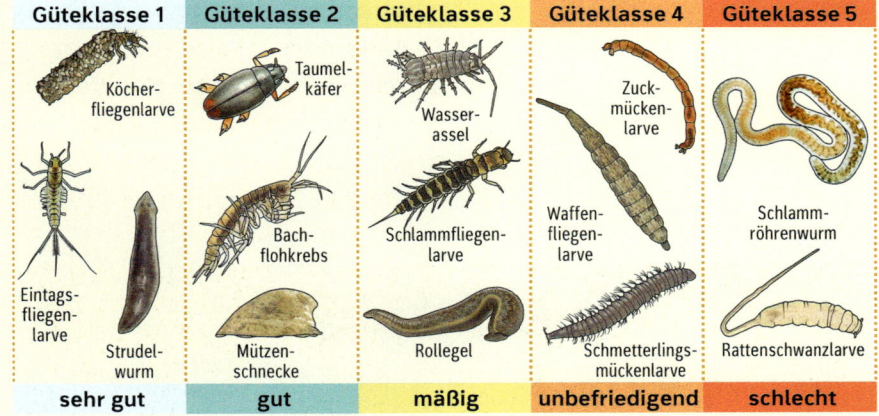

Jetzt kannst du die gefundenen Tiere bestimmen.

1. ▌▌▌ Bestimme die gefundenen Tiere. Protokolliere die jeweilige Anzahl.

2. ▌▌▌ Erläutere mit den gefundenen Zeigerorganismen, welche Gewässergüte der Bach hat.

3. ▌▌▌ Erkläre, warum jedes Tier in ein eigenes Gefäß soll.

Manche Seen werden grün und beginnen stark zu riechen. Nur wenige Lebewesen können dann in einem solchen See leben. Was ist mit dem See passiert?

1 „Algenblüte" in einem See

Restaurierung von Seen

Nährstoffarme Seen

In natürlichen Seen sind Stoffaufbau durch Produzenten, Stoffumbau durch Konsumenten und Stoffabbau durch Destruenten im Gleichgewicht. Die Mineralstoffe begrenzen das Wachstum von Pflanzen und Algen. Das Wasser ist klar. Da Licht tief in den See dringt, können einige Algen auch in tiefen Schichten Fotosynthese betreiben. Da Konsumenten wenig Nahrung zur Verfügung haben, gibt es wenige Tiere im Wasser. Solche Seen nennt man **oligotroph**.

Nährstoffreiche Seen

Werden durch landwirtschaftliche Düngung oder industrielle Abwässer Mineralstoffe in einen See gespült, wird das empfindliche Gleichgewicht im See gestört. Algen und Pflanzen können nun besser wachsen. Das Wasser ist voller Algen und wird dadurch grün. Es kommt zu einer „**Algenblüte**". Licht kann nur in oberflächennahe Bereiche eindringen. Die Produzenten erzeugen viel Sauerstoff. Ihre Biomasse ernährt eine große Zahl von Konsumenten. Man spricht von einem **eutrophen** See. Im Laufe der Zeit fallen große Mengen tierischer Ausscheidungen und toter Lebewesen an. Das führt zur starken Vermehrung von Destruenten am Seeboden. Diese benötigen große Mengen Sauerstoff, der dadurch im gesamten See knapp wird. Nun vermehren sich **Fäulnisbakterien**, da sie auch ohne Sauerstoff leben können. Sie zersetzen die Biomasse aber nicht vollständig. Es entstehen Faulschlamm und giftige Gase, die Faulgase. Diese steigen auf und machen den See für die meisten Lebewesen unbewohnbar. Man sagt, der See ist „umgekippt".

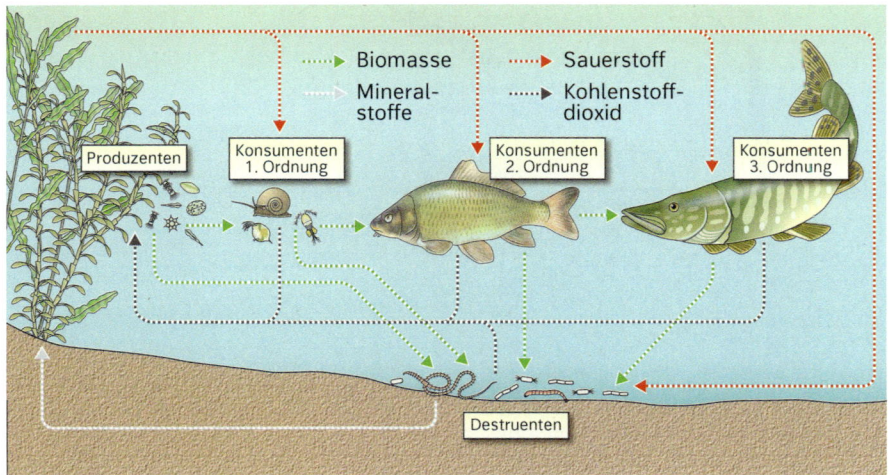

2 Nahrungsbeziehungen und Stoffkreisläufe in einem See

Seerestaurierung

Ein stark eutropher See soll wieder nährstoffärmer gemacht werden. Vermindert man den Eintrag von Mineralstoffen im Umland und den Zuflüssen, spricht man von **Seesanierung**. Das natürliche Gleichgewicht im See kann sich mit der Zeit wieder einstellen. Reicht das nicht aus, führt man eine **Seerestaurierung** durch: Bei einer **Seespülung** wird ein Teil des nähr- und mineralstoffhaltigen Wassers aus dem See entfernt und frisches Wasser zugeführt. Flache Seen können auch **ausgebaggert** werden. Dabei wird der Faulschlamm mit den Fäulnisbakterien mit einem Bagger entfernt. Bei der **Durchlüftung** wird mit langen Schläuchen Luft und so auch Sauerstoff in die tieferen, sauerstoffarmen Wasserschichten geleitet. Eine **Entnahme** von Wasserpflanzen, Fischen oder die **Vertreibung** von Wasservögeln wie Enten vermindern den Eintrag von Nährstoffen über den Kot oder über abgestorbene Biomasse.

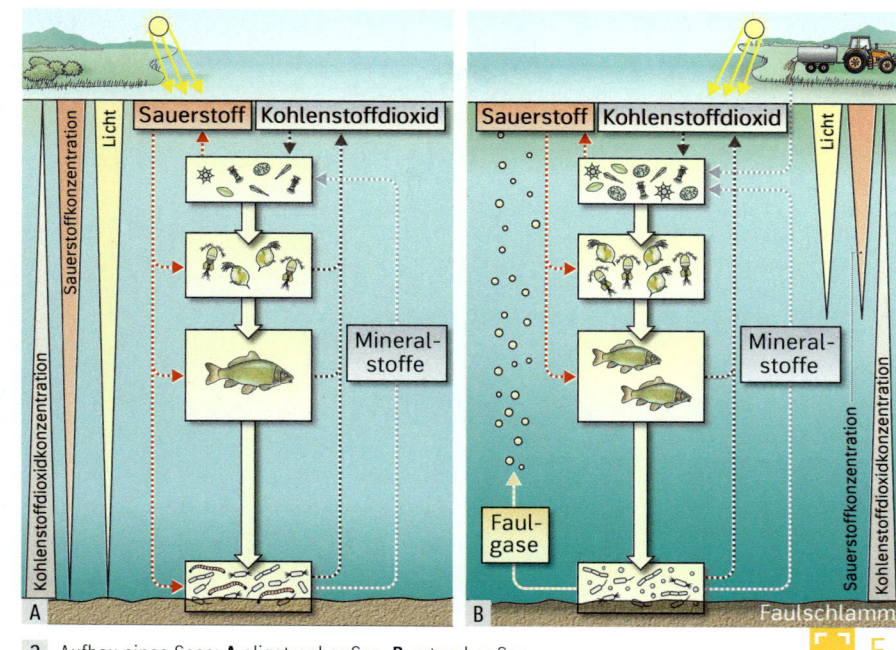

3 Aufbau eines Sees: **A** oligotropher See, **B** eutropher See

A Erkläre die Begriffe „Algenblüte", „Umkippen eines Sees" und „Eutrophierung".

B Vergleiche das Licht, die Kohlenstoffdioxid- und Sauerstoffkonzentration in den Wassertiefen in Bild 3.

Material mit Aufgaben

M1 Seerestaurierung

1. Benenne die mit Ziffern gekennzeichneten Verfahren.
2. Beschreibe die dargestellten Verfahren.
3. Erkläre, warum die Maßnahmen einer Eutrophierung entgegenwirken.
4. Stelle Vermutungen an, warum nicht alle Maßnahmen wie beispielsweise das Ausbaggern für alle Seen geeignet sind.

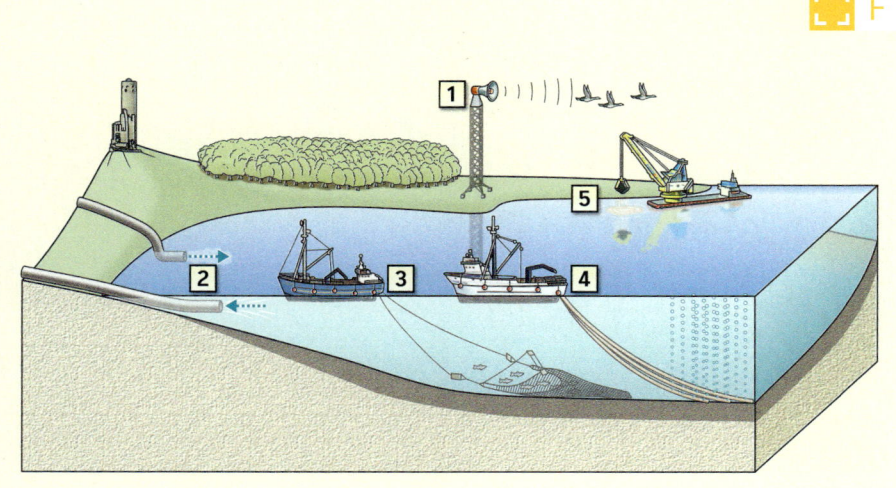

Körperbau

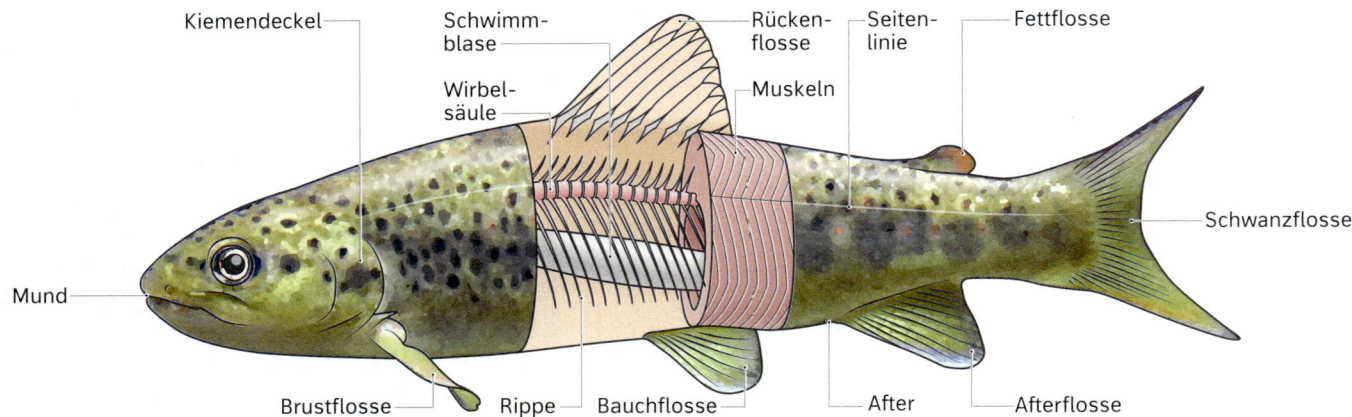

Kiemendeckel

Schwimm-blase

Wirbel-säule

Rücken-flosse

Seiten-linie

Fettflosse

Muskeln

Mund

Schwanzflosse

Brustflosse

Rippe

Bauchflosse

After

Afterflosse

Der Körper der Bachforelle unterteilt sich in Kopf, Rumpf und Schwanz. Zum Kopf und zum Schwanz hin läuft ihr Körper spitz zu. Durch diese Körperform strömt das Wasser leichter am Körper vorbei. Der Körper der Bachforelle ist stromlinienförmig.

Den Körper der Bachforelle durchzieht eine Wirbelsäule. Sie besteht aus einzelnen Wirbeln. Fische sind Wirbeltiere. Die Rippen setzen an den Wirbeln an und schützen die inneren Organe. Zwischen den Muskeln liegen feine, verknöcherte Stäbe, die Gräten.

Ihre Haut ist mit Schuppen bedeckt, die wie Dachziegel übereinanderliegen. Die Haut ist so vor Verletzungen geschützt. Sie gibt nach außen Schleim ab. Die Bachforelle kann dadurch schnell durch das Wasser gleiten und ihre Beutetiere jagen.

Atmung

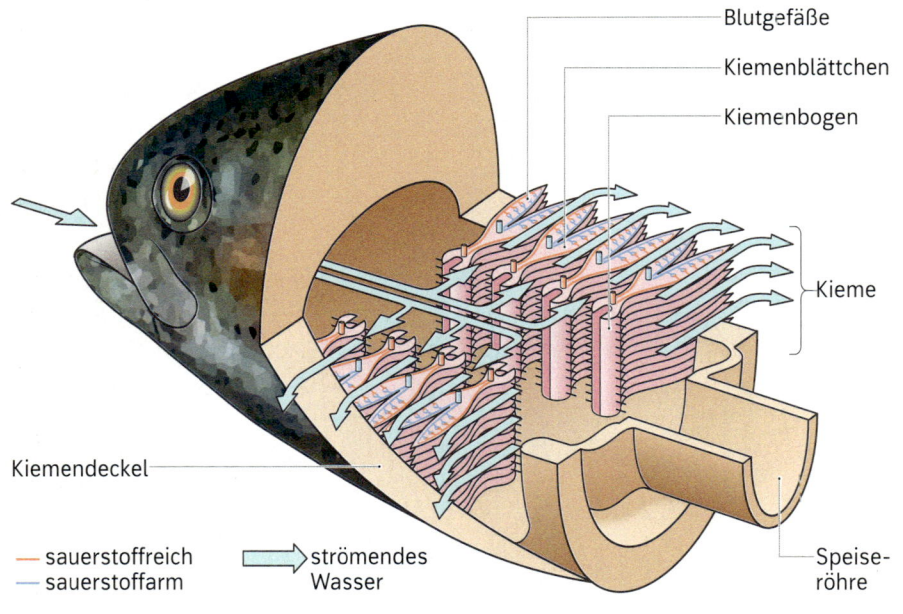

Blutgefäße

Kiemenblättchen

Kiemenbogen

Kieme

Kiemendeckel

Speise-röhre

— sauerstoffreich
— sauerstoffarm

⇨ strömendes Wasser

Fische nehmen den im Wasser gelösten Sauerstoff mit ihren Atmungsorganen, den Kiemen, auf. Diese liegen an beiden Kopfseiten und werden von harten Kiemendeckeln geschützt. Die Kiemen bestehen aus knöchernen Kiemenbögen, an denen hunderte hauchdünne, stark durchblutete Kiemenblättchen sind.
Beim Einatmen saugt der Fisch bei geschlossenen Kiemendeckeln Wasser ein. Beim Ausatmen presst er das Wasser durch die geöffneten Kiemendeckel nach außen. Das Wasser strömt an den Kiemenblättchen vorbei. Dabei wird Sauerstoff aus dem Wasser in die Blutgefäße der Kiemenblättchen aufgenommen.

1 Entwicklung bei Fischen

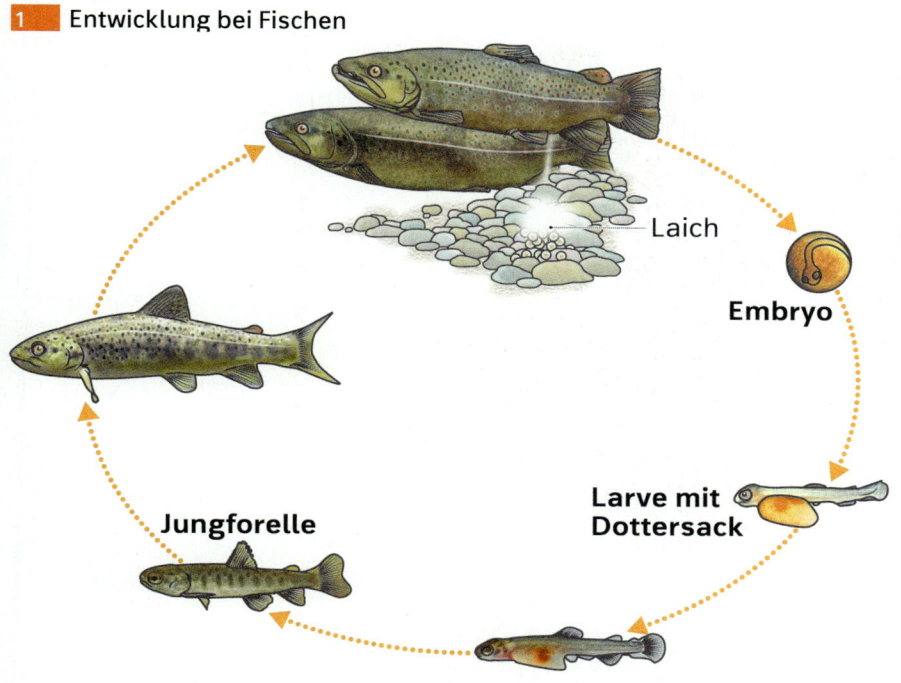

Laich

Embryo

Larve mit Dottersack

Jungforelle

A ▮▮▮ Beschreibe die Entwicklung der Bachforelle.

B ▮▮▮ Erkläre, was man unter äußerer Befruchtung versteht.

C ▮▮▮ Erkläre die Bedeutung des Dottersacks für die Fischlarve und warum er sich zurückbildet.

2 Schwimmen von Fischen

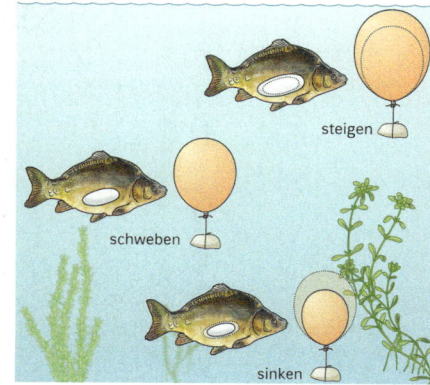

steigen

schweben

sinken

A ▮▮▮ Beschreibe, was mit dem Modell dargestellt wird.

B ▮▮▮ Nenne das Organ, was bei dem Verhalten des Fisches wichtig ist.

C ▮▮▮ Erkläre, warum ein Fisch in unterschiedlichen Wassertiefen schweben kann.

D ▮▮▮ Begründe, warum ein Bereich der Schwimmblasenwand von einem feinen Netz aus Blutgefäßen durchzogen ist.

3 Fische im Ökosystem

A ▮▮▮ Erstelle mithilfe des Bildes unterschiedliche Nahrungsketten.

B ▮▮▮ Erkläre, warum Fische zu den Konsumenten zählen.

C ▮▮▮ Erkläre, warum Hecht und Barsch im See in Konkurrenz stehen.

D ▮▮▮ Erkläre, warum man auch von einem Nahrungsnetz spricht.

E ▮▮▮ Erkläre, wie Fischtreppen an Wehren Fischen helfen.

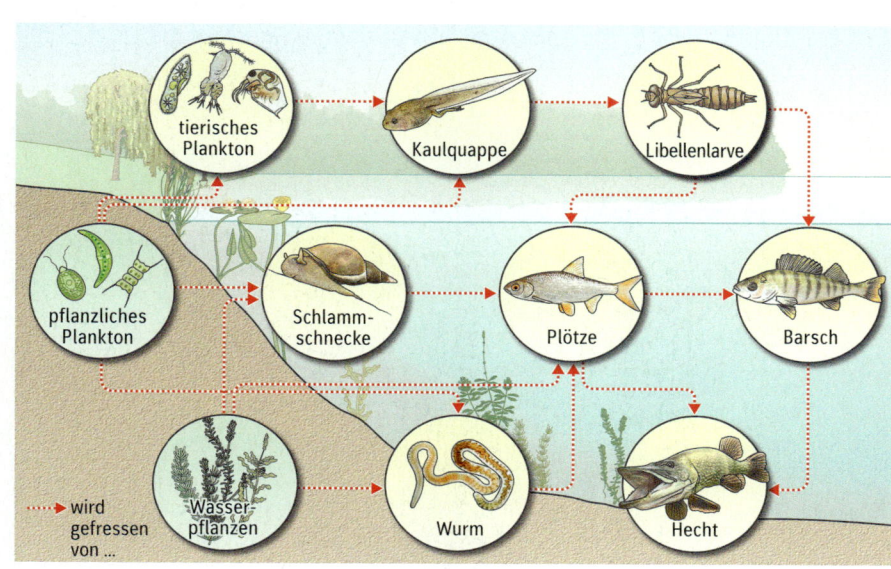

tierisches Plankton

Kaulquappe

Libellenlarve

pflanzliches Plankton

Schlammschnecke

Plötze

Barsch

Wasserpflanzen

Wurm

Hecht

wird gefressen von ...

Lurche und Kriechtiere in ihren Lebensräumen

3

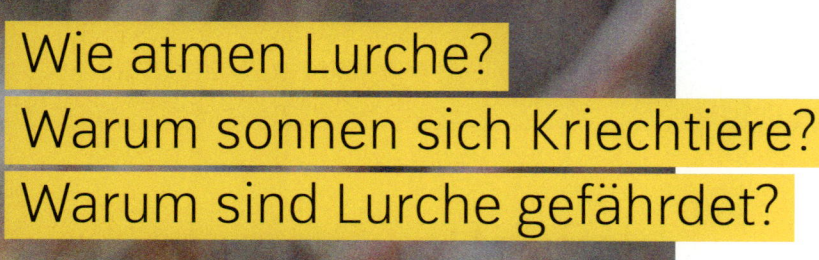

Wie atmen Lurche?
Warum sonnen sich Kriechtiere?
Warum sind Lurche gefährdet?

Lurche und Kriechtiere haben eine große Formenvielfalt. Zu den Kriechtiere gehören Echsen, Schildkröten und Schlangen. Zu den Lurchen zählen Frösche, Kröten und Molche. Beide Gruppen haben gemeinsame Merkmale, unterscheiden sich aber auch.

Der Wasserfrosch ist ein guter Taucher, Schwimmer und Springer. Was ermöglicht es ihm, im Wasser und auch an Land zu leben?

1 Ein Wasserfrosch

Die Lurche

Das Wort Amphibie stammt aus dem Griechischen: amphi – beides, bios – Leben

Sinnesorgane

Der Wasserfrosch sitzt gut getarnt zwischen Wasserpflanzen. Seine kugeligen Augen sitzen seitlich am Kopf. Dahinter liegen die runden Ohröffnungen. Durch die Lage seiner Augen und Ohren kann der Wasserfrosch Geräusche und Bewegungen von Feinden und Beutetieren frühzeitig erkennen.

2 Beutefang beim Wasserfrosch

Ernährung

Der Wasserfrosch frisst Insekten. Dazu sitzt er regungslos an einer Stelle und wartet. Ist ein Beutetier nah genug, schleudert er seine Zunge aus dem Mund heraus. Das Beutetier bleibt an seiner klebrigen **Schleuderzunge** kleben. Beim Hereinziehen der Zunge ins Maul wird es als Ganzes verschluckt.

Körperbau

Mit den langen Hinterbeinen kann der Wasserfrosch gut schwimmen. Er zieht seine Hinterbeine zunächst an und stößt sie kräftig nach hinten. **Schwimmhäute** zwischen den Zehen verbessern den Abstoß im Wasser. Mit seinen muskulösen Hinterbeinen kann er an Land weit springen. Die Sprünge federt er mit seinen Vorderbeinen und Schulterblättern ab. Die Wirbelsäule ist starr. Der Wasserfrosch ist ein **Wirbeltier**. Er lebt im Wasser und an Land. Er ist ein Lurch oder eine **Amphibie**. Der Wasserfrosch

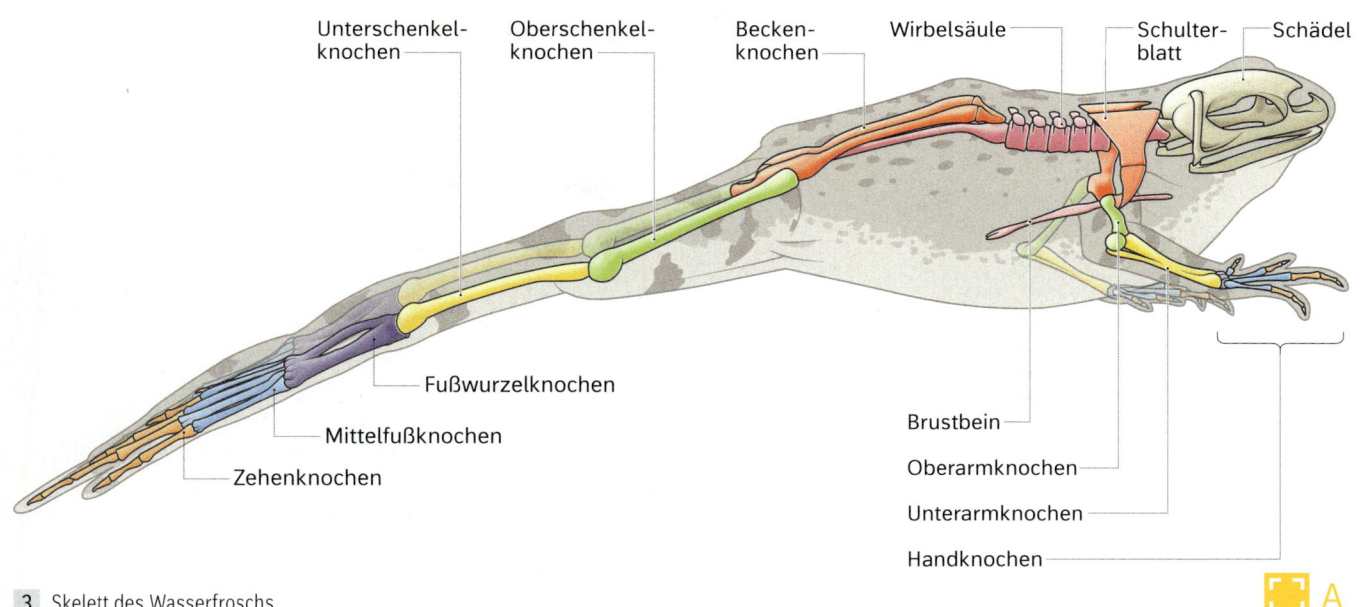

Unterschenkel-knochen · Oberschenkel-knochen · Becken-knochen · Wirbelsäule · Schulter-blatt · Schädel

Fußwurzelknochen
Mittelfußknochen
Zehenknochen

Brustbein
Oberarmknochen
Unterarmknochen
Handknochen

3 Skelett des Wasserfroschs

A

hat keinen Schwanz und zählt wie die Erdkröte zu den **Froschlurchen**. Der Teichmolch hat einen Schwanz und gehört wie der Feuersalamander zu den **Schwanzlurchen**. An Land bewegt sich der Teichmolch kriechend fort, mit seinem langen, abgeplatteten Schwanz schlängelt er schnell durchs Wasser.

Atmung

Der Wasserfrosch kann mit seiner Lunge an Land atmen. Beim Tauchen kann er einige Minuten unter Wasser bleiben. Dabei atmet er durch die Haut und kann so Sauerstoff auch aus dem Wasser aufnehmen. Lurche sind Doppelatmer mit **Lungen-** und **Hautatmung**.

Aktivität

Die Körpertemperatur des Wasserfroschs ist in etwa so hoch wie seine Umgebungstemperatur. Lurche sind **wechselwarme Tiere**. Wird es im Herbst kälter, bewegen sie sich kaum noch und fallen in **Kältestarre**. Seinen im Winter geringeren Sauerstoffbedarf deckt der Wasserfrosch über die Hautatmung.

Material mit Aufgaben

M1 **Körperbau von Wasserfrosch und Teichmolch**

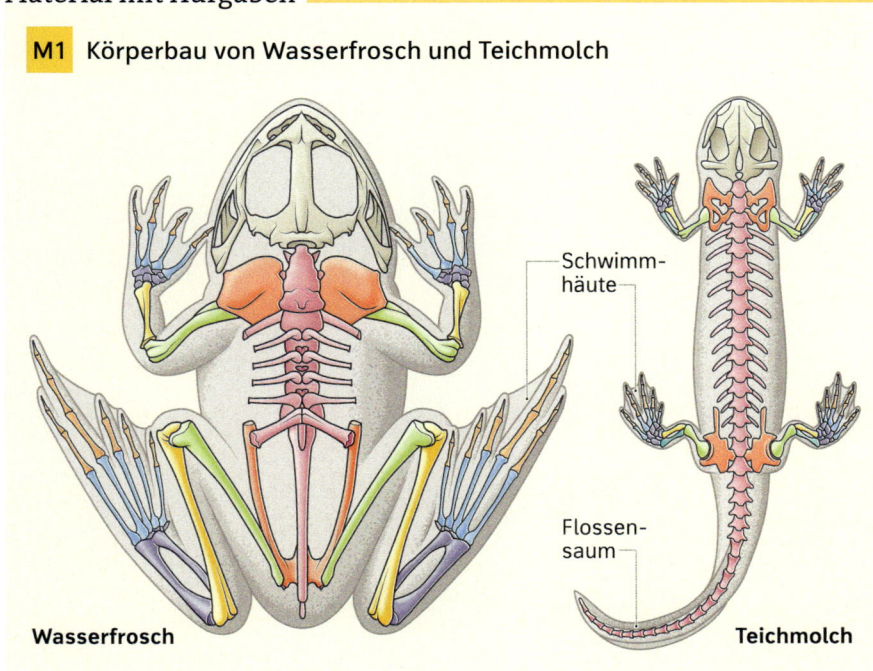

Schwimm-häute

Flossen-saum

Wasserfrosch

Teichmolch

1. ▮▮▮ Beschreibe die Unterschiede im Körperbau von Wasserfrosch und Teichmolch. Beachte folgende Merkmale: Gliedmaßen, Schwanz und Schulterblätter.
2. ▮▮▮ Erkläre, warum der Wasserfrosch zu den Lurchen zählt.
3. ▮▮▮ Erkläre, wie der Teichmolch an die Fortbewegung im Wasser angepasst ist. ✚
4. ▮▮▮ Erkläre, warum sich der Wasserfrosch sowohl im Wasser als auch an Land schnell fortbewegen kann. ✚

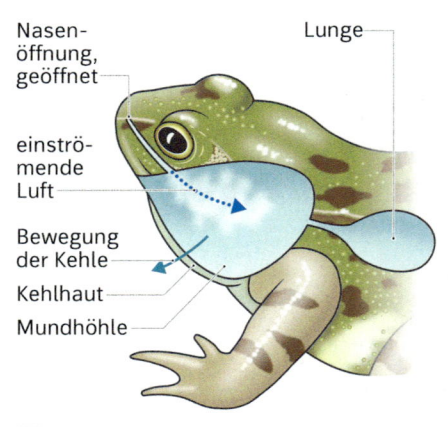

Nasen-
öffnung,
geöffnet

Lunge

einströ-
mende
Luft

Bewegung
der Kehle

Kehlhaut

Mundhöhle

Nasenöffnung,
geschlos-
sen

Lunge

Kehlhaut

Bewegung
der Kehle

Mundhöhle

1 Schluckatmung

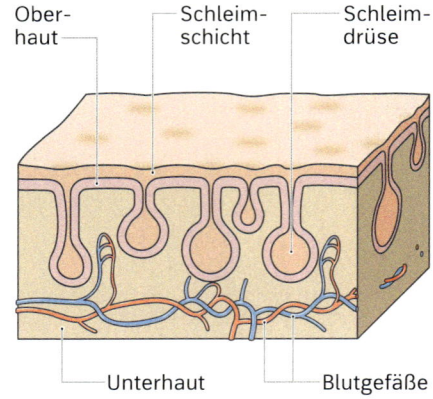

Ober-
haut

Schleim-
schicht

Schleim-
drüse

Unterhaut

Blutgefäße

2 Querschnitt der Haut vom Wasserfrosch

Material mit Aufgaben

M1 Atmung bei Lurchen

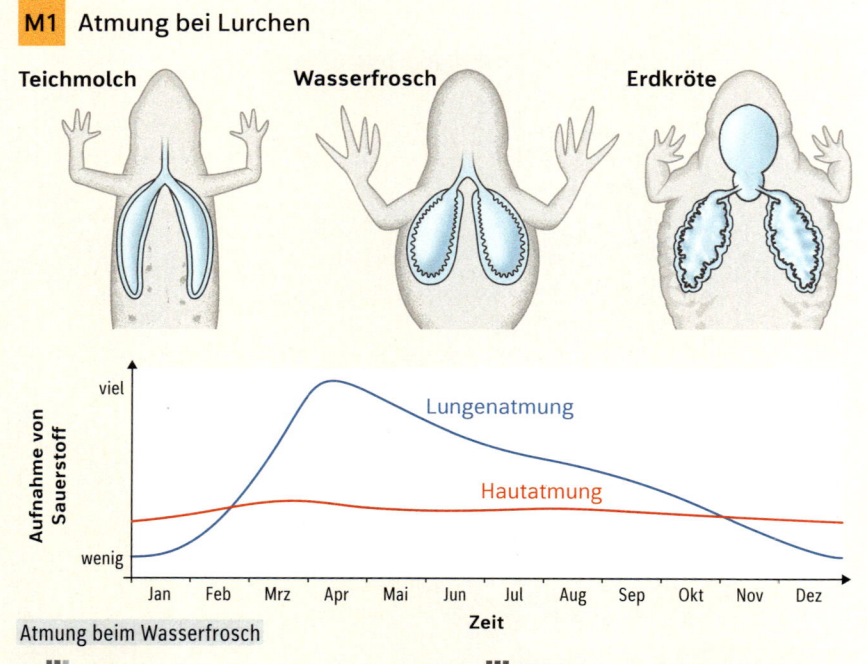

Teichmolch   **Wasserfrosch**   **Erdkröte**

Aufnahme von Sauerstoff

viel

Lungenatmung

Hautatmung

wenig

Jan Feb Mrz Apr Mai Jun Jul Aug Sep Okt Nov Dez

Zeit

Atmung beim Wasserfrosch

1. ▮▮▮ Vergleiche die Lungen von
   Teichmolch, Wasserfrosch und
   Erdkröte.
2. ▮▮▮ Erkläre, welche der abgebildeten Lungen mehr Sauerstoff an
   Land aufnehmen kann.
3. ▮▮▮ Vergleiche die beiden Kurven
   im Diagramm miteinander.

4. ▮▮▮ Erläutere, warum der Wasserfrosch auf die Hautatmung angewiesen ist.
5. ▮▮▮ Stelle Vermutungen an, ob der
   Teichmolch oder die Erdkröte den
   Sauerstoffbedarf mehr über die
   Hautatmung deckt.

Atmung an Land und im Wasser

Der Wasserfrosch kann im Wasser und
an Land über die Haut atmen. Über seine dünne und stark durchblutete Haut
kann der Frosch Sauerstoff aus dem
Wasser oder der Luft aufnehmen. Dafür
muss die Haut immer feucht sein.
Schleimdrüsen in der Haut produzieren
deshalb einen Schleim, der die Haut
überzieht.

Beobachtet man einen an Land sitzen-
den Wasserfrosch, fallen die ständigen
Bewegungen der Kehlhaut auf. Frösche
besitzen keine Rippen und keinen Brust-
korb. Sie atmen anders als Menschen.
Zunächst gelangt die Luft in den Mund
des Frosches. Danach schließt der
Frosch Mund und Nasenlöcher. Er drückt
die Kehlhaut nach innen und presst so
die Luft in seine Lungen. Man bezeichnet
dies als **Schluckatmung**.
Über die innere Oberfläche der Lunge
und die Schleimhaut der Mundhöhle
wird der Sauerstoff aus der Luft aufgenommen. Lurche wie die Erdkröte, die
vorwiegend an Land leben, haben leis-
tungsfähigere Lungen mit einer großen
inneren Oberfläche.

Tiere bestimmen

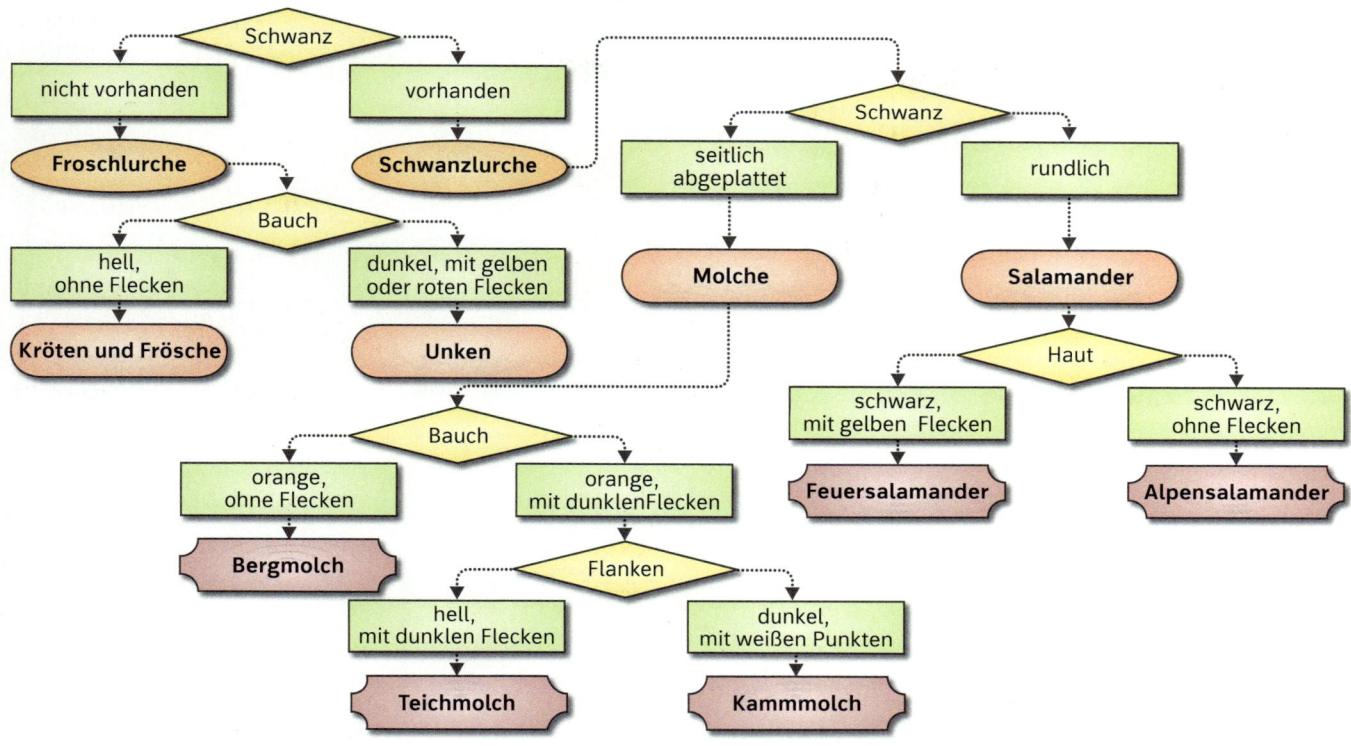

1 Bestimmungsschlüssel für einige heimische Schwanzlurche

Bestimmungsschlüssel

Teichmolch, Bergmolch oder doch der Kammmolch? Viele Lurche sehen sich sehr ähnlich und doch sind es verschiedene Arten.

Biologen nutzen zur Bestimmung eines Tieres einen Bestimmungsschlüssel. In einem Bestimmungsschlüssel werden immer zwei Merkmale gegenübergestellt. In den gelben Vierecken stehen die Merkmale, nach denen gefragt wird. In den grünen Vierecken stehen die Möglichkeiten, wie das Merkmal ausgeprägt sein kann.

Nun hat man das zu bestimmende Tier einer Gruppe zugeordnet. Nach der Untersuchung mehrerer Merkmale kommt man schließlich bei dem zu bestimmenden Tier an.

Material mit Aufgaben

M1 Lurche bestimmen

1. ▮▮▮ Bestimme die abgebildeten Lurche mithilfe des Bestimmungsschlüssels.
2. ▮▮▮ Recherchiere Informationen zu einem Lurche deiner Wahl. Erstelle einen Steckbrief.

A

B

C

Warum umklammern sich Frösche im Frühjahr?

1 Grasfrösche

Fortpflanzung und Entwicklung bei Lurchen

Fortpflanzung

Im Frühjahr beginnt die Paarungszeit des Grasfroschs. Dann blasen die Männchen die Schallblase an ihrer Kehle auf und erzeugen so knurrende Laute. Dies zeigt ihre Paarungsbereitschaft und so locken sie Weibchen an. Nähert sich ein Weibchen, klettert das Männchen auf seinen Rücken und umklammert es mit den Vorderbeinen. Beide bleiben verbunden, bis das Weibchen seine Eizellen, den **Laich**, in Laichballen ins Wasser ablegt. Gleichzeitig gibt das Männchen seine Spermienzellen über die Eizellen ins Wasser. Die Spermienzellen durchdringen die noch dünne, durchsichtige Gallerthülle der Eizellen und befruchten diese außerhalb des Körpers des Weibchens. Nach einigen Tagen sind die Embryonen als schwarze Striche zu sehen. Sie nehmen Nährstoffe für ihr Wachstum aus dem Eidotter auf.

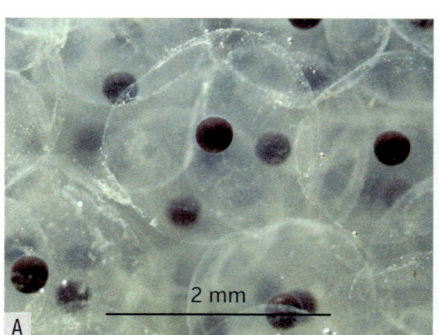

2 Entwicklung beim Grasfrosch: **A** Laichballen, **B** Embryo im Ei, **C** 1. Larvenstadium, **D** 2. Larvenstadium, **E** 3. Larvenstadium, **F** Jungfrosch

Entwicklung

▸ **Erstes Larvenstadium** • Aus den Embryonen entwickeln sich nach dem Schlüpfen aus der Eihülle Larven, die **Kaulquappen**. Sie ernähren sich vom Dottersack. An den Seiten des Kopfes liegen Außenkiemen, mit denen sie im Wasser atmen.

▸ **Zweites Larvenstadium** • Zunächst entwickeln sich die Augen und die Mundöffnung. Mit ihr ernähren sich die Kaulquappen von Algen. Die Kiemen werden von einer Hautfalte überwachsen und sind als Innenkiemen nicht mehr sichtbar. Der Schwanz wächst zu einem Ruderschwanz mit Flossensaum heran.

▸ **Drittes Larvenstadium** • Nach etwa 8 Wochen entwickeln sich zuerst die Hinterbeine, dann die Vorderbeine. Die inneren Kiemen werden zurückgebildet. Die Lungen entwickeln sich.

▸ **Jungfrosch** • Der Ruderschwanz bildet sich zurück. Der Jungfrosch erbeutet nun Würmer und kleine Insekten mit seiner klebrigen Zunge. Etwa 12 Wochen nach dem Schlüpfen kann er auch an Land leben.

Die Umwandlung der Larve zum erwachsenen Tier heißt **Metamorphose**.

Material mit Aufgaben

M1 Entwicklung des Grasfrosches

1. ▐▐▐ Benenne die dargestellten Entwicklungsstadien des Grasfroschs.
2. ▐▐▐ Beschreibe die Entwicklung der Larven an folgenden Merkmalen: Atmungsorgane, Gliedmaßen und Schwanz.
3. ▐▐▐ Erkläre, warum man die Entwicklung der Lurche als Metamorphose bezeichnet. ✚
4. ▐▐▐ Beschreibe mithilfe der unten gezeigten Tabelle ein ideales Laichgewässer für den Grasfrosch. Erläutere.

	Licht und Wärme	Wasserströmung	Flachwasser mit Pflanzen	Verstecke unter Wasser
Grasfrosch	benötigt	nicht benötigt	benötigt	nicht benötigt

Im Frühjahr kannst du viele Erdkröten beobachten, die Straßen an bestimmten Stellen überqueren. Weshalb machen sie sich auf den Weg?

1 Erdkröten auf Wanderung

Schutz von Lurchen

Frühjahrswanderung

In den ersten warmen Frühlingsnächten verlassen oft tausende Erdkröten ihre Winterverstecke, die **Winterquartiere**. Die Erdkröten machen sich auf den Weg zu ihren **Laichgewässern**. Sie bevorzugen für ihre Wanderung kühle, dunkle Nächte, weil sie dann besser vor Austrocknung und Fressfeinden geschützt sind. Wenn die Erdkröten ihr Laichgewässer nach der **Krötenwanderung** erreichen, laichen die Weibchen innerhalb weniger Tage ab.

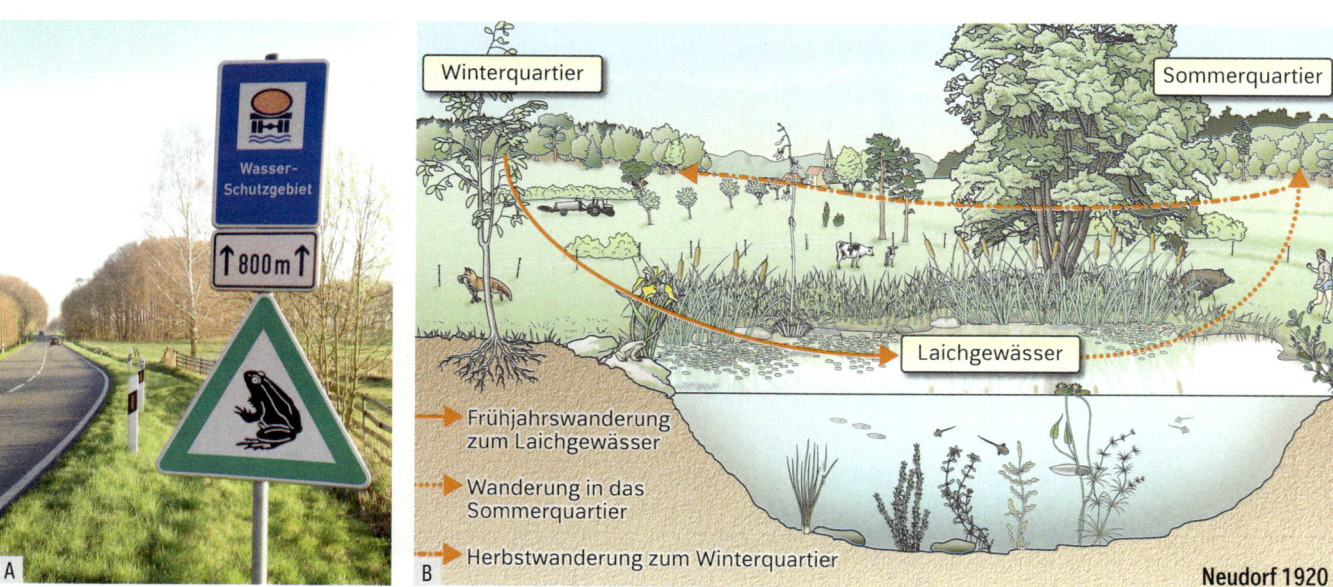

2 Krötenwanderung: **A** Hinweisschild, **B** Wanderung im Lebensraum

Der Weg zum Sommerquartier

Einige Tage nach dem Ablaichen verlassen die Erdkröten das Gewässer und wandern in ihre **Sommerquartiere**. Diese sind mehrere Kilometer vom Laichgewässer entfernt. Sie bevorzugen feuchte Wälder und suchen dort nach Nahrung.

Der Weg zum Winterquartier

Im Herbst wandern die Erdkröten zurück in ihre Winterquartiere. An Waldrändern oder unter Gebüschen graben sie sich in den Boden ein. Bei niedrigen Temperaturen verfallen sie in **Kältestarre**. Sie bewegen sich dann kaum noch. Nicht nur Erdkröten, sondern fast alle Lurche suchen je nach Jahreszeit unterschiedliche Lebensräume auf. Dort finden sie jeweils Umweltbedingungen, die sie zur Fortpflanzung oder zum Überleben brauchen.

Gefährdung und Schutz

Heute leben bei uns viel weniger Lurche als früher. Sie finden oft keine geeigneten Lebensbedingungen mehr vor. Viele Feuchtgebiete oder Laichgewässer sind verschmutzt oder verschwunden. Der Mensch hat sie zugeschüttet oder ausgetrocknet, vor allem für den Bau von Städten oder zur Gewinnung von Ackerflächen.

Erdkröten müssen bei ihrer Wanderung auch befahrene Straßen überqueren. Dabei werden viele Kröten überfahren. Oft weisen Warnschilder die Autofahrer auf die gerade stattfindende Krötenwanderung hin. Es werden auch entlang der Straßen Krötenzäune gebaut. Diese leiten die Kröten zu einer Unterführung der Straße oder zu Eimern. Tierschützer bringen dann die Kröten in den Eimern jeden Abend auf die andere Seite der Straße.

Material mit Aufgaben

Neudorf 2020

M1 **Gefährdung und Schutz**

1. ▌▌▌ Beschreibe Veränderungen von Neudorf im Jahr 2020 im Vergleich zum Jahr 1920.
2. ▌▌▌ Nenne mögliche Gefahren, denen die Lurche auf ihren Wanderungen ausgesetzt sind.
3. ▌▌▌ Erkläre, warum viele Erdkröten in einem Gebiet sterben, selbst wenn nur ein kleiner Tümpel zugeschüttet wird. ✚
4. ▌▌▌ Beschreibe mögliche Schutzmaßnahmen. Begründe deine Vorschläge mit dem Bild. ✚

Zauneidechsen sonnen sich oft ausgiebig.
Warum machen sie das?

1 Ein Zauneidechsen-Paar sonnt sich.

Die Kriechtiere

Körperbau

Die Zauneidechse lebt an sonnigen Waldrändern, auf Wiesen und auf trockenen, steinigen Plätzen wie Trockenmauern. Sie besitzt eine Wirbelsäule und zählt daher zu den **Wirbeltieren**. Ihre kurzen Beine sitzen seitlich am Rumpf und können den Körper kaum vom Boden anheben. Beim Laufen schleift ihr Bauch auf dem Boden. Sie bewegt sich kriechend fort. Aufgrund dieses Kriechens zählt die Zauneidechse zu den Kriechtieren, den **Reptilien**.

Das Wort Reptil stammt aus dem Lateinischen: reptilis – kriechend

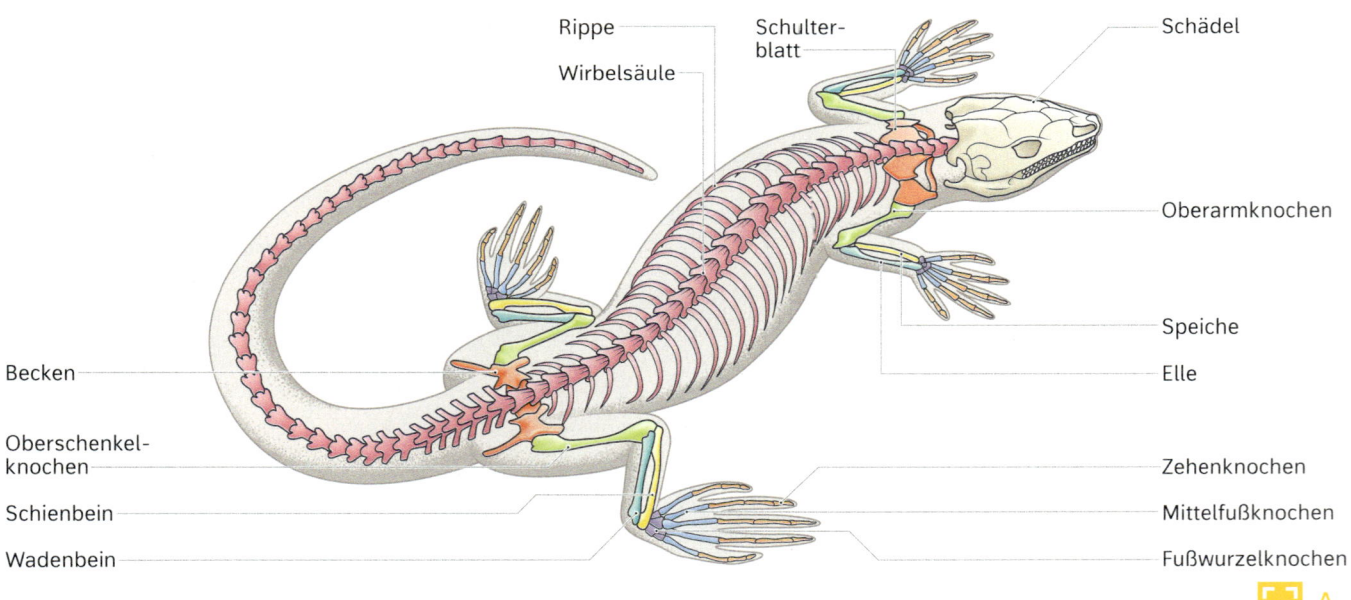

Rippe
Wirbelsäule
Schulterblatt
Schädel
Oberarmknochen
Speiche
Elle
Zehenknochen
Mittelfußknochen
Fußwurzelknochen
Becken
Oberschenkelknochen
Schienbein
Wadenbein

2 Skelett der Zauneidechse

A

Körperbedeckung und Atmung

Die Zauneidechse hat eine trockene Haut aus **Hornschuppen**. Diese schützen den Körper der Zauneidechse vor Verletzungen und vor Austrocknung. Sie kann daher in trockenen Gebieten leben. Durch die Hornschuppen gelangt kein Sauerstoff. Sie ist daher auf die Atmung mit ihren gut ausgebildeten **Lungen** angewiesen. Ihre Haut kann wegen der Hornschuppen beim Wachsen des Körpers nicht mitwachsen. Sie wird mit der Zeit zu eng, reißt an mehreren Stellen ein und blättert ab. Die Zauneidechse häutet sich.

Ernährung

Die Zauneidechse ernährt sich von Spinnen, Insekten und Würmern. Häufig lässt sie ihre gespaltene Zunge aus dem Maul herausschnellen. Sie züngelt. So nimmt sie Geruchsstoffe aus ihrer Umgebung wahr. Erkennt die Zauneidechse ein Beutetier, schnappt sie mit ihren spitzen Zähnen blitzschnell zu. Anschließend schluckt sie ihre Beutetiere in einem Stück hinunter.

Aktivität

Die Zauneidechse sonnt sich gern. Sie versucht, die Wärme des Sonnenlichtes einzufangen. Ist ihr Körper aufgewärmt, ist sie besonders aktiv und bewegt sich schnell . Bei kühlem Wetter ist sie träge und verkriecht sich in einem Versteck. Die Körpertemperatur gleicht in etwa der Temperatur ihrer Umgebung. Die Zauneidechse zählt daher wie alle Kriechtiere zu den **wechselwarmen** Tieren. Wenn es im Winter zu kalt wird, fallen Kriechtiere in **Kältestarre**. ▶

Material mit Aufgaben

M1 Körperbedeckung und Atmung

Lurche

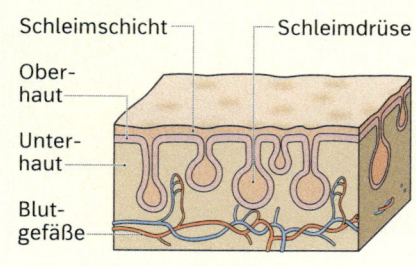

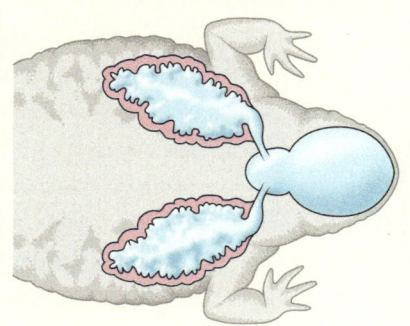

Kriechtiere

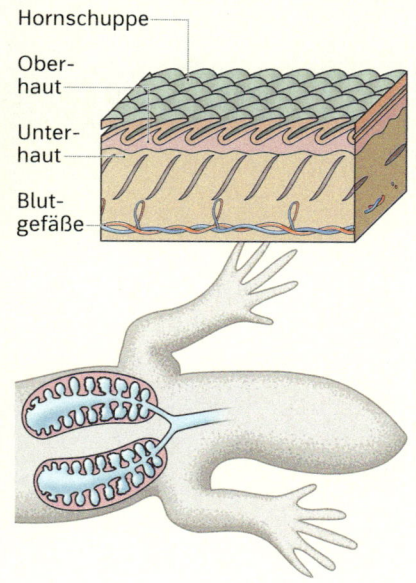

1. ▮▮▮ Beschreibe den Aufbau der Haut der Zauneidechse.
2. ▮▮▮ Vergleiche die Haut der Zauneidechse mit der Haut der Erdkröte. ✚
3. ▮▮▮ Vergleiche die Lunge der Zauneidechse mit der Lunge der Erdkröte. ✚
4. ▮▮▮ Erkläre, warum die Zauneidechse nicht über die Haut atmen kann. ✚

5. Wähle eine der Aufgaben aus:
a ▮▮▮ Erkläre, warum die Zauneidechse auf gut ausgebildete Lungen angewiesen ist.
b ▮▮▮ Erkläre am Beispiel der Lunge der Zauneidechse das biologische Prinzip der Oberflächenvergrößerung.
6. ▮▮▮ Stelle Vermutungen an, warum die Lurchhaut stärker durchblutet ist als bei Kriechtiere.

A Beschreibe die Fortbewegung der Zauneidechse.
B Erkläre, warum man Zauneidechsen bei kühlem Wetter selten sieht.
C Erkläre, weshalb sich Zauneidechsen häuten.

3 Entwicklung der Zauneidechse: **A** Paarung, **B** Jungtier beim Schlüpfen, **C** geschlüpfte Jungtiere

Fortpflanzung

Im Frühling beginnt die Paarungszeit der Zauneidechsen. Das Männchen ist dann auffällig grün gefärbt. Es wirbt um Weibchen und imponiert männlichen Rivalen. Trifft es ein Weibchen, ergreift es das Weibchen mit dem Maul. Danach umschlingt das Männchen das Weibchen und presst seine Kloakenöffnung auf die des Weibchens. Die Spermienzellen gelangen in die Kloake des Weibchens. Die Eizellen werden im Körper des Weibchens befruchtet. Diesen Vorgang nennt man **innere Befruchtung**.

Nach etwa vier Wochen gräbt das Weibchen an einem sonnigen Platz ein Erdloch und legt bis zu 15 Eier durch seine Kloake ab. Danach bedeckt es die Eier mit Erde. Die Eier sind durch ihre feste, ledrige Schale vor Austrocknung geschützt. Die Embryonen entwickeln sich in den Eiern und ernähren sich von einem Dottervorrat. Nach etwa acht Wochen schlüpfen die fertig entwickelten Jungtiere. Sie ritzen dazu mit ihrem Eizahn die Eischale auf. Sie suchen sofort selbstständig nach Nahrung.

Material mit Aufgaben

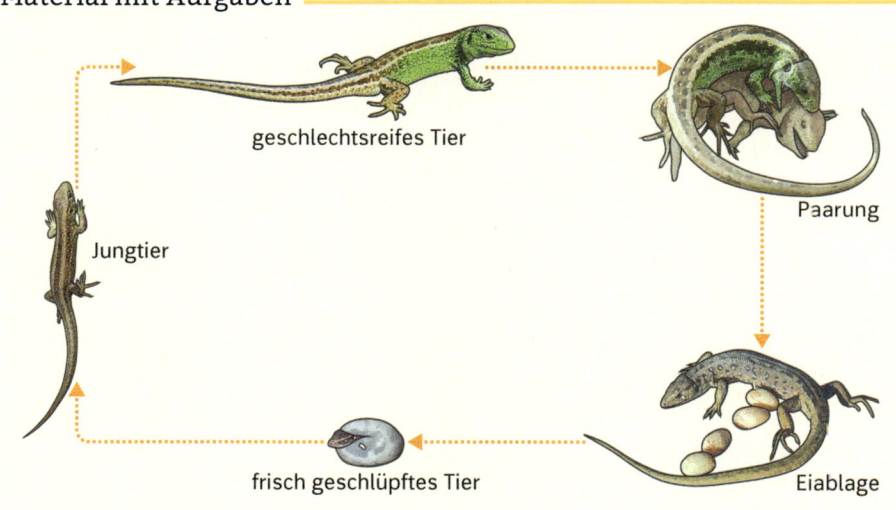

geschlechtsreifes Tier

Jungtier

Paarung

frisch geschlüpftes Tier

Eiablage

M2 Fortpflanzung

1. ▮▮ Beschreibe die Fortpflanzung der Zauneidechse.
2. ▮▮▮ Erkläre, warum Kriechtiere ihre Eier an Land ablegen können. ✚
3. Wähle eine der Aufgaben aus:
a ▮▮▮ Vergleiche die Fortpflanzung von Kriechtieren und Lurchen.
b ▮▮▮ Stelle Vermutungen an, warum Kriechtiere weniger Eier ablegen als Lurche.

Vielfalt der Kriechtiere

1　Kreuzotter

2　Europäische Sumpfschildkröte

3　Leistenkrokodil

Schlangen

Weltweit gibt es über 3 600 Arten von Schlangen. Manche Giftschlangen wie die Mamba aus Afrika zählen zu den giftigsten Tieren der Welt. Zu den bekanntesten der 7 heimischen Schlangenarten zählt die Kreuzotter. Ihr Gift ist für den Menschen kaum gefährlich. Alle Schlangen besitzen einen langen Körper ohne Gliedmaßen. Sie bewegen sich schlängelnd fort. Dabei drücken sie sich mit den großen Bauchschuppen und kräftigen Muskeln vom Boden ab und schieben den Körper nach vorne.

Schildkröten

Weltweit gibt es etwa 340 Arten von Wasser-, Land- und Meeresschildkröten. Die europäische Sumpfschildkröte ist die einzige heimische Schildkrötenart. Zwischen ihren mit Hornschuppen bedeckten Zehen besitzt sie Schwimmhäute, mit denen sie sich in langsam fließenden Gewässern fortbewegen kann. Schildkröten besitzen einen Panzer, in den sie den Kopf und die Beine als Schutz vor Feinden einziehen können. Der Panzer besteht aus knöchernen Platten. Die Rippen und Wirbelsäule sind mit dem Panzer verwachsen.

Krokodile

Weltweit gibt es 25 Arten von Krokodilen. Zu ihnen zählen Kaimane, Alligatoren und der Gavial. Sie leben in und an warmen Gewässern und liegen häufig am Ufer, um sich zu sonnen. In Europa gibt es keine Krokodile. Mit einer Körperlänge von bis zu 8 Metern ist das Leistenkrokodil die größte Krokodilart und somit eines der größten Raubtiere. Der gesamte Körper der Krokodile ist von einem harten, mehrschichtigen Schuppenpanzer bedeckt. Krokodile wachsen ihr Leben lang.

Material mit Aufgaben

M1　**Verbreitung von Kriechtieren**

1. ▮▮▮ Beschreibe, was die Karte veranschaulicht.
2. ▮▮▮ Stelle Vermutungen an, warum die Artenviefalt in wärmeren Gebieten größer ist als in kühleren.
3. ▮▮▮ Stelle Vermutungen an, warum in Polargebieten keine Kriechtiere überleben können.

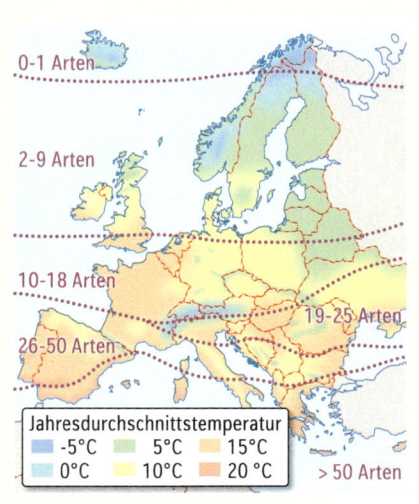

0-1 Arten
2-9 Arten
10-18 Arten
19-25 Arten
26-50 Arten
> 50 Arten

Jahresdurchschnittstemperatur
-5°C　5°C　15°C
0°C　10°C　20°C

Die Kriechtiere

Die Haut der Kriechtiere besteht aus wasserundurchlässigen Hornschuppen. Sie schützen die wechselwarmen Tiere vor Austrocknung und vor Verletzungen. Da ihre Haut nicht mitwächst, müssen sie sich häuten. Kriechtiere atmen mit Lungen.

Die Weibchen legen ihre Eier in einem trockenen Versteck ab. Eine ledrige Schale schützt die Eier vor Austrocknung. Die Eier werden im Gegensatz zu Vogeleiern nicht bebrütet. Aus den Eiern schlüpfen die Jungtiere, die sofort selbstständig sind.

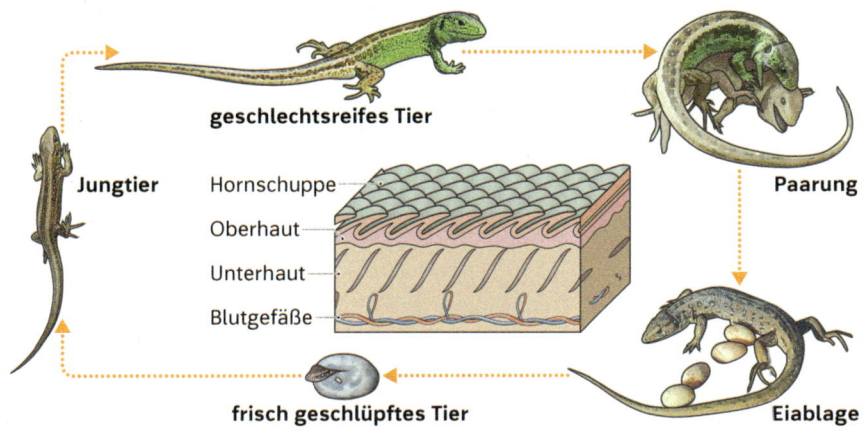

Entwicklung von Lurchen

Kaulquappen haben seitlich am Kopf zunächst Außenkiemen, die später von einer Hautfalte überwachsen werden. Der Schwanz wächst zu einem Ruderschwanz mit Flossensaum heran und bildet sich später zurück. Es entwickeln sich zuerst die Hinterbeine, dann die Vorderbeine. Die Lungen entwickeln sich, die Kiemen bilden sich anschließend zurück. Die Umwandlung der Larve zum erwachsenen Tier heißt Metamorphose.

Die Lurche

Die meisten Lurche besitzen vier Gliedmaßen. Schwanzlurche wie der Teichmolch und der Feuersalamander haben zusätzlich einen langen Schwanz. Froschlurche wie der Wasserfrosch und die Erdkröte haben stark verlängerte Hinterbeine, mit denen sie weit springen können.

Lurche besitzen eine nackte Haut, die von einer Schleimschicht bedeckt ist. Sie können über ihre Haut Sauerstoff aufnehmen. Lurche atmen zudem mit Lungen. Sie zählen zu den wechselwarmen Tieren. Lurche suchen je nach Jahreszeit unterschiedliche Lebensräume auf.

Die Fortpflanzung und Entwicklung findet im Wasser statt. Nach der äußeren Befruchtung entwickeln sich im Wasser aus den Eiern Larven. Aus den Larven entstehen die erwachsenen Tiere, die an Land leben können. Diese Umwandlung der Gestalt nennt man Metamorphose.

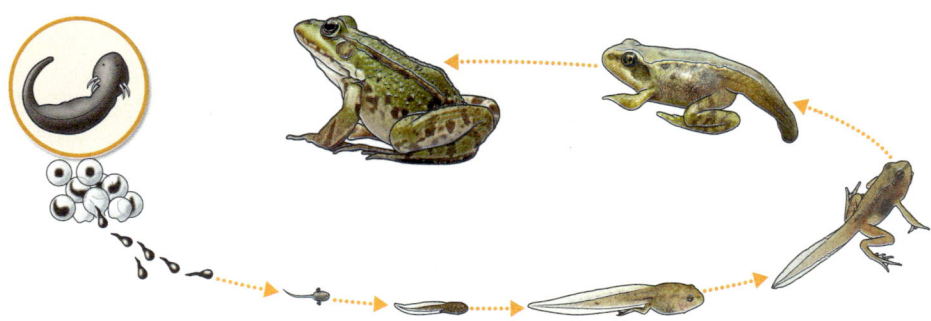

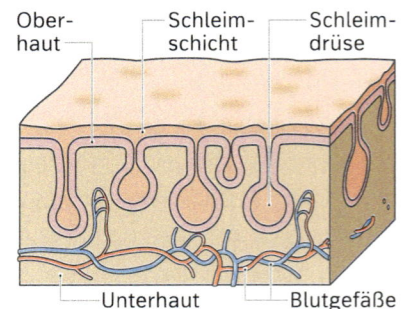

1 Entwicklung von Lurchen

Jungmolch

Laich

Larve

Kaul-quappe

A ||| Erkläre am Beispiel des Kam-molchs, was man unter äußerer Befruchtung versteht.

B ||| Beschreibe die Entwicklung des Kammmolchs.

C ||| Erkläre, warum man die Ent-wicklung der Lurche Metamorpho-se nennt.

D ||| Vergleiche die Entwicklung des Kammmolchs mit der Entwicklung des Wasserfroschs.

2 Atmung im Vergleich

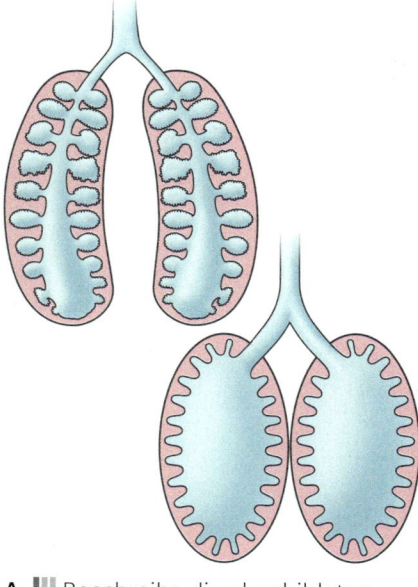

A ||| Beschreibe die abgebildeten Lungen.

B ||| Ordne Lunge jeder der beiden Lungen den Lurchen oder den Kriechtieren zu. Begründe deine Zuordnungen.

C ||| Erläutere, warum Lurche auf Hautatmung angewiesen sind.

---

3 **Kriechtiere sind wechselwarm**

A ||| Kriechtiere wie die Zauneidechse sind wechselwarme Tiere. Erkläre, was man darunter versteht.

B ||| Erkläre, warum man Eidechsen häufig auf Steinen an sonnigen Plätzen findet.

C ||| Bei höheren Temperaturen sind Kriechtiere aktiver. Die Vorzugs-temperatur ihrer Umgebung beträgt 38 °C. Beschreibe mithilfe des Bildes, wie die Eidechse ihre Körpertemperatur steuert.

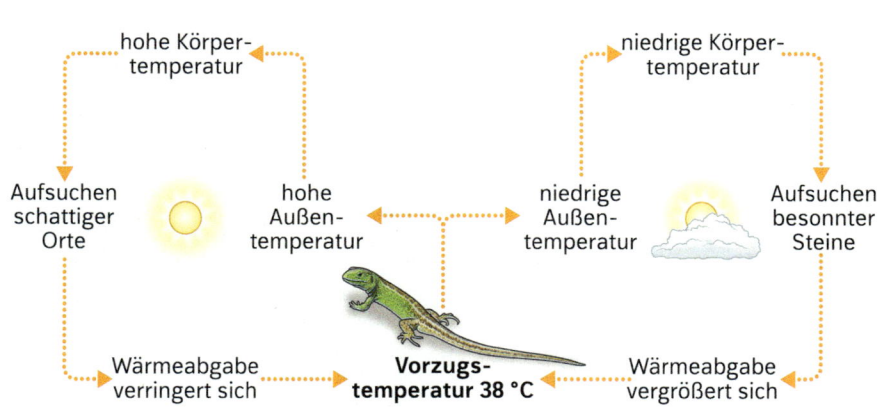

hohe Körper-temperatur

niedrige Körper-temperatur

Aufsuchen schattiger Orte

hohe Außen-temperatur

niedrige Außen-temperatur

Aufsuchen besonnter Steine

Wärmeabgabe verringert sich

Vorzugs-temperatur 38 °C

Wärmeabgabe vergrößert sich

Vögel in ihren Lebensräumen

4

Was ist die Leichtbauweise bei Vögeln?
Wie können Vögel fliegen?
Welche Angepasstheiten haben Vögel?

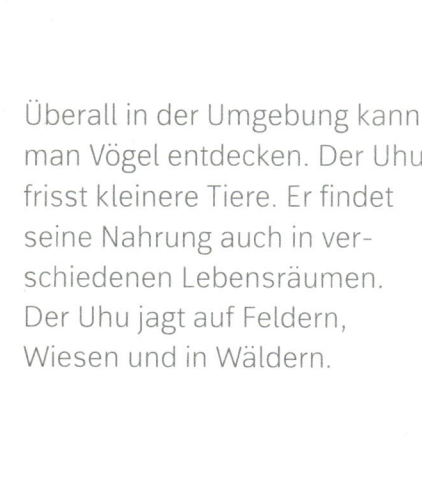

Überall in der Umgebung kann man Vögel entdecken. Der Uhu frisst kleinere Tiere. Er findet seine Nahrung auch in verschiedenen Lebensräumen. Der Uhu jagt auf Feldern, Wiesen und in Wäldern.

Die Kohlmeise ist ein kleiner Flugkünstler. Warum können Vögel fliegen?

1 Kohlmeise beim Fliegen

Die Vögel

Körperbau der Vögel

Der Körper der Kohlmeise ist wie bei allen Vögeln **stromlinienförmig**. Diese Stromlinienform erleichtert ihr das Fliegen, denn sie bietet der Luft wenig Widerstand. Den Körper der Kohlmeise durchzieht eine Wirbelsäule. Vögel sind **Wirbeltiere**.

Das Skelett der Kohlmeise ist starr, denn bis auf die Halswirbel sind alle Wirbelknochen miteinander verwachsen. Die Wirbelsäule bildet so eine starre Achse. Der Körper bleibt dadurch beim Fliegen stabil. Die Rippen sind fest mit dem großen **Brustbein** verbunden, an dem die großen Flugmuskeln ansetzen. So erhält der Körper bei jedem kräftigen Flügelschlag seine Stabilität. Die Kohlmeise besitzt wie alle Vögel ein Federkleid. Nur die Füße und der Schnabel sind nicht mit Federn bedeckt.

Flügel

Jeder Flügel besteht aus den Oberarm-, Unterarm-, Hand- und Fingerknochen. Die Flügel sind zu **Flugorganen** umgewandelte Gliedmaßen. Die Flugfedern stecken in der Haut der Flügel und bilden die Tragflächen für das Fliegen.

Leichtbauweise

▸ **Atmung** • Die Lunge von Vögeln wie der Kohlmeise unterscheidet sich von den Lungen anderer Wirbeltiere durch ihre **Luftsäcke**. Dabei handelt es sich um Ausstülpungen der Lunge, die zwischen den inneren Organen liegen. Sie erstrecken sich sogar bis in die Knochen. Beim Atmen werden neben den Lungen auch die Luftsäcke mit Luft gefüllt. Deshalb kann ein Vogel mehr Luft einatmen, als in seine Lungen passt.

Lungenflügel

Luftsack im Oberarmknochen

Luftsack

2 Lunge mit Luftsäcken

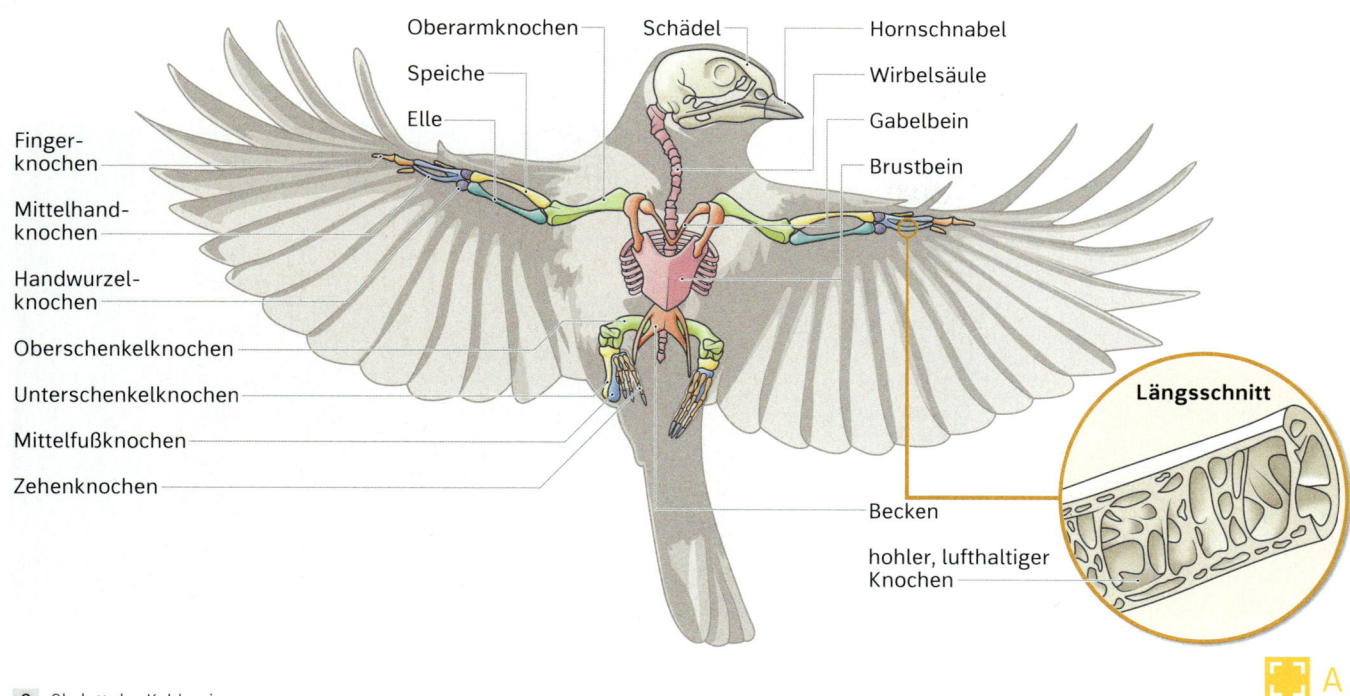

Oberarmknochen Schädel Hornschnabel

Speiche Wirbelsäule

Elle Gabelbein

Finger-
knochen Brustbein

Mittelhand-
knochen

Handwurzel-
knochen

Oberschenkelknochen

Unterschenkelknochen

Mittelfußknochen

Zehenknochen

Becken

hohler, lufthaltiger
Knochen

Längsschnitt

A

3 Skelett der Kohlmeise

▸ **Knochen** • Damit ein Vogel fliegen kann, muss er leicht gebaut sein. Die Kohlmeise besitzt daher dünnwandige, hohle Knochen. Sie sind nicht wie Säugetierknochen mit Knochenmark gefüllt, sondern mit Luft. Die leichten Knochen werden durch knöcherne Verstrebungen verstärkt und sind daher stabil. Der Schnabel ist zahnlos und mit Horn überzogen. Auch die Federn bestehen aus diesem sehr leichten, festen Material.

▸ **Ernährung und Fortpflanzung** • Vögel verdauen ihre Nahrung schnell. Kot und Urin werden häufig ausgeschieden. Eine Harnblase, in der sich Urin sammeln könnte, fehlt ihnen. Die Eier werden im Körper des Weibchens gebildet und werden nacheinander gelegt. Die Jungtiere entwickeln sich im Ei außerhalb des Körpers des Weibchens. So bleibt das Körpergewicht auch während der Fortpflanzungszeit niedrig. ▸

Material mit Aufgaben

M1 **Gliedmaßen**

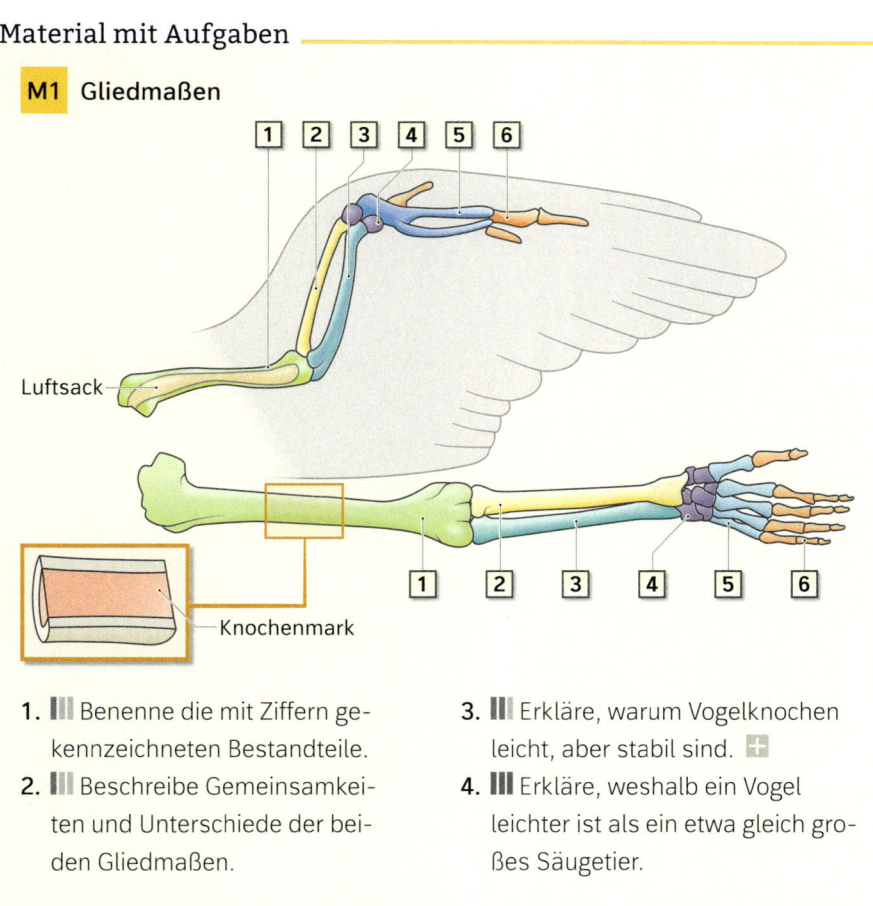

Luftsack

Knochenmark

1. ▋▋▋ Benenne die mit Ziffern gekennzeichneten Bestandteile.
2. ▋▋▋ Beschreibe Gemeinsamkeiten und Unterschiede der beiden Gliedmaßen.

3. ▋▋▋ Erkläre, warum Vogelknochen leicht, aber stabil sind. ➕
4. ▋▋▋ Erkläre, weshalb ein Vogel leichter ist als ein etwa gleich großes Säugetier.

4 Kohlmeise im Flug

Federtypen

Der größte Teil des Vogelkörpers ist von Federn bedeckt. Die unterste Federschicht besteht aus kleinen, feinen **Daunenfedern**. Sie schließen Luft ein und bilden so eine isolierende Schicht. Die Daunenfedern schützen den gleichwarmen Vogel vor der Kälte. Die darüber liegenden **Deckfedern** liegen wie Dachziegel übereinander. Sie schützen den Körper des Vogels vor Wind, Regen und Schmutz. Die langen **Schwungfedern** bilden die Tragflächen der Flügel. Sie ermöglichen dem Vogel zu fliegen. Mit den **Steuerfedern** am Schwanz kontrolliert der Vogel in der Luft seinen Flug und bremst bei der Landung ab.

Bau einer Schwungfeder

Federn bestehen aus leichtem Horn. Außer den Daunenfedern haben Federn einen langen und festen **Federkiel** und eine **Federfahne**. Der Federkiel unterteilt sich in Schaft und Spule. Mit der Spule steckt die Feder in der Haut des Vogels. Vom Schaft gehen nach links und rechts die Federäste ab. Der Federkiel und die Federäste sind hohl und darum sehr stabil und leicht. Die Federäste sind über kleine Bogenstrahlen und Hakenstrahlen wie ein Klettverschluss miteinander verzahnt. Die Federfahne bildet so eine glatte und luftundurchlässige Federfläche.

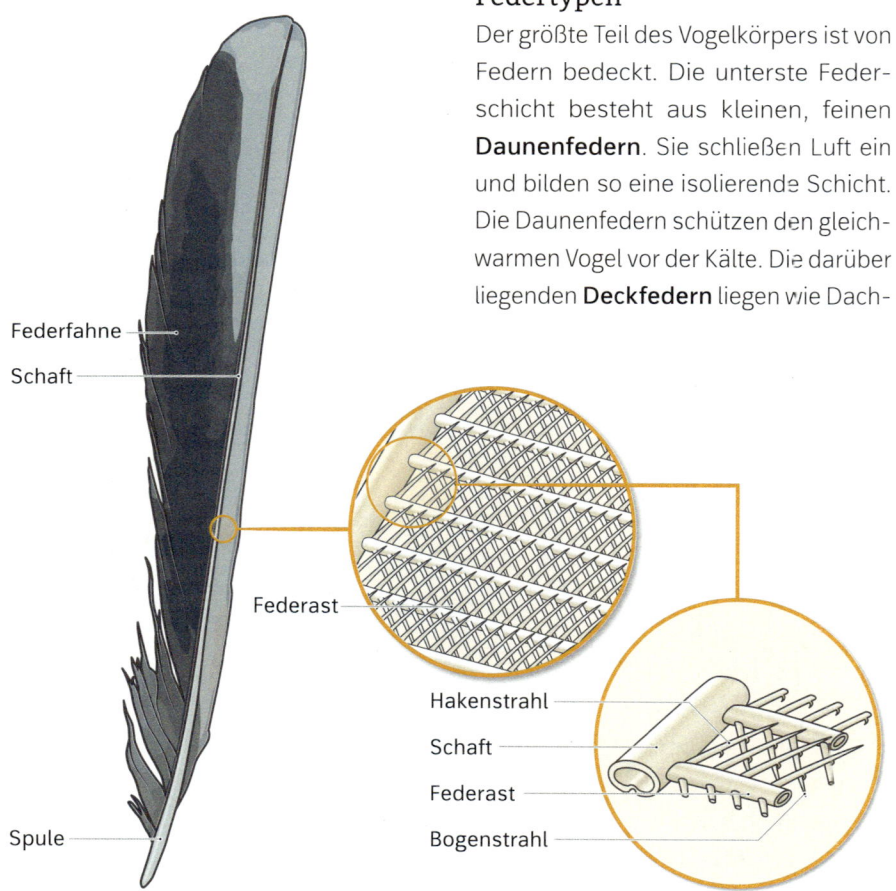

Federfahne
Schaft
Federast
Hakenstrahl
Schaft
Federast
Bogenstrahl
Spule

5 Bau einer Schwungfeder

70

Material mit Aufgaben

M2 Federtypen

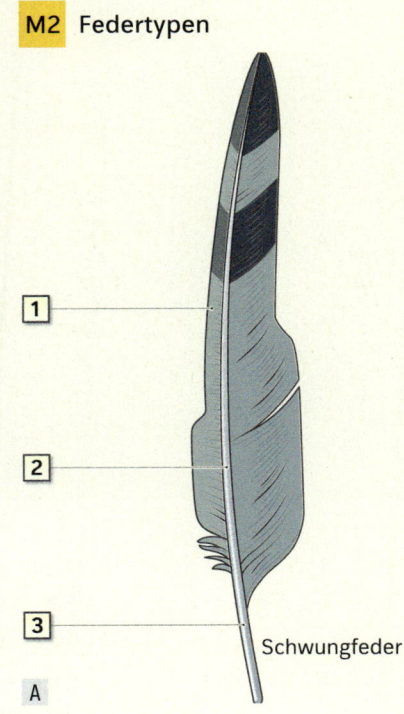

1

2

3

Schwungfeder

A

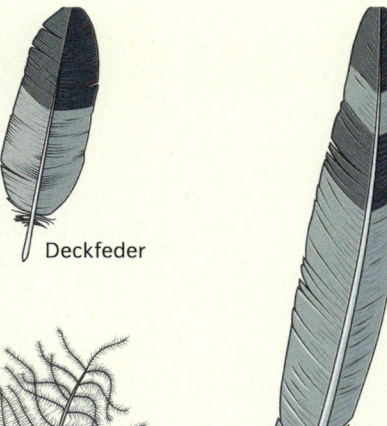

Deckfeder

Daune

Steuerfeder

B

Bild A zeigt verschiedene Federtypen der Kohlmeise.
Bild B zeigt einen männlichen Pfau beim Radaufschlag.

1. ▋▋▋ Benenne die mit Ziffern gekennzeichneten Bauteile einer Feder.
2. ▋▋ Gib für die jeweiligen Federtypen ihre Funktion an. ✚

3. ▋▋ Oft haben männliche Vögel auffällig gefärbte Schmuckfedern am Körper. Stelle Vermutungen über deren Funktion an.

P3 Untersuchung von Federn

Material: Lupe, Schwungfedern, Daunenfedern

Durchführung: Arbeiten in Gruppen zusammen. Untersucht die Federn mit der Lupe. Zieht dazu die Federfahne der Schwungfeder von der Spitze zur Spule durch eure Finger. Zieht die Feder anschließend in der Gegenrichtung durch die Finger. Betrachtet die Fahne jeweils mit der Lupe.

1. ▋▋▋ Beschreibt den Aufbau der Fahne der Feder.
2. ▋▋ Vergleicht den Aufbau der Fahne einer Schwungfeder mit einem Klettverschluss. ✚
3. ▋▋ Untersucht eine Daunenfeder mit der Lupe. Vergleicht den Bau einer Schwungfeder und einer Daunenfeder miteinander. Erstellt dazu eine Tabelle. Nennt Gemeinsamkeiten und Unterschiede der beiden Federn.

Vogelfeder

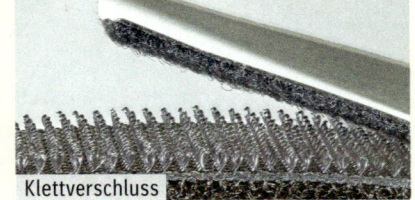

Klettverschluss

Scheinbar mühelos gleitet der Turmfalke durch die Luft. Wie fliegen Vögel?

1 Turmfalke im Gleitflug

Wie Vögel fliegen

Ruderflug

Wenn der Turmfalke abhebt, bewegt er in schneller Folge seine Flügel abwärts und aufwärts. Beim **Abwärtsschlag** werden die Flügel schräg nach unten geführt. Die Schwungfedern der Flügel bilden dabei eine große, luftundurchlässige Fläche. So kann sich der Vogel in der Luft halten und gleichzeitig einen Vor- und Aufwärtsschub entwickeln. Beim **Aufwärtsschlag** wird die Stellung der Schwungfedern geändert. Die Flügelfläche ist nicht mehr geschlossen. So kann die Luft zwischen den Federn hindurchströmen. Die Flügel werden nach oben gezogen. Durch die geöffnete Flügelfläche wird verhindert, dass der Vogel

2 Turmfalke beim Ruderflug

beim Aufwärtsschlag nach unten gedrückt wird. Danach erfolgt wieder ein kräftiger Abwärtsschlag. Diese Flugform bezeichnet man als **Ruderflug**. Er ist sehr anstrengend für den Vogel, weil die kräftigen Flugmuskeln ständig beansprucht werden.

Rüttelfug

Der Turmfalke beherrscht wie alle Greifvögel eine besondere Form des Ruderfluges. Er bleibt dabei „in der Luft stehen", obwohl er ganz schnell mit seinen Flügeln schlägt. Er rüttelt. Mit ausgebreiteten Schwanzfedern bremst der Vogel beim **Rüttelflug** seine Vorwärtsbewegung. So kann der Turmfalke die Höhe und Position über dem Boden halten und mit seinen guten Augen nach Beutetieren Ausschau halten.

Hat der Turmfalke ein Beutetier, wie eine Maus, erspäht, legt er seine Flügel nah an den Körper an. Dann stürzt er sich im **Sturzflug** mit bis zu 200 Kilometern pro Stunde auf sein Beutetier.

Gleitflug

Beim Fliegen hält der Turmfalke zwischendurch auch immer wieder seine Flügel ausgebreitet. Er schlägt nicht mit den Flügeln. Diese Flugform ist nicht so anstrengend. Fliegt der Turmfalke ausschließlich in diesem **Gleitflug**, verliert er an Geschwindigkeit und Höhe. Sein Gewicht und die Luft bremsen ihn. Deshalb muss er zwischendurch immer wieder mit den Flügeln schlagen.

Je nach Größe des Vogels und der Form der Flügel können in diesem energiesparenden Gleitflug weite Strecken zurückgelegt werden. ▶

3 Turmfalke beim **A** Rüttelflug, **B** Sturzflug

Material mit Aufgaben

M1 Ruderflug

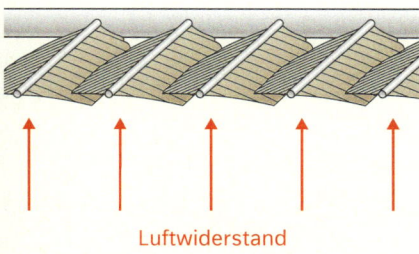

Luftwiderstand

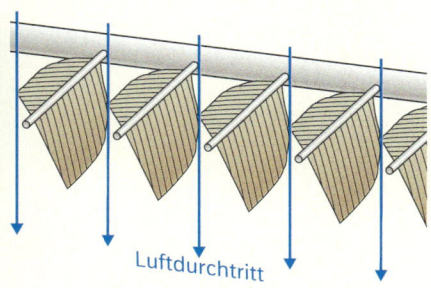

Luftdurchtritt

1. ▥ Ordne den Bildern A und B begründet die Begriffe Abwärtsschlag und Aufwärtsschlag zu.
2. ▥ Beschreibe den Ruderflug. Achte dabei auf den Einsatz der Flügel und die Stellung der Schwungfedern. ➕

3. Wähle eine der Aufgaben aus:
a ▥ Erkläre, warum der Ruderflug energieaufwändig ist.
b ▥ Erkläre, warum der Vogel beim Ruderflug die Stellung seiner Schwungfedern ständig ändern muss.

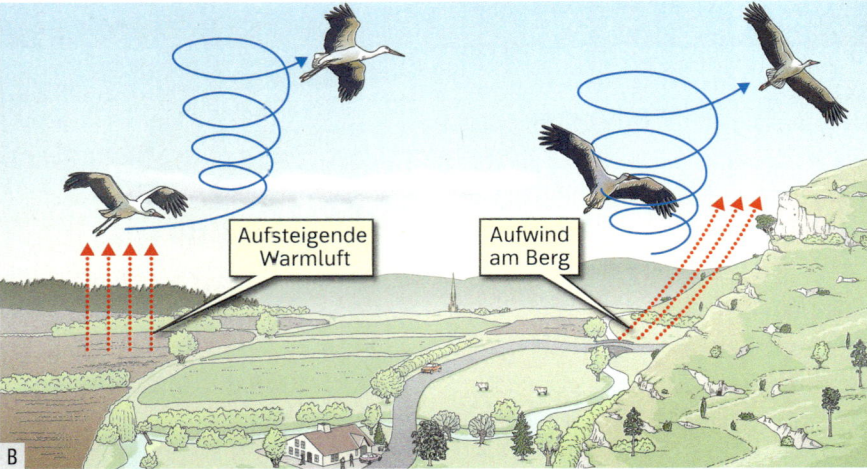

4 **A** Weißstorch im Flug, **B** Segelflug und Gleitflug bei Weißstörchen

Material mit Aufgaben

M2 **Flugformen**

1. ▋▋▋ Ordne den Buchstaben die passenden Flugformen zu. Begründe deine Zuordnungen.
2. ▋▋▋ Vergleiche die Flugformen B und C miteinander. Nenne Gemeinsamkeiten und Unterschiede. ✚

3. Wähle eine der Aufgaben aus:
a ▋▋▋ Erkläre, warum der Segelflug für Vögel energiesparender ist als der Ruderflug.
b ▋▋▋ Welche Flugform ist am energieaufwändigsten? Erstelle eine Rangfolge des Energieverbrauches. Begründe deine Rangfolge.

Segelflug

Vögel mit großen Flügeln, wie der Weißstorch oder der Mäusebussard, können ohne einen Flügelschlag lange in der Luft bleiben. Sie legen dabei große Strecken zurück und können sogar an Höhe gewinnen. Die Vögel nutzen dabei nach oben aufsteigende Luft, sogenannte **Aufwinde**. Diese entstehen, wenn sich Luft zum Beispiel über Städten oder Feldern erwärmt. Die warme Luft steigt dann nach oben. Aufwinde können auch entstehen, wenn Luft an Hängen emporgleitet. Die Vögel nutzen diese Aufwinde und lassen sich mit ihnen in die Höhe tragen. Dabei kreisen sie mit ausgebreiteten Flügeln. Diese sehr energiesparende Flugform ohne Flügelschlag nennt man **Segelflug**.

Weißstörche können im Segelflug und Gleitflug Hunderte Kilometer ohne einen einzigen Flügelschlag zurücklegen. Ist ihre Flughöhe hoch genug, gleiten sie. Dabei verlieren sie an Höhe und steuern ein neues Gebiet mit Aufwinden an, das sie erneut in die Höhe schraubt.

Vögel nutzen den Auftrieb

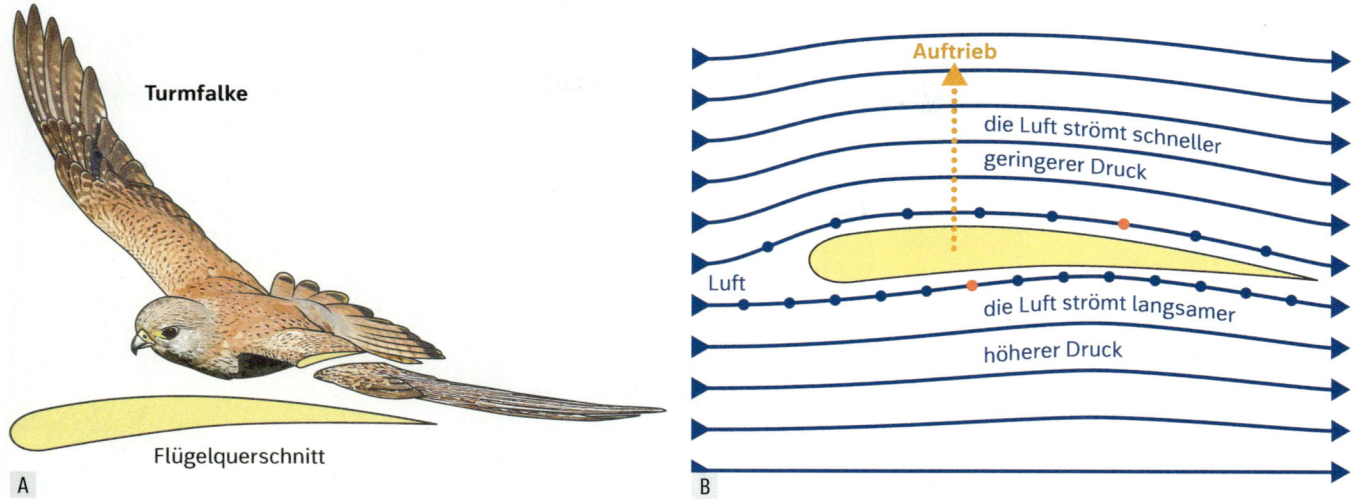

Turmfalke

Flügelquerschnitt

A

Auftrieb

die Luft strömt schneller
geringerer Druck

Luft

die Luft strömt langsamer

höherer Druck

B

1 **A** Flügel im Querschnitt und **B** Auftrieb am Flügel

Auftrieb

Ein Vogel kann je nach Körpergröße und Flügelform im Gleitflug weite Strecken energiesparend zurücklegen. Die Form der Flügel ist für den Gleitflug entscheidend: Die ausgebreiteten Flügel sind an der Oberseite stärker gewölbt als an ihrer Unterseite. Wenn die Luft am Flügel vorbeiströmt, muss sie an seiner Oberseite einen weiteren Weg zurücklegen als auf der Unterseite des Flügels.

Die Geschwindigkeit der Luft ist auf der Oberseite größer als auf der Unterseite. Die schnellere Luft strömt am Ende unter den Flügel und drückt ihn nach oben. Die langsamere Luft drückt den Flügel auch nach oben. Dadurch entsteht ein **Auftrieb**. Dieser trägt den Vogel in der Luft. Durch sein Körpergewicht verliert ein Vogel auch beim Gleitflug ständig an Höhe.

Material mit Aufgaben

M1 **Auftrieb im Modell**

1. ▊▊▊ Beschreibe den Aufbau und das Ergebnis dieses Modellversuches.
2. ▊▊▊ Übertrage das Versuchsergebnis auf einen Vogelflügel. Erkläre, wie dieser angehoben wird.
3. ▊▊▊ Erläutere, was dieses Modell gut veranschaulicht und was es nicht zeigt.

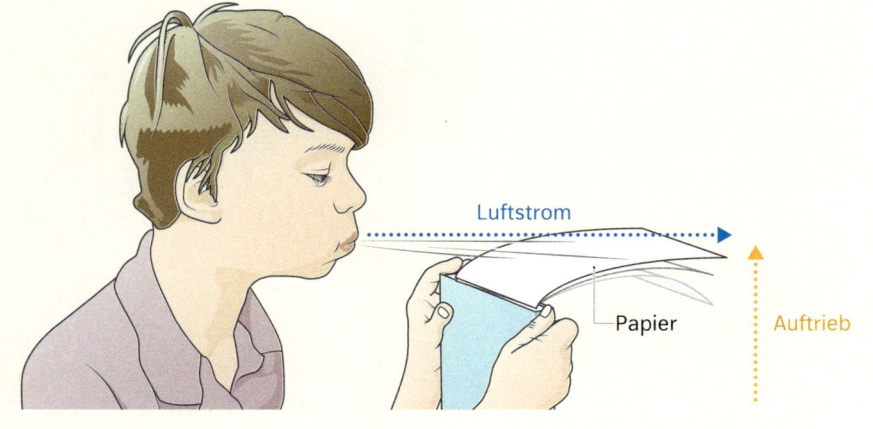

Luftstrom

Papier

Auftrieb

Das Küken ist aus einem Ei geschlüpft.
Wie entsteht in einem Ei ein Küken?

1 Frisch geschlüpftes Küken

Entwicklung der Vögel

Begattung

Die Kloake ist die gemeinsame Mündung von Eileiter oder Spermienleiter und Enddarm.

Nur aus befruchteten Eiern können Küken schlüpfen. Die Eier müssen also vorher von einem Hahn befruchtet werden. Wenn die Henne zur **Begattung** bereit ist, besteigt der Hahn ihren Rücken und presst seine hintere Körperöffnung, die **Kloakenöffnung**, auf die Öffnung der Henne. Dabei gibt er seine Spermienzellen in die Kloake der Henne ab.

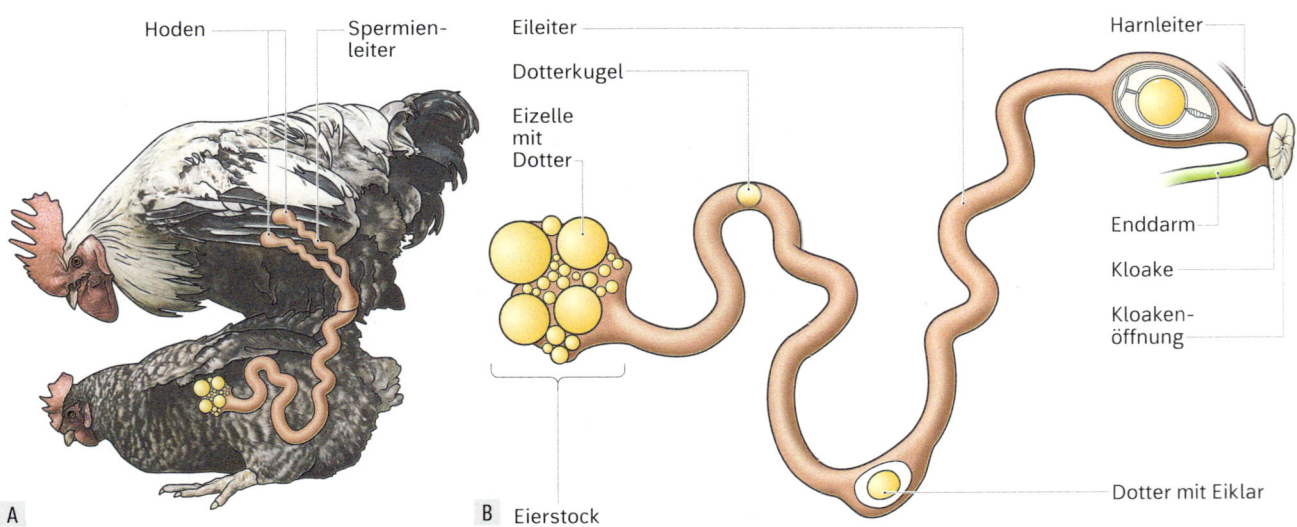

Hoden — Spermienleiter

Eileiter — Harnleiter

Dotterkugel

Eizelle mit Dotter

Enddarm

Kloake

Kloakenöffnung

Dotter mit Eiklar

A

B Eierstock

2 Entstehung eines Eies: **A** Begattung, **B** Bildung des Eies

76

Befruchtung

Im Eierstock der Henne liegen die Eizellen. Sie enthalten nährstoffreichen Dotter. Als große Dotterkugeln gelangen sie zunächst in den Eileiter. Trifft nach der Begattung durch den Hahn eine Spermienzelle im Eileiter auf die Eizelle, dringt die Spermienzelle in die Eizelle ein und verschmilzt mit ihr. Die Eizelle ist nun befruchtet. Da die Befruchtung im Körper der Henne stattfindet, spricht man von **innerer Befruchtung**.

Bildung eines Eies

Die befruchtete Eizelle teilt sich mehrfach und entwickelt sich zu einer flachen **Keimscheibe** auf dem Dotter. Auf dem Weg durch den Eileiter erhält das Ei weiteren Dotter, nährstoffreiches Eiklar und wasserdichte, luftdurchlässige Eihäute. Die **Hagelschnüre** halten den Dotter immer in der Mitte des Eies. Sie sorgen dafür, dass die Keimscheibe immer oben liegt. Am Schluss bildet sich eine harte, schützende Kalkschale. Sie hat sehr kleine Löcher, damit Luft und so auch Sauerstoff ins Ei gelangen. Bei unbefruchteten Eiern, die man im Supermarkt kauft, ist die Eizelle als ein kleiner weißer **Keimfleck** zu erkennen. Es bildet sich dann während der Entstehung des Eies keine Keimscheibe aus. ▶

A Beschreibe die Entstehung eines Eies.

B Fertige eine Tabelle zu den Bestandteilen eines befruchteten Hühnereies an. Ergänze die jeweiligen Aufgaben in der Tabelle.

C Erkläre, warum aus einem gekauften Ei nie ein Küken schlüpfen kann.

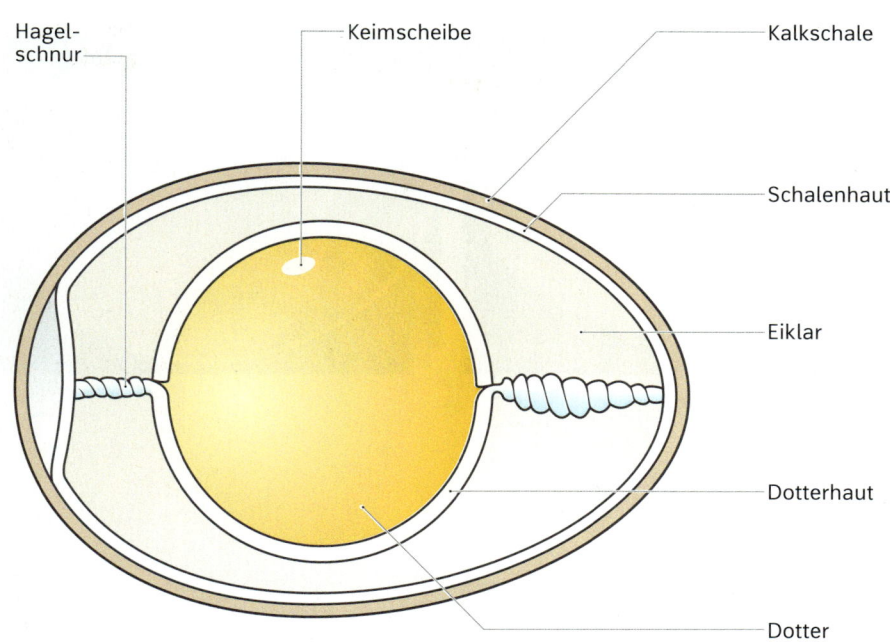

3 Aufbau eines befruchteten Hühnereies

Material mit Aufgaben

P1 Aufbau des Hühnereies

Material: leerer Eierkarton, Schere, Pinzette, Schale, Hühnerei

Durchführung: Arbeitet in Gruppen mit 3-4 Personen zusammen. Legt das Hühnerei in eine Mulde des Eierkartons. Stecht mit der Scheren vorsichtig ein kleines Loch in die Kalkschale. Entfernt nacheinander die Reste der Kalkschale vorsichtig mit der Pinzette, bis die Öffnung etwa so groß wie eine 2-Euro-Münze ist. Betrachtet das Innere des Eies. Bewegt es ein wenig hin und her und beobachtet, wie sich der Eidotter bewegt. Schüttet dann das Innere des Eies in eine Schale. Versucht, alle Eibestandteile zu finden.

1. ▐▐▐ Vergleicht eure Beobachtung mit Bild 3. Nennt die Bestandteile des Eies, die ihr sehen könnt und die Bestandteile des Eies, die ihr nicht sehen könnt. ✛

2. ▐▐▐ Erklärt, woran ihr erkennt, dass das Ei unbefruchtet ist. ✛

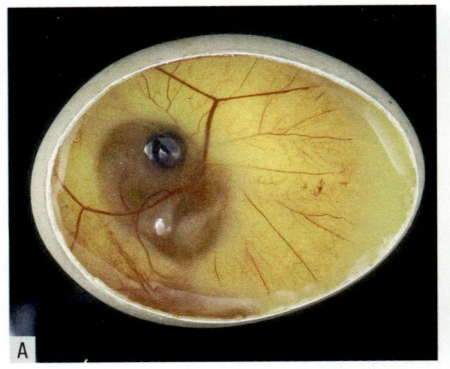
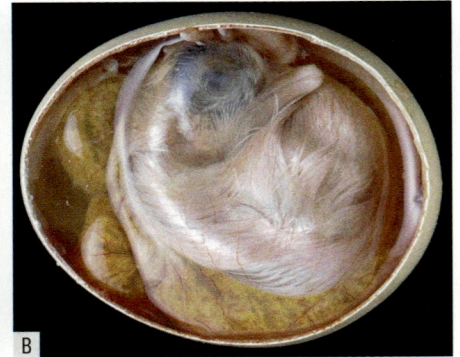
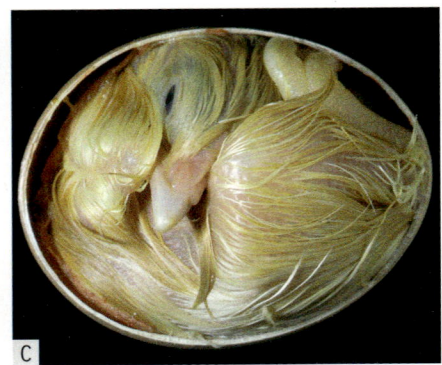

4 Vom Ei zum Küken: **A** 5. Tag, **B** 14. Tag, **C** 20. Tag

Material mit Aufgaben

M2 **Vom Ei zum Küken**

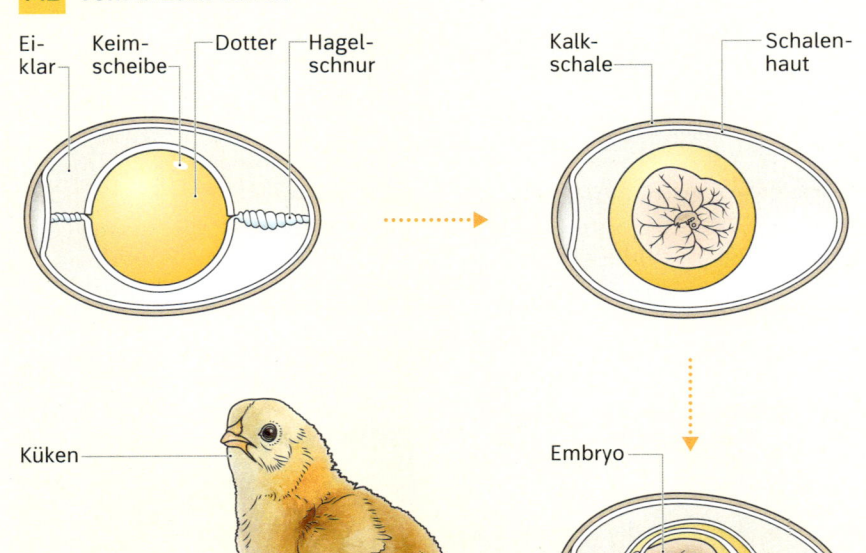

1. ▌▌▌ Beschreibe die Entwicklung des Hühnerkükens.
2. ▌▌▌ Erkläre die Bedeutung der Brutwärme für die Entwicklung des Kükens. ✚
3. Wähle eine der Aufgaben aus:
   a ▌▌▌ Erkläre die Bedeutung der Kalkschale und der Schalenhäute.
   b ▌▌▌ Stelle Vermutungen an, ob sich im Kühlschrank aus einem befruchteten Ei ein Küken entwickelt.

Vom Ei zum Küken

Die Henne legt das fertige Ei in ein Nest, setzt sich darauf und beginnt zu brüten. Dadurch wird das befruchtete Ei auf einer gleichmäßig hohen Temperatur gehalten. Die Henne wendet das Ei regelmäßig mit dem Schnabel. So bleibt es auf allen Seiten gleichmäßig warm. Durch die Brutwärme entwickelt sich dann aus der Keimscheibe ein **Embryo**. Aus dem Embryo entwickelt sich später das Küken.

Nach drei Tagen bilden sich Blutgefäße, die das heranwachsende Küken mit Nährstoffen aus dem Dotter und Eiklar versorgen. Der für das Wachstum wichtige Sauerstoff gelangt durch die Kalkschale und Eihäute zum Küken. Nach etwa sechs Tagen sind der Kopf und die Augen bereits zu erkennen, nach 14 Tagen bilden sich der Schnabel, die Federn und die Flügel aus. Die Nährstoffe im Ei werden für das Wachstum des Kükens nach und nach aufgebraucht.

Nach etwa 21 Tagen öffnet das Hühnerküken die Kalkschale mit einer kleinen Erhebung auf der Oberseite des Schnabels, dem Eizahn. Das Hühnerküken schlüpft.

Nesthocker und Nestflüchter

Hühnerküken sind Nestflüchter

Die Henne brütet ihre Eier auf dem Boden aus. Nach dem Schlüpfen verlassen die Hühnerküken das Nest, nachdem ihre weichen Federn getrocknet sind. Ihre Augen sind dann bereits geöffnet. Außerhalb des Nests folgen die Küken aufmerksam der Henne und picken sofort selbstständig nach Nahrung. Mit lauten Rufen zeigt die Henne ihren Küken, dass sie die Mutter ist. Die Küken piepsen und machen so die Mutter auf sich aufmerksam. Die Henne führt ihre Küken aus, zeigt ihnen Futter und warnt sie vor möglichen Feinden. Diese Verhaltensweisen der Henne bezeichnet man als **Brutpflege**.

Vogelküken, die direkt nach der Geburt das Nest verlassen und sofort weitestgehend selbstständig sind, bezeichnet man als **Nestflüchter**.

Amselküken sind Nesthocker

Das Amselweibchen baut sein Nest in einem Baum oder Strauch. Die Amselküken sind nach dem Schlüpfen blind und nackt. Sie bleiben hilflos im Nest und werden von den Elterntieren gewärmt und beschützt. Die Küken betteln mit lauten Rufen nach Essen. Dabei recken sie ihre Köpfe nach oben und öffnen die Schnäbel. Dies zeigt den Elterntieren, dass sie Futter in ihren Rachen stopfen sollen. Die Eltern versorgen die Küken nach dem Schlüpfen fünf Wochen lang. Sie setzen die Brutpflege fort, bis die Jungtiere selbstständig sind. Erst wenn die Jungtiere ein vollständiges Gefieder haben, verlassen sie ihr Nest. Vogelküken, die nach der Geburt unselbstständig und noch auf die Hilfe der Eltern angewiesen sind, bezeichnet man als **Nesthocker**.

1 Henne mit Hühnerküken

2 Amselmännchen mit Amselküken

Material mit Aufgaben

M1 Küken

1. ▮▮ Übertrage die Tabelle in dein Heft und vervollständige sie.
2. ▮▮ Begründe, ob die Küken in den Bildern A und B jeweils zu den Nesthockern oder Nestflüchtern zählen.
3. ▮▮ Stelle Vermutungen an, warum Nestflüchter meist mehr Eier legen als Nesthocker.

A | Teichrohrsänger, wenige Tage alt

B | Schwäne, einen Tag alt

	Augen	Gefieder	Nahrungsaufnahme nach dem Schlüpfen	Dauer der Brutpflege
Nesthocker	…	…	…	…
Nestflüchter	…	…	…	kurz

Wie kann der Uhu erfolgreich seine Beute jagen?

1   Uhu im Flug

Die Angepasstheiten der Vögel

Der Uhu

Mit seinen großen, nach vorn gerichteten Augen kann der Uhu auch nachts gut sehen. Der Uhu ist wie alle Eulen ein **Nachtjäger**. Zur Jagd sucht der Uhu einen erhöhten Sitzplatz. Von dort aus beobachtet er seine Umgebung. Dabei kann er seinen Kopf fast vollständig drehen. Hat er ein Beutetier erspäht, fliegt er lautlos darauf zu. Dies wird ihm durch weiche, ausgefranste Federn ermöglicht. Schließlich streckt er seine Beine nach vorn, spreizt seine Krallen und packt sein Beutetier. An den Füßen hat er eine **Wendezehe**, die nach vorn und hinten zeigen kann. So kann er auch kleine Beutetiere festhalten. Der Uhu ist ein Greifvogel. Seine Beute tötet der Uhu mit dem scharfkantigen **Hakenschnabel**.

Material mit Aufgaben

Habicht   Flamingo   Schwarzspecht

Lamellen

M1   Vogelschnäbel

1. ▎▎▎ Beschreibe die abgebildeten Vogelschnäbel vom Habicht, Flamingo und Schwarzspecht.
2. ▎▎ Erkläre, wie der Schnabel des Habichts an seine Ernährung angepasst ist. ✚
3. ▎▎▎ Erkläre an allen drei Vögeln, wie die Schnäbel an die Ernährung angepasst sind.

Der Buntspecht

Mit ihrem kräftigen **Meißelschnabel** hacken Spechte an Bäumen. Ihre lange Zunge ist am Ende wie ein Pfeil geformt. Mit dieser **Schleuderzunge** erbeuten sie Insekten unter der Rinde. Dabei stützen sie sich mit den steifen Federn ihres **Stützschwanzes** am Stamm ab. Ihre Füße haben zwei nach vorn und zwei nach hinten gerichtete Zehen mit langen Krallen. Mit diesem **Kletterfuß** halten sich Spechte am Stamm fest.

Die Stockente

Die Zehen der Enten sind mit **Schwimmhäuten** verbunden. So können sie sich paddelnd durch das Wasser bewegen. Die meisten Enten haben Lamellen in ihrem **Seihschnabel**, mit dem sie ihre pflanzliche Nahrung wie mit einem Sieb aus dem Wasser filtern.

A Erkläre, wie der Uhu nachts erfolgreich jagen kann.

B Beschreibe die Angepasstheiten des Buntspechtes.

Meißelschnabel

Schleuderzunge

Kletterfuß

Stützschwanz

2 Angepasstheiten des Buntspechts

Material mit Aufgaben

M2 Vogelfüße

1. ▮▮▮ Beschreibe die drei abgebildeten Füße.
2. Wähle eine der Aufgaben aus:
a ▮▮▮ Erkläre, wie der Fuß der Stockente an ihre Fortbewegung und an ihren Lebensraum angepasst ist.
b ▮▮▮ Erkläre die jeweiligen Angepasstheiten der abgebildeten Füße.

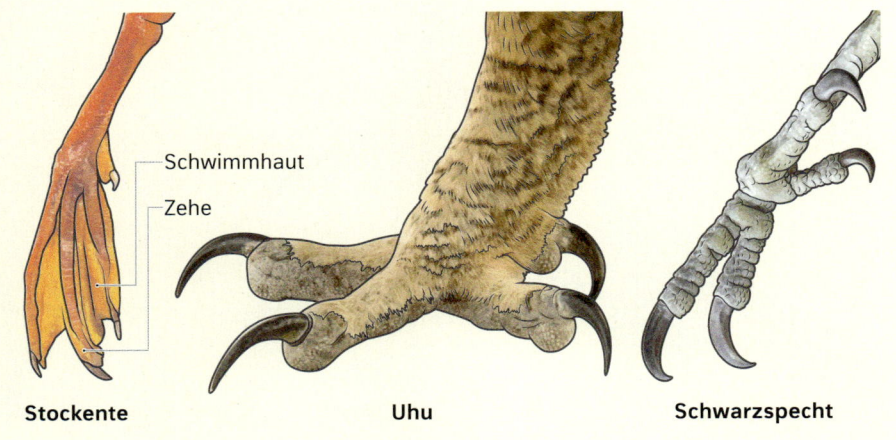

Schwimmhaut

Zehe

Stockente   **Uhu**   **Schwarzspecht**

Mauersegler
18 Zentimeter
lebt an Felshängen, in Dörfern und Städten

Feldlerche
18 Zentimeter
lebt in Wiesen und auf Äckern

Uhu
70 Zentimeter
lebt in Wäldern

Kiebitz
30 Zentimeter
lebt in Feuchtwiesen,
Äckern und im Watt

Buchfink
14 Zentimeter
lebt in Wäldern, Parks
und Gärten

Kohlmeise
14 Zentimeter
lebt in Wäldern, Parks und Dörfern

Bachstelze
18 Zentimeter
lebt in Wiesen und Dörfern
in Gewässernähe

Hausrotschwanz
15 Zentimeter
lebt in Dörfern und Städten

Zaunkönig
10 Zentimeter
lebt in Wäldern, Parks
und Gärten

Buntspecht
24 Zentimeter
lebt in Wäldern, Parks
und Gärten

Großer Brachvogel
55 Zentimeter
lebt in Feuchtwiesen,
Äckern und im Watt

Blaumeise
12 Zentimeter
lebt in Wäldern, Parks
und Gärten

Kleiber
14 Zentimeter
lebt in Wäldern, Parks
und Gärten

Singdrossel

23 Zentimeter

lebt in Wäldern, Parks und Gärten

Austernfischer

45 Zentimeter

lebt in Salzwiesen, Stränden und im Watt

Rotmilan

65 Zentimeter

lebt in Wäldern, Wiesen und Äckern

Rotschenkel

28 Zentimeter

lebt in Salzwiesen, Stränden und im Watt

Rotkehlchen

14 Zentimeter

lebt in Wäldern, Parks und Gärten

Schleiereule

35 Zentimeter

lebt in Wäldern und Dörfern

Mäusebussard

55 Zentimeter

lebt in Wäldern, Wiesen und Äckern

Grünspecht

30 Zentimeter

lebt in Wäldern, Parks und Gärten

Amsel

25 Zentimeter

lebt in Wäldern, Parks und Gärten

Rauchschwalbe

16 Zentimeter

lebt an Felshängen, in Dörfern und Städten

83

Warum bekämpfen sich männliche
Amseln im Frühjahr häufig?

1　Kämpfende Amselmännchen

Verhalten von Vögeln

Gesang

Im Frühjahr sitzen Amselmännchen hoch oben auf Bäumen, Dächern oder Straßenlaternen und singen. Mit diesem **Gesang** teilen sie mit, dass sich hier ihr Lebensbereich befindet, in dem sie auf Nahrungssuche gehen, ihre Jungtiere großziehen und schlafen. Man nennt diesen Bereich **Revier**. Wie fast alle **Singvögel** nutzen Amselmännchen den Gesang zur **Reviermarkierung**. Für andere Vogelarten hat der Amselgesang keine Bedeutung. Sie markieren mit für ihre jeweilige Vogelart typischen Gesang ihre eigenen Reviere im gleichen Gebiet.

Revierverteidigung

Dringt ein fremdes Amselmännchen in ihr Revier ein, wird das Revier verteidigt. Zunächst **droht** der Revierverteidiger durch Aufstellen der Federn, Strecken des Halses und Zucken der Flügel. Genügt das nicht, fliegt der Revierbesitzer dem Rivalen schnell entgegen.

2　Singendes Amselmännchen

Lässt sich der Rivale nicht einschüchtern, kommt es zum **Kampf**. Dabei fliegen die beiden Männchen auf, picken aufeinander ein und treten sich mit ihren krallenbewehrten Füßen. Der Kampf endet mit der Flucht des Unterlegenen.

Balz

Mit dem Gesang zieht das Amselmännchen auch die Aufmerksamkeit der Amselweibchen auf sich. Landet ein Weibchen in seinem Revier, fliegt das Amselmännchen mit auffälligem Flug zum Amselweibchen. Das Männchen hüpft herum und zeigt dem Weibchen sein glänzend schwarzes Federkleid. Manchmal bringt es auch Futter als Geschenk für das Weibchen mit. Dieses Verhalten nennt man **Balz**. Haben sich Männchen und Weibchen gefunden, paaren sie sich und verteidigen nun das gemeinsame Revier gegenüber anderer Amseln.

Nestbau und Brut

Nach der Paarung suchen Amselmännchen und Amselweibchen in Astgabeln von Büschen und Bäumen nach einem versteckten, sicheren Platz zum Nestbau. Das Weibchen baut dort aus Zweigen und Grashalmen ein napfförmiges **Nest**, welches es mit Moos und feuchter Erde auspolstert. In das fertige Nest legt das Weibchen vier bis fünf hellgrüne, gefleckte **Eier**. Auf diese hockt sich das Weibchen, um sie mit seiner Körperwärme auszubrüten. Mit seinem unauffällig braun gefärbten Gefieder kann sich das Weibchen während dieser **Brut** gut verstecken. Es hat eine gute **Tarnung**.

Brutpflege

Nach 14 Tagen schlüpfen aus den Eiern nackte und blinde Amselküken, die von den Eltern gefüttert und gewärmt werden müssen. Wegen dieser Abhängigkeit bezeichnet man sie als **Nesthocker**. Den gesamten Tag lang fliegen die Eltern mit Spinnen, Insekten und Würmern im Schnabel zum Nest. Sobald sich ein Elternteil an das Nest gesetzt hat, recken die Küken ihre Hälse nach oben und sperren ihre Schnäbel weit auf. In die grell gefärbten **Sperrrachen** stopft das Elternteil das Futter. Sobald die Jungvögel mit etwa 7 Tagen sehen können, genügt schon das Erscheinen eines Elternteils, um das Sperren in Richtung des fütternden Vogels auszulösen. Mit ungefähr 14 Tagen verlassen die Jungvögel das Nest und werden noch einige Tage lang weiter von den Eltern gefüttert.

A Beschreibe die beiden Gründe, weshalb Amselmännchen singen.

3 Amselweibchen mit Zweigen zum Nestbau

4 Amselmännchen füttert am Nest

B Beobachte Amseln in deiner Nähe und notiere ihre Verhaltensweisen.

Material mit Aufgaben

M1 Fütterungsexperiment bei Amselküken

1. ▎▎▎ Beschreibe den dargestellten Versuch.
2. ▎▎▎ Erkläre, warum 4 Tage alte Amselküken nicht auf die Vogelattrappe reagieren. ✚
3. ▎▎▎ Erkläre an Amselküken den Begriff Nesthocker. ✚
4. ▎▎▎ Erkläre, warum 10 Tage alte Küken ihre Hälse in Richtung Elternvogel recken. ✚

Es ist Winter und das Storchennest ist leer.
Warum sind die Störche weg, aber andere Vögel noch da?

1 Ein leeres Storchennest

Überwinterung von Vögeln

Standvögel

Alle Vögel können sich mit ihrem Gefieder vor der Kälte schützen. Dafür plustern sie sich auf. Durch das Aufplustern gelangt mehr Luft ins Gefieder, wodurch die Vögel auch bei starkem Frost nicht erfrieren. Schwierig ist im Winter aber die Futtersuche. Körnerfresser wie zum Beispiel der Stieglitz und der Grünfink ernähren sich im Winter von den Samen stehengebliebener Pflanzen. Diese Körnerfresser verlassen im Winter ihre europäischen Brutgebiete nicht. Solche Vögel werden **Standvögel** genannt. Schwieriger ist die Futtersuche im Winter für die Vögel, die sich von Insekten ernähren. Sie finden dann kaum Nahrung. Dennoch gehören auch einige insektenfressende Vögel zu den Standvögeln. Der Zaunkönig sucht zum Beispiel im Winter unter Laub, an Zweigen und unter Baumrinden nach Insekten. Andere Vögel wie die Amsel und Meisen ändern ihre Ernährung im Winter. Im Sommer fressen sie überwiegend Regenwürmer, Insekten oder Schnecken. Im Winter ernähren sie sich dagegen von Samen und Früchten.

Material mit Aufgaben

M1 **Standvögel im Winter**

A   B   C   D

Amseln ändern wie alle heimischen Vögel je nach Umgebungstemperatur ihre Körperform, indem sie ihr Federn aufstellen und sich so aufplustern.

1. ▥ Ordne den Bildern A–D folgende Temperaturen zu: 35 °C, 18 °C, −15 °C und 0 °C.
2. ▥ Erkläre, warum das Aufplustern vor Kälte schützt. ✚

Strichvögel

Einige Vögel bleiben zwar im Winter in ihren europäischen Brutgebieten, ziehen aber auf der Suche nach Nahrung weit umher. Diese Vögel verlassen bei ungünstigen Bedingungen ihre Reviere und suchen Gebiete auf, in denen sie im Winter noch Nahrung finden. Man bezeichnet sie als **Strichvögel**. Dazu gehört beispielsweise der Eisvogel, der Fische frisst. Auf der Suche nach eisfreiem Wasser legt er im Winter oft größere Strecken zurück. Auch der Buntspecht ist ein Strichvogel. Er ernährt sich meist von Insekten. Im Winter frisst er aber auch Nüsse und Samen von Nadelbäumen. ▶

2 Überwinterung von Vögeln: **A** Standvogel (Blaumeise), **B** Strichvogel (Buntspecht)

Material mit Aufgaben

M2 **Schutz vor Wärmeverlust**

Mit dem gezeigten Versuch wurde untersucht, wie gut Federn vor Wärmeverlust schützen. Alle fünf Minuten wurde die Temperatur gemessen. Im Diagramm sind die Ergebnisse des Versuchs dargestellt.

1. ▍▍▍ Beschreibe den Versuchsaufbau.

2. ▍▍▍ Beschreibe die Ergebnisse des Versuchs mithilfe des Diagramms.

3. Wähle eine der Aufgaben aus:

a ▍▍▍ Erläutere mithilfe der Ergebnisse, wie sich Vögel vor Kälte schützen.

b ▍▍▍ Erläutere, weshalb viele Winterjacken mit locker gepackten Daunen gefüllt sind.

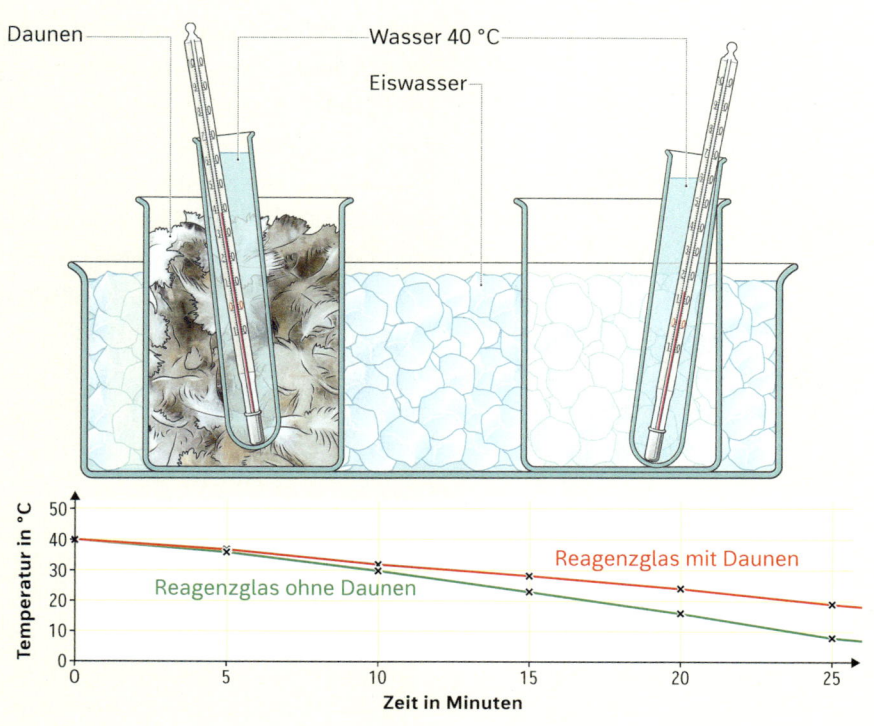

3 Stare auf Wanderung

Regeln für die Winterfütterung von Vögeln:

▸ Nur geeignetes Futter aus dem Fachhandel verwenden.

▸ Keine Essensabfälle verfüttern.

▸ Geeignete Futterhäuschen verwenden.

▸ Futterhäuschen regelmäßig reinigen.

▸ Futterstellen vor Katzen geschützt aufstellen.

Winterfütterung

Viele Menschen füttern im Winter die freilebenden Vögel. Dabei müssen einige Regeln beachtet werden. Ob die Winterfütterung sinnvoll ist oder nicht, darüber sind Wissenschaftler unterschiedlicher Meinung. Einige sagen, Vögel sollten im Winter regelmäßig gefüttert werden. Andere sind der Meinung, an die Futterstellen würden hauptsächlich die Vögel kommen, die auch ohne Winterfütterung überleben könnten. Bedrohte Vogelarten erreiche man selten bei der Winterfütterung. Deshalb sei das Füttern im Winter kein geeignetes Mittel zum Schutz dieser Vögel.

Zugvögel

Stare verbringen nur den Sommer in Deutschland und ziehen hier ihre Jungtiere auf. Wenn der Herbst beginnt, versammeln sie sich auf Stromleitungen, Bäumen und Hausdächern. Gemeinsam fliegen sie dann in ihre Überwinterungsgebiete in Spanien oder in Nordafrika. Stare gehören zu den **Zugvögeln**. Ungefähr zwei Drittel der in Deutschland heimischen Vogelarten fliegen im Winter in wärmere Gebiete, um Kälte, Schnee und Nahrungsmangel zu entgehen. Dazu gehören auch die Störche. Sie legen tausende Kilometer zurück, bevor sie ihre Überwinterungsgebiete in Südeuropa oder Nordafrika erreichen. Im Verlauf des Frühjahres entgehen viele Zugvögel der Trockenheit des afrikanischen Sommers und kehren wieder zurück. Bei uns finden sie wieder ein großes Nahrungsangebot, wie zum Beispiel Insekten.

Zugvögel orientieren sich mithilfe ihrer Sinnesorgane. **Tagzieher** nutzen zur Orientierung den Sonnenstand, Gebirge und Küstenlinien. **Nachtzieher** richten sich nach dem Stand der Sterne. Aber auch das Magnetfeld der Erde hilft den Vögeln bei der Orientierung. Sie können die Richtung und Stärke des Magnetfeldes wahrnehmen.

Erforschung der Zugwege

Forscher befestigen manchen Vögeln Ringe mit Erkennungscodes am Fuß. Mithilfe dieser **Beringung** können sie die Zugwege erforschen. Unterwegs und am Ziel werden die beringten Vögel erneut eingefangen. So kann man Karten ihrer Zugwege erstellen. Eine andere Möglichkeit ist die Satellitenbeobachtung. Dabei werden einzelne Vögel mit kleinen Sendern versehen und die Flugroute wird aufgezeichnet.

A Nenne die unterschiedlichen Arten der Überwinterung von Vögeln.

Material mit Aufgaben

M3 Winterfütterung

Verschiedene Menschen wurden nach ihrer Meinung zu der Winterfütterung von Vögeln befragt.

1. ▌▌▌ Lies zuerst alle Texte. Erstelle dann eine Tabelle. Nenne in der ersten Spalte alle Argumente, die für eine Winterfütterung sprechen. In der zweiten Spalte nennst du Argumente, die gegen eine Winterfütterung sprechen.
2. ▌▌▌ Bewerte, ob die Winterfütterung von Vögeln sinnvoll ist oder nicht. ✚

A Vogelarten sterben nicht aus, wenn sie im Winter nicht gefüttert werden. Vögel, die im Winter verhungern, sind meistens krank oder alt. Viele Vogelarten brüten im Sommer mehrmals. Die hohe Zahl an Jungtieren gleicht die Verluste im Winter wieder aus. Die Winterfütterung ist also für den Vogelschutz von geringer Bedeutung.

B Im Winter brauchen Vögel wegen der niedrigen Temperatur mehr Energie als zu anderen Jahreszeiten. Die Vögel müssen also mehr fressen. Viele Vögel finden aber bei Schnee keine oder nicht genügend Nahrung.

C In Wäldern und naturnahen Gärten finden Vögel auch bei Schnee noch Nahrung. Sie ernähren sich dann von Beeren an Sträuchern und Samen von Gräsern. Durch falsches Futter oder unsaubere Futterstellen können die Vögel krank werden.

D An den Futterstellen kann man Vögel gut beobachten. Dies ist vor allem in der Stadt sonst kaum möglich. Auf diese Weise wird bei vielen Menschen das Interesse an Vögeln geweckt. Aus der Beobachtung der Vögel lassen sich auch geeignete Maßnahmen zu ihrem Schutz ableiten.

M4 Zugwege von Zugvögeln

1. ▌▌▌ Ordne die Vögel im Bild nach der Länge ihrer Zugwege von kurz nach lang.
2. ▌▌▌ Beschreibe den Verlauf der drei Zugwege von Europa nach Afrika. ✚
3. Wähle eine der Aufgaben aus: Störche fressen unter anderem Frösche, Kröten und Mäuse.
a ▌▌▌ Erkläre mithilfe der abgebildeten Karte, warum man bei Störchen von Westziehern und Ostziehern spricht.
b ▌▌▌ Erkläre, warum Störche vor dem Winter ihr Brutgebiet bei uns verlassen.
4. ▌▌▌ Stelle Vermutungen an, warum Störche nicht über das Meer fliegen.

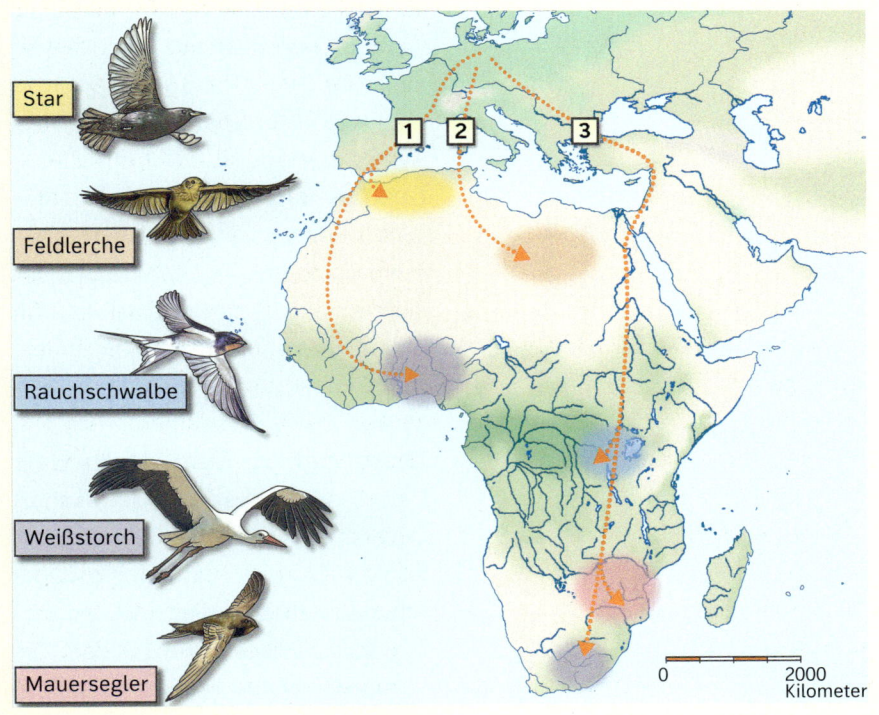

Wie werden Vögel durch die Veränderung der Landschaft durch den Menschen beeinflusst?

1 Weißstorch auf einem Feld

Vögel brauchen Schutz

Veränderung der Naturlandschaft

Vor 2000 Jahren war Deutschland überwiegend von Wald bedeckt. Der Mensch veränderte diese **Naturlandschaft** durch eine immer verbesserte landwirtschaftliche Nutzung. Er legte Bauernhöfe mit umliegenden Feldern an. Darauf wurden verschiedene Nutzpflanzen angebaut. Durch Mahd änderte sich die Artzusammensetzung der Grünflächen. Der Mensch legte auch Weiden für Nutztiere, Streuobstwiesen mit einzelnen Obstbäumen, Weiher zur Wasserspeicherung und Hecken zur Abtrennung von Flächen an. Diese **Kulturlandschaft** prägte noch vor wenigen Jahrzehnten die Landschaft.

Ursprüngliche Kulturlandschaft

Die ursprüngliche **Kulturlandschaft** zeichnet sich durch viele, kleine Nutzflächen aus, die sich in die Reste der Naturlandschaft eingliedern. Dazu zählen Äcker, Wiesen und Weiden. Die Landschaft wurde dadurch vielfältiger. Eine Vielzahl von Wildpflanzen und Wildtieren siedelten sich in diesen Kulturflächen an. Zwischen den verschiedenen Kulturflächen wurden auch Hecken, Feldgehölze oder mit Wildpflanzen bewachsene Ackerrandstreifen bewusst gepflanzt oder stehen gelassen. Diese bieten vielen Insekten, Vögeln und Säugetieren Nistmöglichkeiten sowie ein reiches Nahrungsangebot.

Moderne Kulturlandschaft

Die Kulturlandschaft hat sich durch die Industrialisierung der Landwirtschaft in den letzten Jahrzehnten stark verändert. Die Tierhaltung wurde in große Mastställe verlegt, sodass mehr Nutztiere gehalten werden konnten. Auf immer größeren Feldern wurde nur eine bestimmte Pflanzenart angebaut. Man spricht dann von **Monokulturen**. Hecken wurden entfernt, sodass große landwirtschaftliche Maschinen eingesetzt werden konnten. Viele feuchte Grünflächen wurden entwässert und so für den Ackerbau nutzbar. Trockene, mineralstoffarme Lebensräume wurden durch Düngung und Bewässerung zu fruchtbaren Äckern gewandelt.

2 Von der Naturlandschaft zur modernen Kulturlandschaft

Artenvielfalt

In ursprünglichen Kulturlandschaften wie Streuobstwiesen ist die Artenvielfalt größer als in modernen Kulturlandschaften. Ursprüngliche Kulturlandschaften zeichnen sich durch viele verschiedene Ökosysteme aus. Dadurch können viele Arten einen Lebensraum finden. Für einige Tier- und Pflanzenarten brachten die Veränderungen der Landschaft aber große Probleme. Dies trifft vor allem Arten, die an Feucht- und Trockenstandorte angepasst sind. Durch das Trockenlegen von Feuchtwiesen finden viele Vögel kaum Nistplätze oder sind ihrer Nahrungsgrundlage beraubt. Die Artenvielfalt geht zurück.

Durch die starke Veränderung hin zu einer modernen Kulturlandschaft verschwanden Hecken oder auch mit Wildpflanzen bewachsene Ackerrandstreifen. Durch das Entfernen der Gehölze verloren viele Brutvögel wertvolle Nistmöglichkeiten.

A Nenne Lebensräume einer ursprünglichen Kulturlandschaft.

B Beschreibe die Veränderungen der Landschaft von der Naturlandschaft zur modernen Kulturlandschaft.

Material mit Aufgaben

M1 Bestandsentwicklung von Vögeln

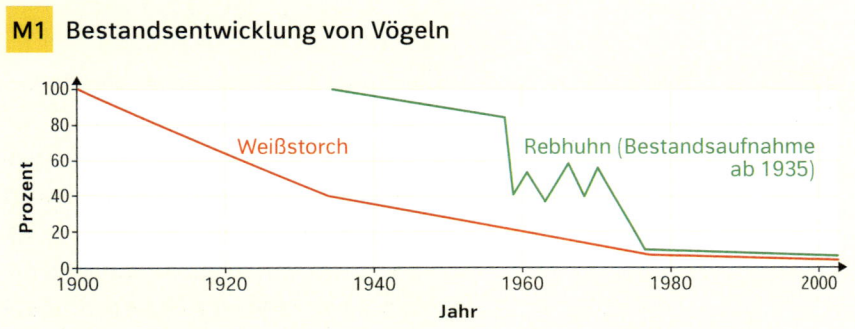

Rebhuhn

Weißstorch

Nistplatz: Bodenbrüter in Hecken und bewachsenen Feldrändern

Nistplatz: Felsen und Bäume im offenen, feuchten Grünland

Das Diagramm zeigt den Rückgang der prozentualen Häufigkeit von Vögeln der Kulturlandschaft.

1. ▌▌▌ Beschreibe die Bestandsentwicklung des Rebhuhns und des Weißstorchs in Deutschland.

2. ▌▌▌ Begründe, warum sich der Rückgang der ursprünglichen Kulturlandschaft negativ auf die Bestände der Vögel auswirkt. ✚

3. ▌▌▌ Entwickle Vorschläge, wie die Bestände der beiden Vögel geschützt werden können.

Hühner sind für uns wichtige Nutztiere.
Sie baden gern im Sand. Warum machen sie das?

1 Huhn beim Sandbaden

Das Huhn

Das Bankivahuhn

Unsere Haushühner stammen vom asiatischen Bankivahuhn ab. Es lebt in Gruppen von mehreren weiblichen Hühnern, den **Hennen**, und einem männlichen Huhn, dem **Hahn**. In dieser **Hühnerschar** gibt es eine feste Rangordnung. Bankivahühner schlafen auf Bäumen.

Tagsüber gehen sie auf Nahrungssuche. Dazu scharren sie mit ihren Krallen im Laub und im Boden. Sie picken Samen und Würmer mit ihrem Schnabel. Häufig schleudern sie Sand in ihr Gefieder und schütteln ihn wieder ab. Bei diesem **Sandbaden** reinigen sie ihr Gefieder.

Material mit Aufgaben

M1 **Tagesablauf eines Huhns**

morgens   vormittags   mittags   nachmittags   abends

Putzen
Nestsuche und Eiablage
Futtersuche
Nachtruhe
Nachtruhe auf erhöhten Stangen & Ästen
Futtersuche
Sandbaden
Sonnenbaden

1. ▮▮ Beschreibe den Tagesablauf eines Huhns.
2. ▮▮ Erkläre, weshalb Hühner Sandbaden. ➕
3. ▮▮ Erläutere, welche Eigenschaften ein Lebensraum haben muss, damit Hühner ihren Verhaltensweisen nachgehen können. ➕

Hühnerzüchtung

Hühner sind die am häufigsten gehaltenen Nutztiere. Der Mensch hat im Laufe der Zeit aus dem Bankivahuhn über 500 verschiedene Hühnerrassen gezüchtet. **Masthühner** wachsen schnell und setzen viel Muskelfleisch an. Bei ihnen werden Hahn und Henne gemästet. Bei **Legehühnern** werden nur die Hennen gehalten, die männlichen Tiere werden kurz nach dem Schlupf getötet. Legehennen können bis zu 300 unbefruchtete Eier pro Jahr legen.

2   Bankivahühner

Hühnerhaltung

In Deutschland sind verschiedene Haltungsformen von Legehühnern erlaubt. Man unterscheidet zwischen Kleingruppen-, Boden-, Freiland- und ökologischer Haltung.

Kleingruppenhaltung

Um günstig Eier zu produzieren, werden Legehennen in Gruppen von bis zu 60 Tieren in Käfigen gehalten. Bei dieser Kleingruppenhaltung hat jede Henne weniger als 0,8 Quadratmeter Platz. Das ist etwas größer als dieses aufgeschlagene Buch. Die Käfige sind übereinander gestapelt, sodass mehr als 10 000 Hühner in einem Betrieb gehalten werden können. Damit sich die Hühner ruhiger verhalten, sind die Ställe innen künstlich beleuchtet. In den Käfigen sind Sitzstangen angebracht. Kleine Bereiche des Käfigs haben einen sandigen Untergrund zum Scharren. Die Tiere haben keinen Auslauf. Sie legen die Eier in abgedunkelte Nestboxen. Ihre Schnäbel werden oft gekürzt, damit sie sich nicht gegenseitig verletzen.

Bodenhaltung

Bei der Bodenhaltung dürfen sich die Hühner in geräumigen Ställen frei bewegen. Die einzelnen Betriebe dürfen bis zu 6 000 Hühner halten. Jedes Huhn hat etwa 1,5 Quadratmeter Platz. Die Ställe sind mit Stroh, Sand und Sägespänen ausgelegt. In einem abgetrennten Bereich sind Sitzstangen in verschiedenen Höhen angebracht. Die Tiere legen ihre Eier in Nestboxen, die auf mehreren Ebenen angebracht sind.

Freilandhaltung

Die Bedingungen im Stall und die Zahl der Hühner sind bei der Freilandhaltung ähnlich wie bei der Bodenhaltung. Zusätzlich haben die Tiere jedoch Auslauf im Freien auf einer Wiese. Jedes Huhn hat zusätzlich etwa vier Quadratmeter Auslauffläche zur Verfügung.

Bei der **ökologischen Haltung** bekommen die Tiere zudem Futter aus ökologischem Anbau. Häufig baut der Betrieb einen Teil des Futters selbst an. Ein Betrieb mit ökologischer Haltung darf höchstens 3 000 Hühner halten.

3   Kleingruppenhaltung

4   Bodenhaltung

5   Freilandhaltung

6 Masthühner

Masthühner

Für die Fleischproduktion werden spezielle Rassen gezüchtet, die schnell viel Fleisch ansetzen. Vor allem die Brustmuskeln, welche normalerweise dem Fliegen dienen, sind dabei von Interesse. Innerhalb von vier bis fünf Wochen erreichen die Hühner ihr Schlachtgewicht von etwa zwei Kilogramm. Sie werden in mit Stroh ausgelegten Ställen mit bis zu 40 000 Tieren gemästet. Die zunehmende Enge sorgt für wenig Bewegung und weißes Fleisch.

Material mit Aufgaben

M2 Haltungsformen

Haltungsbedingungen	A	B	C
Die Hühner können sich frei bewegen	?	?	?
Die Hühner können sandbaden	?	?	?
Die Hühner können nach dem Picken scharren	?	?	?
Der Preis für ein Ei ist niedrig	?	?	?
Man kann auf wenig Fläche viele Hühner halten	?	?	?

1. ▌▌▌ Ordne die Bilder A bis C einer Haltungsform zu.
2. ▌▌▌ Vergleiche alle verschiedenen Haltungsformen von Hühnern mithilfe der Tabelle. ✚
3. ▌▌▌ Wähle eine Haltungsform aus. Beurteile, ob die Hühner dort artgerecht gehalten werden.
4. ▌▌▌ Entwickle Vorschläge für eine zukünftige Hühnerhaltung.

M3 Eiercode

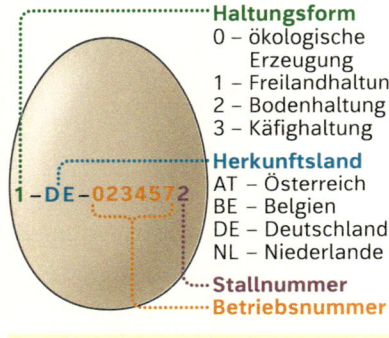

Haltungsform
0 – ökologische Erzeugung
1 – Freilandhaltung
2 – Bodenhaltung
3 – Käfighaltung

Herkunftsland
AT – Österreich
BE – Belgien
DE – Deutschland
NL – Niederlande

1 – DE – 0234572

Stallnummer
Betriebsnummer

Eiercodes:	0-NL-4365873
1-DE-0257234	2-BE-1564942

Jedes Ei im Handel ist mit einem Eiercode bedruckt.

1. ▌▌▌ Ordne den Eiercodes die verschiedenen Haltungsformen zu.
2. ▌▌▌ Erkläre die Preisunterschiede von Eiern aus den verschiedenen Haltungsformen. ✚
3. ▌▌▌ Stelle Vermutungen an, warum heute kaum noch Eier aus Kleingruppenhaltung verkauft werden.

Diagramme auswerten

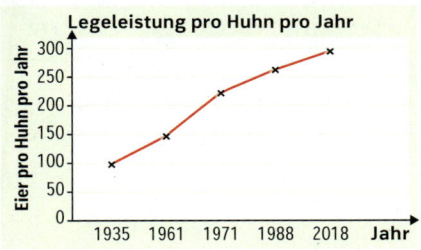

Jahr	1935	1961	1971	1988	2018
Legeleistung pro Huhn pro Jahr	100	148	218	260	298

1 Tabelle

2 Liniendiagramm

3 Säulendiagramm

Tabellen

Bei Auswertungen und vielen Versuchen in den Naturwissenschaften werden Messungen durchgeführt. Die ermittelten Werte werden zunächst in eine Tabelle eingetragen. Hier wird jeder ermittelte Messwert, zum Beispiel die durchschnittliche Legeleistung von Hühnern, einer festen Größe, wie einem Jahr, zugeordnet.

Verschiedene Diagramme

Damit Messwerte aus einer Tabelle übersichtlich dargestellt werden können, benutzt man **Diagramme.** In einem Diagramm werden Messwertepaare aus der Tabelle in ein Koordinatensystem eingetragen. Auf der Längsachse steht immer die feste Größe, oft ist dies die Zeit. Der festen Größe werden die ermittelten Werte zugeordnet. Es gibt verschiedene Formen von Diagrammen:

1. Liniendiagramme

In einem Liniendiagramm sucht man zunächst den passenden Wert auf der Längsachse. Dann folgt man der Skala auf der Hochachse nach oben und macht auf der richtigen Höhe über dem Wert der Längsachse ein Kreuz. Anschließend werden die Kreuze miteinander verbunden. So kann man die Veränderung der Werte gut erkennen.

2. Säulendiagramme

In einem Säulendiagramm werden die Wertepaare ebenfalls mit einem Kreuz markiert. Danach werden allerdings Säulen von der Längsachse zu den jeweiligen Messpunkten gezeichnet. Je höher die Säule ist, desto höher ist der Wert. Will man beispielswiese eine Rangfolge darstellen, eignet sich ein **Balkendiagramm.** Es sieht wie ein gekipptes Säulendiagramm aus.

Liniendiagramme auswerten

Die Auswertung eines Diagramms kann in Schritte aufgeteilt werden:

1. Beginne mit der Beschreibung, was das Diagramm zeigt. Benutzte dazu die Beschriftung der beiden Achsen.

2. Beschreibe danach den Verlauf der Werte auf der Hochachse von links nach rechts. Benutze Formulierungen wie „die Kurve steigt an", „die Kurve fällt" oder „die Werte bleiben gleich".

3. Schließe deine Beschreibung mit einem zusammenfassenden Satz ab. Dieser könnte sein: „Im Lauf der Zeit legten Hühner immer mehr Eier."

Material mit Aufgaben

M1 Diagramme auswerten

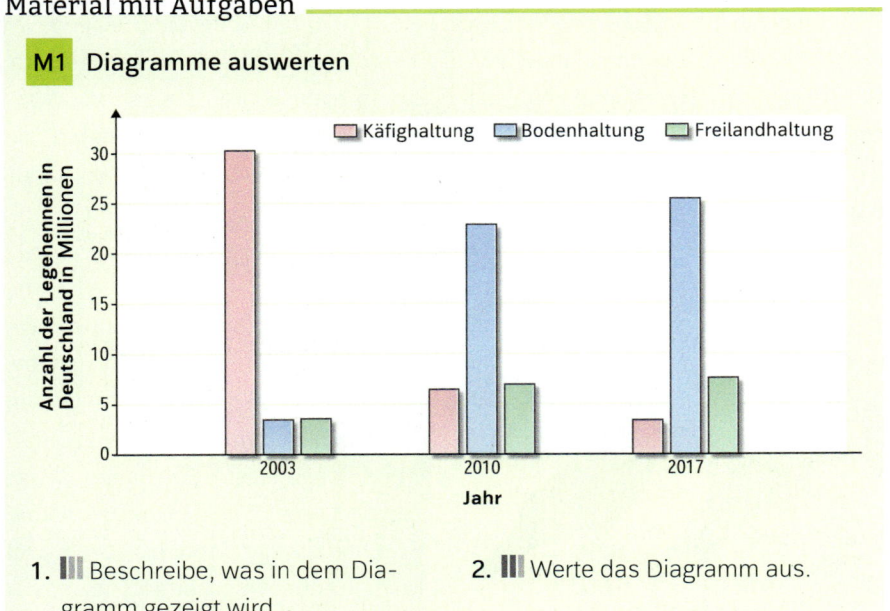

1. ▮▮▮ Beschreibe, was in dem Diagramm gezeigt wird.

2. ▮▮▮ Werte das Diagramm aus.

Zusammenfassung   Vögel in ihren Lebensräumen

Die Vögel

Vögel haben hohle, mit Luft gefüllte Knochen. Sie atmen mit Lungen. Ihre Körper sind von zahlreichen Luftsäcken durchzogen. Die Schnäbel sind zahnlos und mit leichtem Horn überzogen. Vögel haben keine Harnblase und verdauen schnell. Diese Merkmale machen den Vogelkörper leicht. Man spricht von der Leichtbauweise des Vogelkörpers. Die Befruchtung erfolgt im Körper des Weibchens. Vögel legen dotterreiche Eier mit einer schützenden Kalkschale. Die Küken entwickeln sich im Ei außerhalb des weiblichen Körpers.

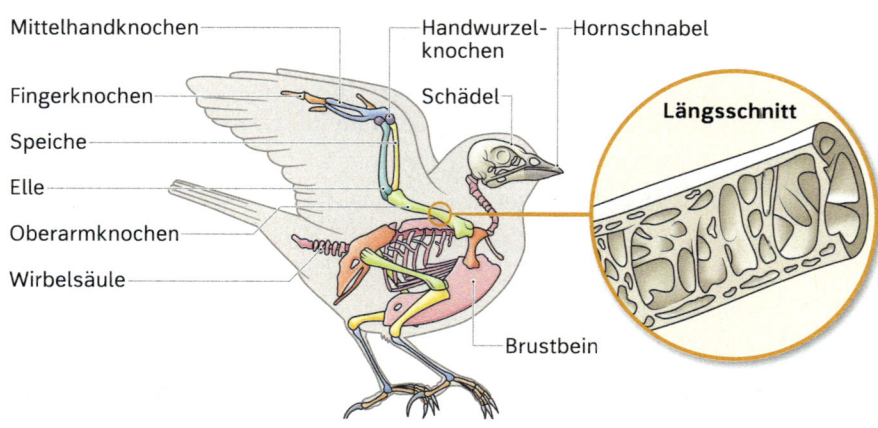

Mittelhandknochen — Handwurzelknochen — Hornschnabel
Fingerknochen — Schädel
Speiche
Elle
Oberarmknochen
Wirbelsäule
Längsschnitt
Brustbein

Das Huhn

Unsere Haushühner stammen vom Bankivahuhn ab. Sie leben in einer Hühnerschar mit mehreren Hennen und einem Hahn. Bei der Haltung von Haushühnern unterscheidet man die Kleingruppenhaltung, Bodenhaltung, die Freilandhaltung und ökologische Haltung.

Vögel im Winter

Standvögel wie Dompfaff, Amsel und Meise verbringen den Winter in ihren Brutgebieten. Sie ernähren sich hauptsächlich von Pflanzensamen, Beeren und Früchten. Zugvögel fliegen im Herbst in ihre Überwinterungsgebiete. Im Frühjahr kehren sie zurück. Während des Vogelzugs orientieren sie sich am Sonnenstand, an der Landschaft und dem Erdmagnetfeld.

Vielfalt der Vögel

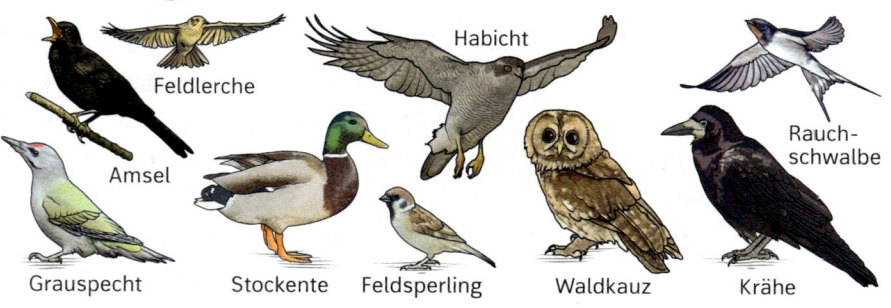

Feldlerche
Habicht
Rauchschwalbe
Amsel
Grauspecht
Stockente
Feldsperling
Waldkauz
Krähe

Es gibt zahlreiche Vogelgruppen, die man an bestimmten Merkmalen erkennen kann. Alle diese Vögel sind an ihren Lebensraum und ihre Lebensweise angepasst. So haben Wasservögel wie Enten Schwimmhäute, Spechte kräftige Schnäbel, Greifvögel kräftige Füße mit scharfen Krallen.

1 Entstehung eines Eies

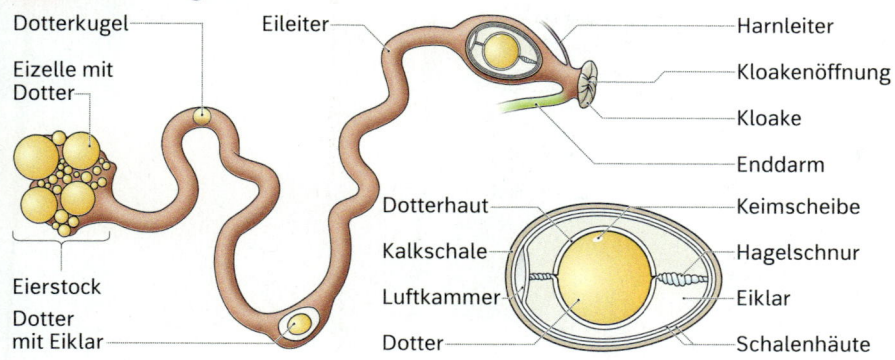

Dotterkugel — Eileiter — Harnleiter
Eizelle mit Dotter — Kloakenöffnung
Kloake
Enddarm
Dotterhaut — Keimscheibe
Kalkschale — Hagelschnur
Luftkammer — Eiklar
Eierstock
Dotter mit Eiklar — Dotter — Schalenhäute

A ▌▌▌ Beschreibe die Entstehung eines Eies.

B ▌▌▌ Beschreibe den Aufbau eines Hühnereies.

3 Flugformen der Vögel

Aufsteigende Warmluft

A ▌▌▌ Nenne verschiedene Flugformen der Vögel.

B ▌▌▌ Ordne dem Bild eine Flugform zu. Begründe deine Zuordnung.

C ▌▌▌ Erkläre, warum ein Vogel beim Ruderflug mehr Energie verbraucht, als beim Segelflug.

4 Vögel können fliegen

A ▌▌▌ Nenne mindestens fünf Merkmale des Vogelkörpers, die ihn leicht machen.

B ▌▌▌ Benenne die mit Ziffern gekennzeichneten Bestandteile.

C ▌▌▌ Erkläre, wie Schwungfedern eine nahezu luftundurchlässige Fahne bilden.

D ▌▌▌ Erkläre, warum Schwungfedern eine nahezu luftundurchlässige Fahne bilden.

E ▌▌▌ Nenne verschiedene Federtypen und beschreibe ihren Aufbau und ihre jeweilige Funktion.

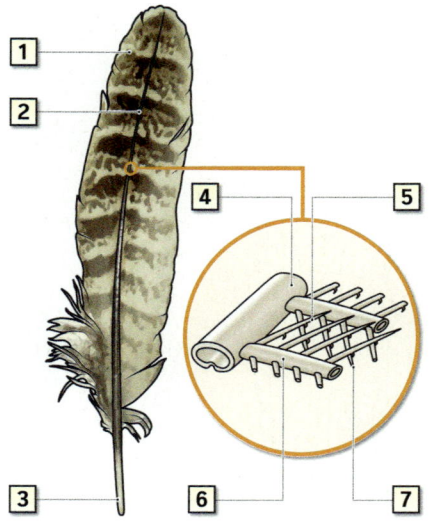

2 Zugvögel und Standvögel

A ▌▌▌ Erkläre die Begriffe Standvogel und Zugvogel.

B ▌▌▌ Ordne die folgenden Vögel in einer Tabelle nach Standvögeln und Zugvögeln: Kuckuck, Blaumeise, Buntspecht, Buchfink, Kranich, Rauchschwalbe, Storch, Amsel.

C ▌▌▌ Erkläre, warum Zugvögel im Winter ihre Brutgebiete verlassen und in wärmere Gebiete fliegen.

D ▌▌▌ Beschreibe, wie sich Zugvögel auf ihrem Weg in die Überwinterungsgebiete orientieren.

E ▌▌▌ Beschreibe die Wege, auf denen Mauersegler und Stare in ihre Überwinterungsgebiete ziehen.

F ▌▌▌ Beschreibe Methoden, mit denen der Vogelzug erforscht wird.

Star

Mauersegler

0   2000 Kilometer

Säugetiere in ihren Lebensräumen

Welche Merkmale haben Säugetiere?

Wie verhalten sich Säugetier?

Wie entwickleten sich die Säugetiere?

5

Säugetiere gibt es in nahezu allen Lebensräumen. Der Mensch hält einige Säugetiere als Haustier. Dafür züchtet er sie und nutzt sie für bestimmte Aufgaben. So eignen sich beispielsweise Huskys mit ihrem dichten Fell als Schlittenhunde in kalten Regionen der Erde.

Eichhörnchen sind echte Kletterkünstler.
Wie schaffen sie es, flink von Ast zu Ast zu springen?

1 Das Eichhörnchen springt von Ast zu Ast.

Das Eichhörnchen

Lebensweise

Das Eichhörnchen kann man tagsüber beobachten, wenn es auf Bäumen in Wäldern springt und klettert. Dabei ist es meist allein. Nur zur Paarungszeit kommt es mit anderen Eichhörnchen zusammen. Das Eichhörnchen ist ein **Einzelgänger**. Es markiert sein Revier mit Urin. Das Eichhörnchen baut oben im Baum aus Zweigen sein Nest, den **Kobel**. Innen polstert es ihn mit Laub und Moos aus. Nachts schläft es im Kobel. Am Tag verlässt das Eichhörnchen den Kobel und geht auf Nahrungssuche.

Aktivität

Im Sommer und Herbst sammelt das Eichhörnchen Nüsse und Samen. Es vergräbt einen Großteil der Nahrung oder versteckt sie unter Wurzeln oder in Baumhöhlen. Das Eichhörnchen legt einen Wintervorrat an. Die Körpertemperatur des Eichhörnchens ist unabhängig von der Umgebungstemperatur.

Es ist wie alle Säugetiere **gleichwarm**. Den kalten Winter verbringt es meist in seinem wärmenden Kobel. Dabei sinkt seine Körpertemperatur. Ab und zu unterbricht es seine Ruhezeiten und geht auf Nahrungssuche. Das Eichhörnchen ist ein **Winterruher**. Mithilfe seines Geruchssinnes spürt das Eichhörnchen die meisten seiner Nahrungsverstecke wieder auf. Jedoch findet es nicht alle Verstecke wieder. Aus den versteckten Samen die nicht gefunden wurden, wachsen im Frühjahr neue Pflanzen.

Fortpflanzung

Im Januar und im Juni paaren sich Eichhörnchen. Das Männchen verlässt das Weibchen direkt nach der Paarung. Ungefähr fünf Wochen nach der Paarung bringt das Weibchen zwei bis fünf Jungtiere auf die Welt. Eichhörnchen sind **lebend gebärend**. Sie sind zunächst blind und haben kein ausgeprägtes Fell.

 2 Jungtiere im Kobel

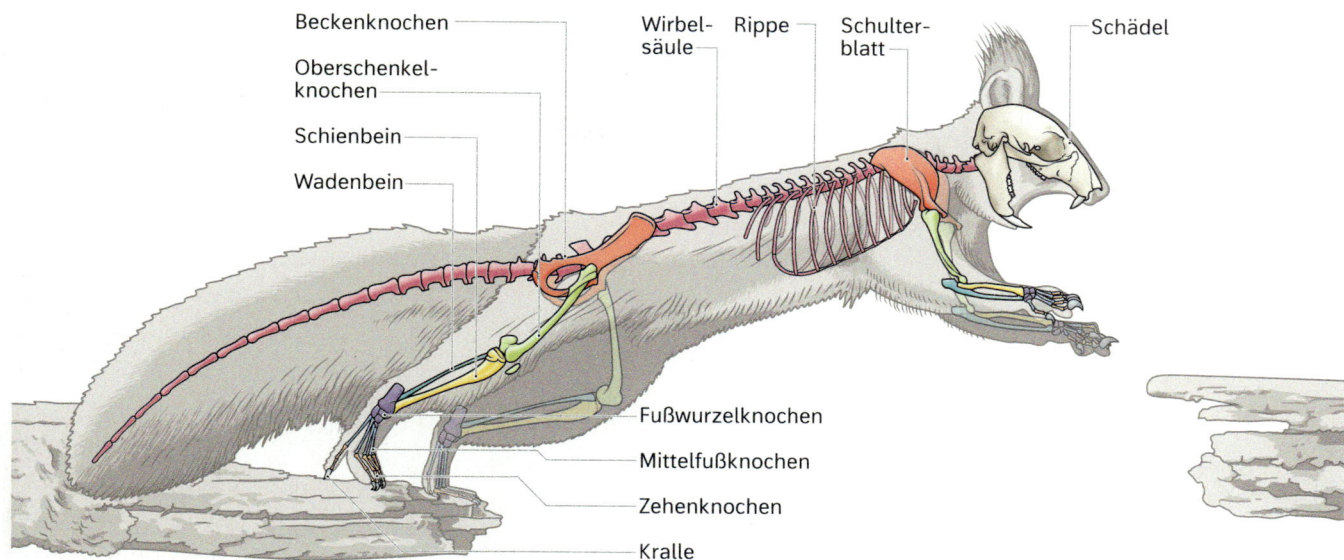

Beckenknochen

Oberschenkelknochen

Schienbein

Wadenbein

Wirbelsäule

Rippe

Schulterblatt

Schädel

Fußwurzelknochen

Mittelfußknochen

Zehenknochen

Kralle

3 Körperbau des Eichhörnchens

Die Jungtiere verbringen die erste Zeit ausschließlich im Kobel. Eichhörnchen sind **Nesthocker**. Wie alle **Säugetiere** werden sie mit Muttermilch gesäugt. Erst nach etwa sechs Wochen haben die Jungtiere ein schützendes Fell und ihre Augen sind geöffnet. Nun verlassen sie den Kobel.

Körperbau

Das Eichhörnchen ist vom Kopf bis zum Schwanzende etwa 40 Zentimeter lang. Vom Kopf bis zum Schwanz verläuft die Wirbelsäule. Diese besteht aus vielen einzelnen, beweglich miteinander verbundenen Wirbeln. Das Eichhörnchen ist ein **Wirbeltier**. Sein Körper ist sehr schlank und leicht. Mit den muskulösen Hinterbeinen kann es sehr weit springen. Es hat einen langen, buschigen Schwanz, mit dem es beim Springen sein Gleichgewicht hält. Das Eichhörnchen hat an den Pfoten lange Krallen. So kann es sich an der Rinde und den Ästen der Bäume gut festhalten. Mit den rauen Sohlen der Pfoten rutscht es nicht von glatten Baumrinden ab. ▶

Material mit Aufgaben

M1 Fortbewegung

1. ▮▮ Beschreibe die Fortbewegung des Eichhörnchens in den einzelnen Abschnitten.

2. ▮▮ Erkläre, welche Merkmale dem Eichhörnchen die einzelnen Bewegungen ermöglichen. ➕

Material mit Aufgaben

M2 **Gebisse**

Schneidezahn
Backenzähne

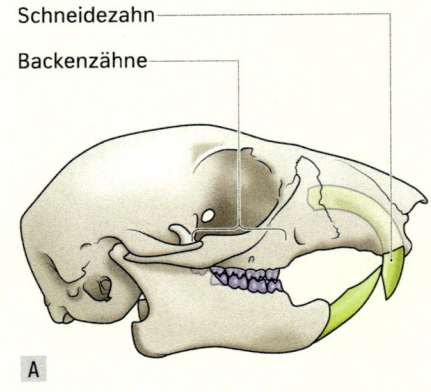

Schneidezähne
Eckzahn
Backenzähne

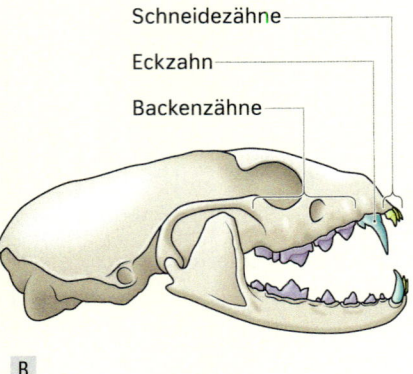

A

B

1. ▮▮▮ Ordne den beiden abgebildeten Gebissen einem Eichhörnchen oder einem Baummarder zu. Begründe deine Zuordnungen.
2. ▮▮▮ Vergleiche die beiden Gebisse mithilfe einer Tabelle. ✚

3. Wähle eine der Aufgaben aus:
a ▮▮▮ Erkläre die Funktion der Nagezähne und wodurch sie immer scharfkantig bleiben.
b ▮▮▮ Erkläre die Angepasstheiten der Gebisse an die Ernährungsweise der Tiere.

M3 **Sehfelder**

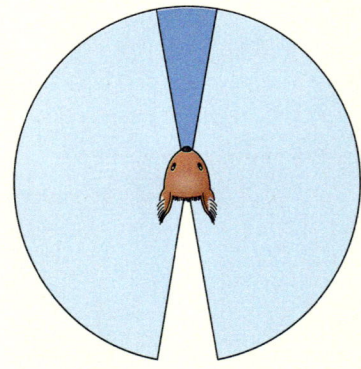

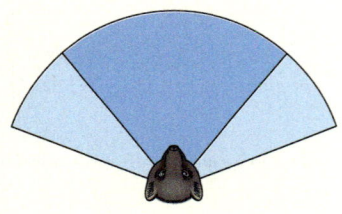

☐ einäugiges Sehen
☐ beidäugiges Sehen

1. ▮▮▮ Vergleiche die Sehfelder von Eichhörnchen und Baummarder.
2. ▮▮▮ Erkläre, welche Bedeutung die Größe des Sehfeldes für das Eichhörnchen hat. ✚

3. ▮▮▮ Stelle Vermutungen an, welche Vorteile das Sehfeld des Baummarders für seine Ernährungsweise hat.

Ernährung

Das Eichhörnchen frisst Früchte, Samen und Nüsse. Es ernährt sich aber auch von Insekten und Vogeleiern. Das Eichhörnchen ist ein **Allesfresser**. Es besitzt lange, meißelartige Schneidezähne im Oberkiefer und Unterkiefer. Sie werden als **Nagezähne** bezeichnet. Die weichere Hinterseite der ständig nachwachsenden Nagezähne nutzt sich beim Nagen schneller ab als die harte Vorderseite. Dadurch entsteht an der Vorderseite eine scharfe Kante. Mit dieser nagt das Eichhörnchen Risse in die harte Schale einer Nuss. Mit den Vorderpfoten öffnet es dann die Nuss. Das Eichhörnchen besitzt keine Eckzähne. Es hat hinter den Nagezähnen eine Zahnlücke. Mit seinen flachen Backenzähnen zermahlt es die Nahrung. Das Eichhörnchen hat ein **Nagetiergebiss**.

Sinnesorgane

Das Eichhörnchen hat große, weit hervorstehende Augen. Dadurch hat es ein weites Sehfeld. So kann das Eichhörnchen sicher von Ast zu Ast springen und herannahende Feinde aus der Umgbung erkennen. Mit seinen Tasthaaren an Beinen, Bauch und Schnauze findet es sich auch nachts zwischen den Ästen zurecht. Auch das Gehör ist sehr empfindlich. Das Eichhörnchen nimmt das Herannahen anderer Tiere wahr und wird daher nur selten von Raubtieren wie dem Baummarder oder Greifvögeln überrascht. Mit seinem guten Geruchssinn kann das Eichhörnchen seine Nahrung aufspüren. Es riecht sogar Nüsse unter einer 30 Zentimeter dicken Schneeschicht.

Einen Steckbrief erstellen

Steckbriefe

In Freundschaftsbüchern findest du Steckbriefe. Du kannst dort ein Foto von dir einkleben und deinen Namen, deinen Wohnort oder deinen Geburtstag angeben. Zur genauen Beschreibung gibt man oft auch die Haarfarbe, die Lieblingsfarbe oder auch den Lieblingsfilm an. Liest jemand den Steckbrief, wird er über dich informiert.

Biologen beschreiben in einem Steckbrief eine Tier- oder Pflanzenart. Solche Steckbriefe findest du zum Beispiel oft in Zoos. So gehst du vor, wenn du einen Steckbrief erstellen willst:

1 Gliederung planen • Überlege zunächst, worüber du in deinem Steckbrief berichten möchtest. Dazu musst du genau überlegen, welche Informationen die gewählte Tier- oder Pflanzenart am besten beschreiben. Lege dazu Oberbegriffe fest. Bei Tieren sind das zum Beispiel das Aussehen, der Lebensraum, die Verbreitung, die Ernährung und die Fortpflanzung. Am Schluss kannst du Besonderheiten auflisten.

2 Informationen beschaffen • Nun musst du die notwendigen Informationen zu deiner Tier- oder Pflanzenart beschaffen. Suche dazu gezielt in Fachbüchern oder im Internet nach Informationen zu deinen Oberbegriffen.

3 Informationen zusammenstellen • Ordne die wichtigsten Informationen deinen Oberbegriffen zu. Ergänze den Steckbrief durch Bilder, damit er interessant und ansprechend ist. Verwende eine gut lesbare und große Schrift.

Die Haselmaus
Aussehen: gelb-braunes Fell, an der Kehle ein heller Fleck
Größe: bis zu 15 cm (mit Schwanz)
Gewicht: bis zu 40 g
Lebensraum: Mischwälder, auf Sträuchern
Verbreitung: Mittel-, Nord- und Osteuropa
Ernährung: Knospen, Samen, Beeren und Insekten, Nagetiergebiss
Fortpflanzung: Säugetier, zweimal im Jahr bis zu 5 Junge
Besonderheiten: sehr guter Kletterer, baut kugelförmigen Kobel

1 Steckbrief der Haselmaus

Material mit Aufgaben

M1 Der Biber

Der Europäische Biber ist das größte in Deutschland lebende Nagetier. Ein erwachsener Biber ist vom Kopf bis zum Rumpf bis zu 120 Zentimeter groß. Ausgewachsene Biber werden bis zu 30 Kilogramm schwer. Im Frühjahr wirft das Weibchen bis zu 6 Jungtiere und säugt sie mit Milch. Das braune Fell des Bibers ist sehr dicht. Er fettet es mit einer öligen Flüssigkeit aus einer Drüse ein. Der Biber hat große Nagezähne. Mit ihnen nagt er die Rinde von Bäumen ab, von der er sich ernährt. Mit seinen kräftigen Backenzähnen zermahlt er die pflanzliche Nahrung. Er nutzt seine Nagezähne aber auch zum Bäumefällen. So gelangt er an die jungen, saftigen Knospen der Bäume. Die Stämme nutzt er zum Bau seiner Biberburg. Diese Asthaufen haben einen zentralen Wohnraum, von dem mehrere Gänge abzweigen. Die Eingänge befinden sich stets unter Wasser. Damit dies so bleibt, baut der Biber aus Holz Dämme und staut so das Wasser. Er bevorzugt Gewässer mit flachen Ufern und vielen Bäumen in der Nähe. Der Biber kommt heute in Mittel-, Nord- und Osteuropa vor. Durch die menschliche Eingriffe fehlt ihm oft ein geeigneter Lebensraum. Der Biber steht unter Schutz.

1. ▮▮▮ Erstelle mithilfe des Textes einen Steckbrief über den Biber.
2. ▮▮▮ Erstelle einen Steckbrief für das Eichhörnchen.
3. ▮▮▮ Recherchiere in Fachbüchern und im Internet nach weiteren Nagetieren. Wähle eines aus und erstelle einen Steckbrief.

Der Maulwurf verbringt fast sein ganzes Leben unter der Erde. Wie ist er an das Leben im Boden angepasst?

F

1 Maulwurf beim Graben

Der Maulwurf

2 Maulwurfshügel auf einer Wiese

Lebensweise

Der Maulwurf verbringt fast sein ganzes Leben unter der Erde. Seine Anwesenheit ist aber an den **Maulwurfshügeln** zu erkennen. Die Maulwurfshügel sind durch ein weit verzweigtes Gangsystem, etwa 50 Zentimeter unter der Erdoberfläche, miteinander verbunden. Den Mittelpunkt dieses Gangsystems bildet der **Wohnkessel**. Dieser ist mit Gras und Laub ausgepolstert. Er dient dem Maulwurf als Ruhe- und Schlafort. In der Nähe des Wohnkessels gibt es oft mehrere **Vorratskammern**. Vom Wohnkessel zweigen **Laufgänge** ab. Sie führen in sein Jagdrevier. Dort gräbt der Maulwurf dicht unter der Erdoberfläche ständig neue **Jagdgänge**. Die Erde schiebt er beim Graben mit der Stirn durch **Aushubgänge** an die Erdoberfläche. So entstehen die Maulwurfshügel.

Der Maulwurf duldet in seinem Revier keine Artgenossen. Der Maulwurf ist ein **Einzelgänger**.

Sinnesorgane

Der Maulwurf kann sehr schlecht sehen. Er kann nur hell und dunkel unterscheiden. Seine winzigen Augen liegen im Fell verborgen. Jedoch hört er sehr gut. Sein Gehör erkennt vor allem tiefe Töne. Auch nimmt er kleinste Erschütterungen im Boden wahr. Durch das Fehlen der Ohrmuscheln kann er sich leichter in den Gängen bewegen. Der Maulwurf kann gut riechen und so Beutetiere aufspüren. Die Mundöffnung ist nach unten gerichtet, damit sie nicht mit Erde verstopft wird. Die empfindlichen Tasthaare an seiner Schnauze ermöglichen eine Orientierung in den dunklen Gängen.

Bedeutung des Maulwurfs

Der Maulwurf durchwühlt beim Bau seiner Lauf- und Jagdgänge den Boden. Er lockert den Boden auf. In der lockeren und gut durchmischten Erde können Pflanzen besser wachsen. Auf der Jagd frisst der Maulwurf auch Schädlinge, die die Wurzeln der Pflanzen befallen. Der Maulwurf ist ein Nützling.

Maulwurf und Wühlmaus

Viele Menschen denken, dass die aufgeschobenen Erdhügel immer vom Maulwurf stammen. Das ist jedoch nicht immer der Fall. Es kann sich auch um die Erdhügel der Großen Wühlmaus handeln.

Die Große Wühlmaus ist ein Pflanzenfresser und frisst hauptsächlich Wurzeln. Sie legt daher ihre Gänge direkt unter der Grasoberfläche an. Im Gegensatz zu Maulwurfshügeln sind ihre Hügel nicht rund, niedriger und oft mit Wurzelmaterial durchzogen. Die Wühlmaus kann deshalb schwere Schäden an Wurzelgemüse, Kartoffeln, Obstbäumen und vielen anderen Nutzpflanzen verursachen.

Gartenbesitzer versuchen die Große Wühlmaus zu verscheuchen oder mit speziellen Wühlmausfallen zu fangen. Es ist für Gartenbesitzer wichtig zu wissen, wie sie erkennen können, ob sich in ihrem Garten ein Maulwurf oder Wühlmäuse aufhalten. Der Maulwurf ist nämlich eine streng geschützte Art, die nicht gefangen oder getötet werden darf. ▶

A Erkläre, warum der Maulwurf sich auch ohne einen guten Sehsinn im Boden zurechtfinden kann.

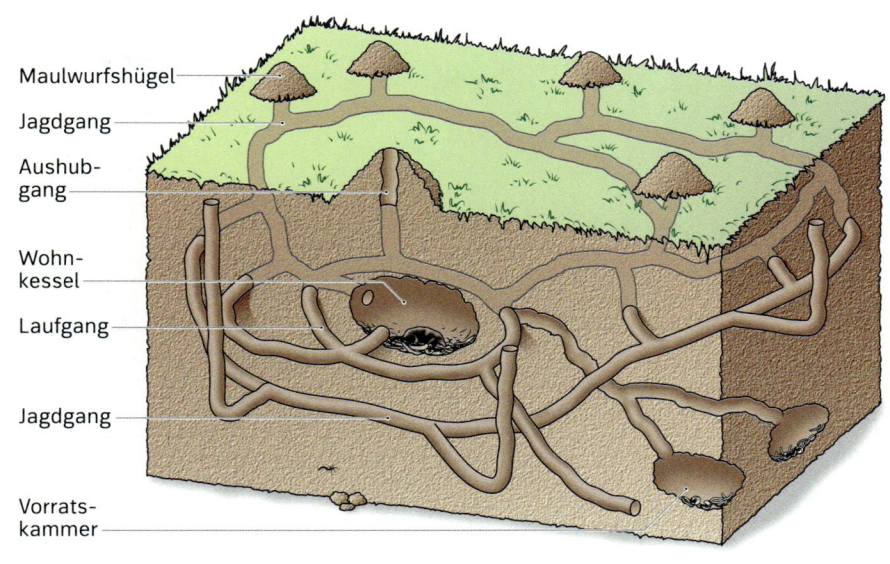

Maulwurfshügel
Jagdgang
Aushubgang
Wohnkessel
Laufgang
Jagdgang
Vorratskammer

3 Gangsystem des Maulwurfs

Material mit Aufgaben

M1 **Bau der Wühlmaus**

1. ▮▮ Beschreibe den Wohnbau der Wühlmaus.
2. ▮▮ Vergleiche den Bau mit dem Gangsystem des Maulwurfs. ➕
3. ▮▮ Nimm Stellung zu der Aussage: „Der Maulwurf beschädigt die Wurzeln von Pflanzen." ➕
4. ▮▮ Erläutere, warum es für Gartenbesitzer wichtig ist zu wissen, ob die Erdhügel im Garten vom Maulwurf oder von der Wühlmaus verursacht wurden.

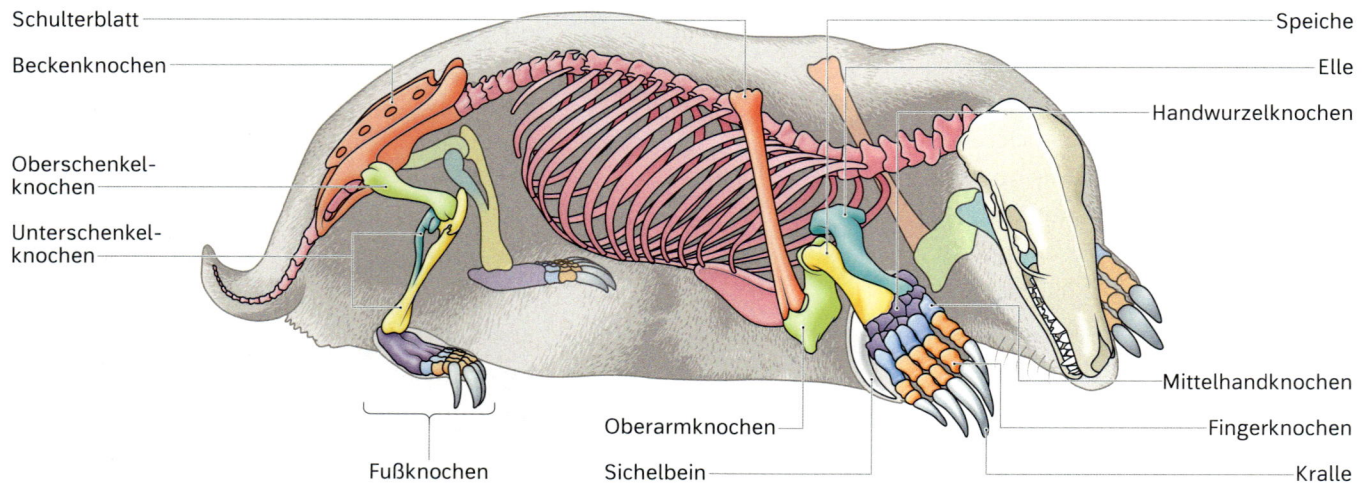

Schulterblatt
Beckenknochen
Oberschenkel-
knochen
Unterschenkel-
knochen
Fußknochen
Oberarmknochen
Sichelbein
Speiche
Elle
Handwurzelknochen
Mittelhandknochen
Fingerknochen
Kralle

4 Skelett des Maulwurfs

Material mit Aufgaben

M2 **Vordergliedmaßen**

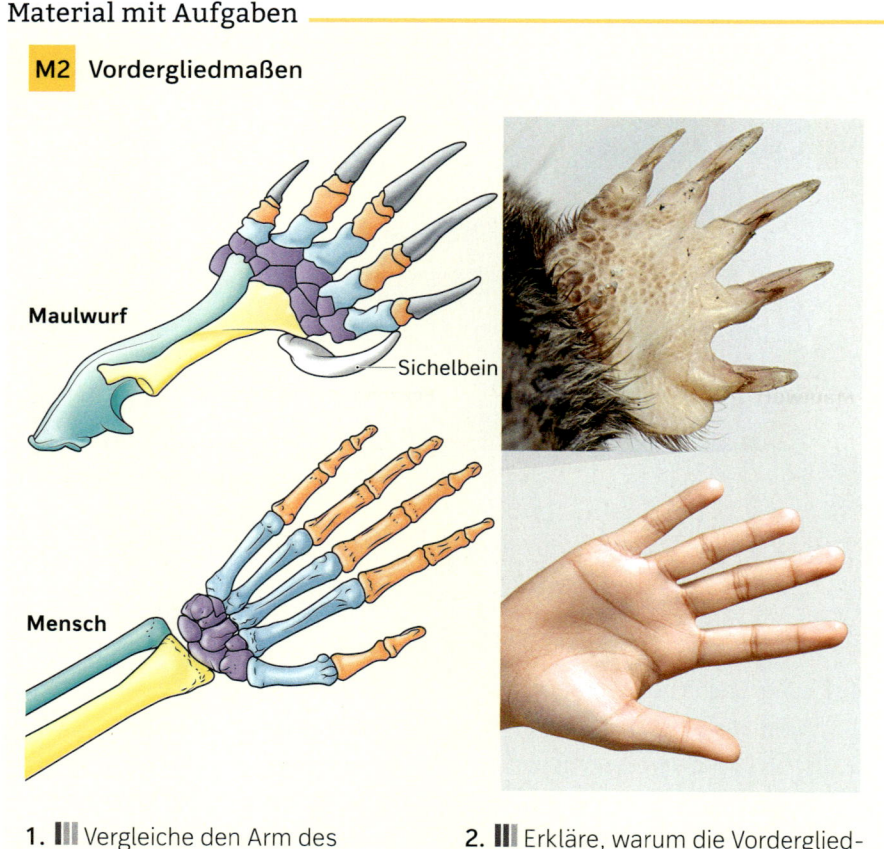

Maulwurf

Sichelbein

Mensch

1. ▮▮ Vergleiche den Arm des Maulwurfs mit dem Arm des Menschen.

2. ▮▮ Erkläre, warum die Vordergliedmaßen des Maulwurfs gut zum Graben geeignet sind. ✚

Körperbau

Der Maulwurf besitzt einen walzenförmigen Körper. Mit seinen kurzen Hinterbeinen schiebt er sich durch die Gänge. Dabei bohrt er seinen spitz zulaufenden Kopf ins Erdreich. Seine Nase ist rüsselartig verlängert. In ihr ist ein biegsamer Knorpel, der **Rüsselknorpel**. So wird seine Nase nicht verletzt, wenn der Maulwurf gegen etwas stößt.

Der Maulwurf hat ein dichtes, schwarzes Fell, das ihn vor Kälte und Nässe schützt. Anders als bei anderen Tieren, legen sich seine Haare beim Vorwärtskriechen wie auch beim Rückwärtskriechen durch die Gänge an den Körper an. Sein Fell hat **keine Strichrichtung**. So wird der Maulwurf beim Kriechen durch seine Gänge nicht behindert.

Besonders auffällig sind seine seitlich vom Körper abstehenden **Grabhände**. Durch einen zusätzlichen Knochen, das **Sichelbein**, wird die Handfläche verbreitert. Mit den langen **Krallen** lockert er die Erde auf und scharrt sie anschließend nach hinten.

Ernährung

Der Maulwurf frisst Insekten, Spinnen und vor allem Regenwürmer. Außerdem vertilgt er viele Wurzelschädlinge wie Insektenlarven. Er spürt seine Beutetiere in seinen Gängen auf. Der Maulwurf ergreift sie mit seinen scharfen, spitzen Zähnen. Mit ihren harten Schmelzkanten durchdringt er die harte Schale von Insekten und die zähe Haut von Regenwürmern. Mit seinen spitzen Zähnen wird das Beutetier zerkaut. Der Maulwurf hat ein **Insektenfressergebiss**. Durch einen Biss in den vorderen Körperteil kann der Maulwurf Regenwürmer bewegungsunfähig machen. Er lagert sie so als Vorrat in seiner Vorratshöhle.

Fortpflanzung

Nur zur Paarung kommen Maulwürfe zusammen. Nach etwa vier Wochen Tragzeit bringen die Weibchen die Jungtiere zur Welt. Diese sind **Nesthocker** und werden etwa zwei Monate lang gesäugt. Der Maulwurf ist ein **Säugetier**.

Aktivität

Auch im Winter läuft der Maulwurf durch sein Gangsystem. Er ist auf der Suche nach Beutetieren und verteidigt sein Gangsystem gegen Eindringlinge. Er ist ein **aktiver Überwinterer**. Seine Körpertemperatur ist unabhängig von der Umgebungstemperatur. Er ist wie alle Säugetiere **gleichwarm**. Sind in kalten Wintern seine Gänge zugefroren, zieht er sich in tiefere, nicht gefrorene Erdschichten zurück.

B Beschreibe, wie der Maulwurf an ein Leben im Boden angepasst ist.

5 Maulwurf beim Fressen

Material mit Aufgaben

M3 Gebisse von Maulwurf und Wühlmaus

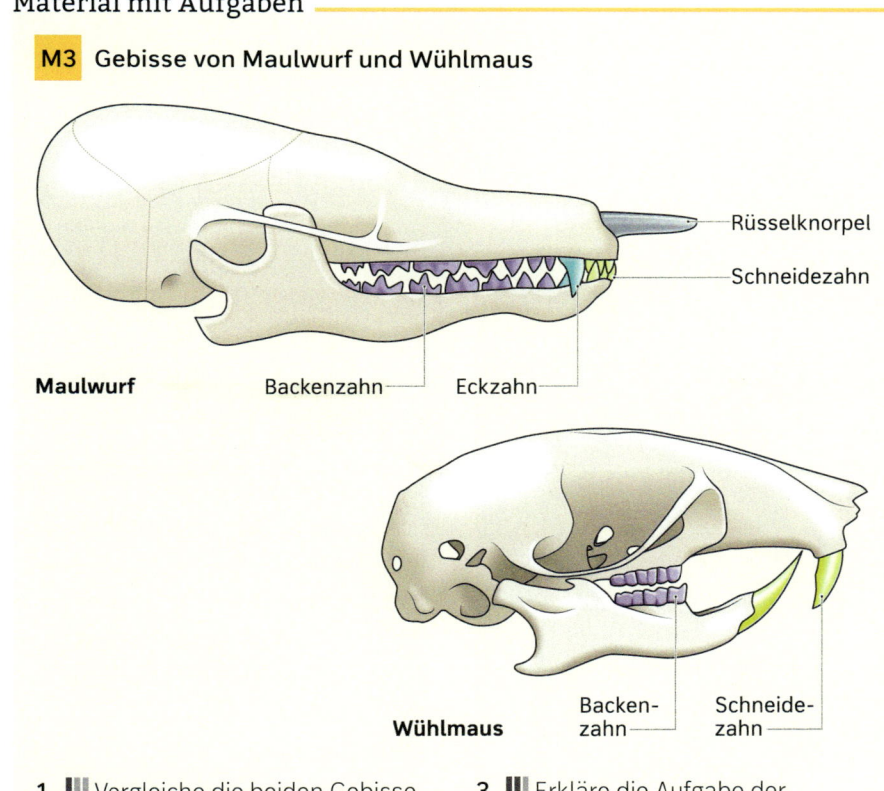

1. ▮▮ Vergleiche die beiden Gebisse.
2. ▮▮ Erkläre, warum man das Gebiss des Maulwurfs als Insektenfressergebiss bezeichnet. ✚
3. ▮▮ Erkläre die Aufgabe der Schmelzkanten beim Kauen. ✚
4. ▮▮▮ Stelle Vermutungen zur Ernährungsweise der Wühlmaus an.

Der Kleine Abendsegler jagt nachts fliegende Insekten.
Wie können Fledermäuse im Dunkeln erfolgreich jagen?

F

1 Der Kleine Abendsegler

Die Fledermaus

Lebensweise

Den Sommer verbringt der Kleine Abendsegler tagsüber in hohlen Baumstämmen, Höhlen oder Felsspalten. Er bewohnt auch Dachböden von Häusern. Bei Anbruch der Nacht kann man ihn aus seinem Versteck fliegen sehen. Er geht auf die Jagd. Der Kleine Abendsegler ist wie alle Fledermäuse **nachtaktiv**. Den Winter verbringt der Kleine Abendsegler in hohlen Baumstämmen. Er hält sich mit den Krallen der Hinterbeine fest und schläft mit dem Kopf nach unten. Die Flügel sind dabei eng an den Körper gelegt. In einem Versteck überwintern oft mehrere hundert Fledermäuse.

Fortpflanzung

Das Männchen des Kleinen Abendseglers sucht im späten Herbst und Winter das Weibchen zur Paarung in ihren Verstecken auf. Dabei weckt das Männchen das Weibchen mit einem Biss in den Nacken. Nach der Begattung erfolgt die innere Befruchtung der Eizelle erst nach dem Winter. Nach etwa 70 Tagen bringt das Weibchen meist eines, manchmal aber auch zwei Jungtiere zur Welt. Fledermäuse sind **lebend gebärend**. Jedes Jungtier ist nach der Geburt nackt und blind. Der Kleine Abendsegler ist wie alle Fledermausarten ein **Nesthocker**. Das Jungtier klettert nach der Geburt zu einer Zitze der Mutter und wird mit Muttermilch gesäugt. Mit seinen Krallen hält es sich am Fell der Mutter fest, damit es beim Flug nicht verloren geht. Fledermäuse sind fliegende **Säugetiere**.

Körperbau

Zwischen dem Rumpf, den Gliedmaßen und dem Schwanz der Fledermaus sind dünne **Flughäute** gespannt. Sie sind sehr elastisch. Die Unterarmknochen und die Fingerknochen sind stark ver-

2 Kleiner Abendsegler mit Jungtieren

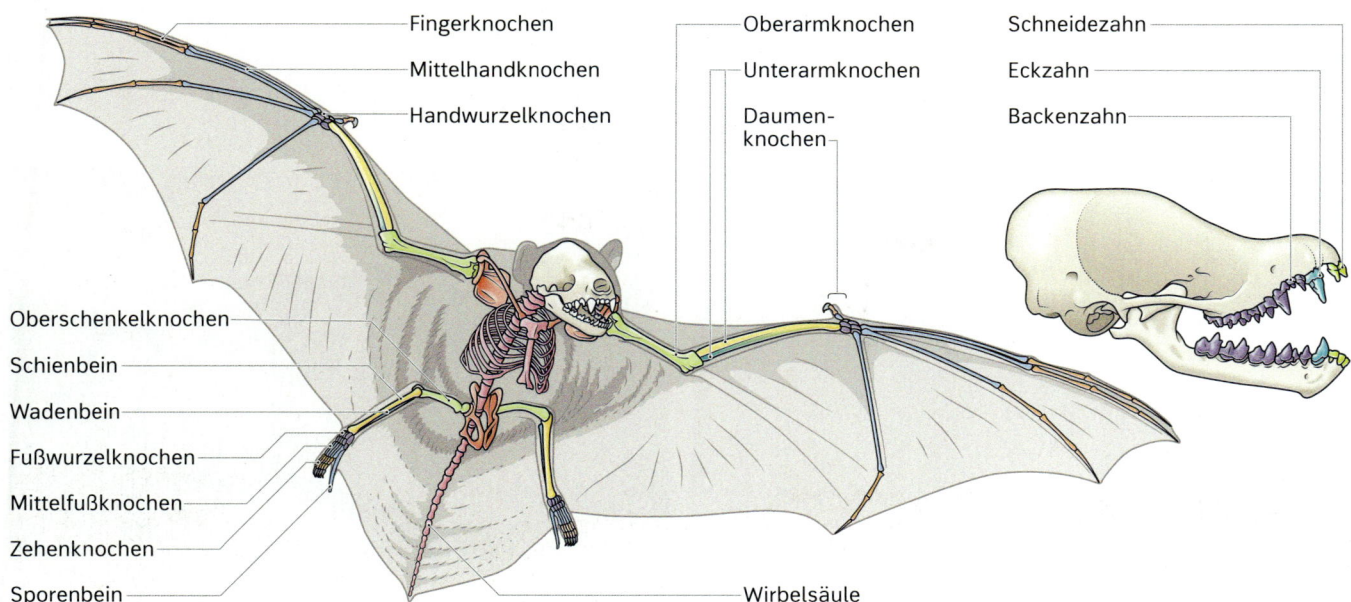

Fingerknochen
Mittelhandknochen
Handwurzelknochen
Oberarmknochen
Unterarmknochen
Daumen-
knochen
Schneidezahn
Eckzahn
Backenzahn

Oberschenkelknochen
Schienbein
Wadenbein
Fußwurzelknochen
Mittelfußknochen
Zehenknochen
Sporenbein
Wirbelsäule

3 Skelett der Fledermaus

längert. So kann die Flughaut zwischen den Fingern wie ein Regenschirm aufgespannt werden. Mithilfe dieser großen, häutigen Oberfläche kann die Fledermaus mit schnellen, flatternden Bewegungen fliegen. An den Hinterbeinen hat die Fledermaus einen dünnen, elastischen Fortsatz aus Knochen. Dieses **Sporenbein** dient dazu, die Flughaut am Schwanz zu spannen.

Ernährung

Auf seinen nächtlichen Jagdausflügen frisst der Kleine Abendsegler viele Insekten. Eine zehn Gramm schwere Fledermaus fängt in einer Nacht bis zu 1 500 Insekten. Das entspricht fast der Hälfte ihres eigenen Körpergewichts. Der Kleine Abendsegler hat wie alle Fledermäuse sehr spitze, scharfkantige Zähne. Die Eckzähne sind größer als die anderen Zähne. Mit ihnen fängt der Kleine Abendsegler seine Beutetiere. Mit seinen spitzen Zähnen bricht er die harte Schale von Insekten auf. Fledermäuse haben ein **Insektenfressergebiss**. ▷

Material mit Aufgaben

M1 Zum Fliegen gebaut

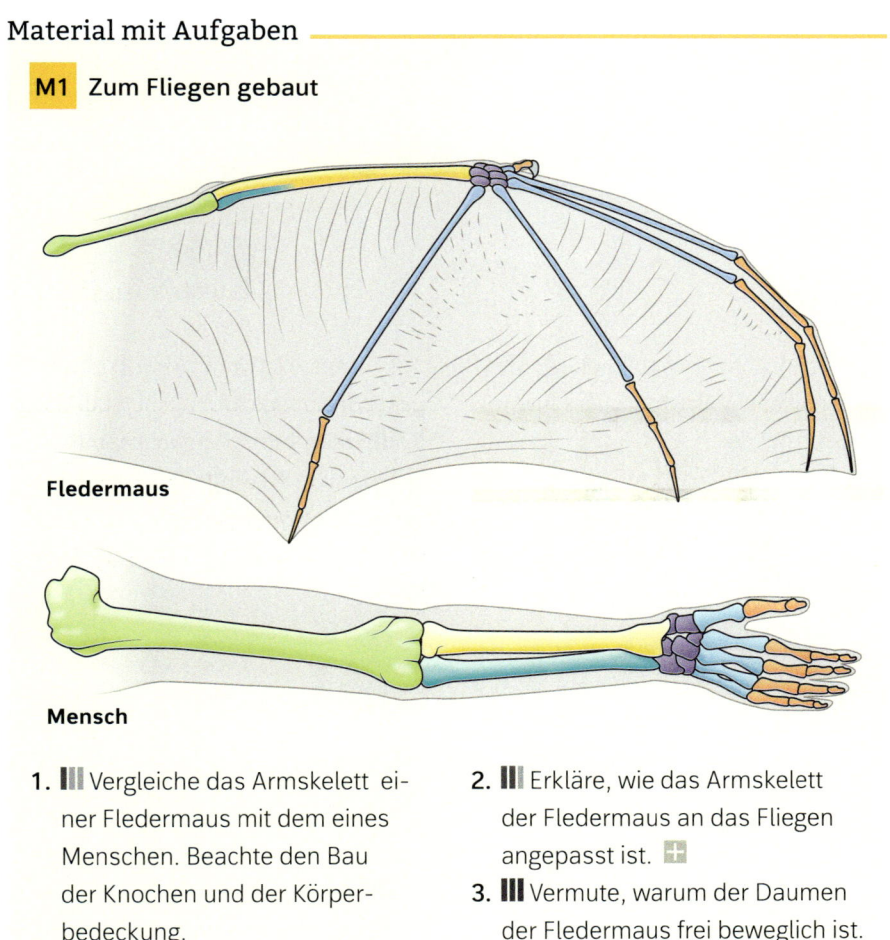

Fledermaus

Mensch

1. ▮▮▮ Vergleiche das Armskelett einer Fledermaus mit dem eines Menschen. Beachte den Bau der Knochen und der Körperbedeckung.

2. ▮▮▮ Erkläre, wie das Armskelett der Fledermaus an das Fliegen angepasst ist. ✚

3. ▮▮▮ Vermute, warum der Daumen der Fledermaus frei beweglich ist.

4 Fledermäuse **A** im Sommer, **B** während des Winterschlafes

Material mit Aufgaben

M2 Quartiere im Winter

○ Winterquartiere von Fledermäusen

1. ▮▮ Beschreibe mithilfe des Bildes mögliche Winterquartiere für Fledermäuse.
2. ▮▮ Fledermäuse stehen unter strengem Schutz. Erkläre, warum es wichtig ist, ihre Verstecke nicht zu zerstören. ✚
3. ▮▮ Stelle Vermutungen an, wie Quartiere für Fledermäuse geschaffen werden können.

M3 Aktivität der Fledermaus

Bei einer Fledermaus wurden die Körpertemperatur und die Zahl der Atemzüge pro Minute bei verschiedenen Umgebungstemperaturen gemessen.

1. ▮▮ Erkläre die Veränderung der Werte bei den verschiedenen Umgebungstemperaturen. ✚

Umgebungs-temperatur	Körper-temperatur	Atemzüge pro Minute
25 °C	37 °C	40
3 °C	5 °C	3
-5 °C	37 °C	40

2. ▮▮ Erkläre, wie die Fledermaus ihren Energiebedarf verringert.

Energiebedarf

Die Fledermaus muss viel Energie für das Fliegen über ihre Nahrung aufnehmen. Im Winter ist das Nahrungsangebot gering, da die meisten Insekten sich im Winter verstecken oder sterben. Die Fledermaus hat daher eine energiesparende Überwinterungsstrategie.

Aktivität

Fledermäuse suchen vor dem Winter frostsichere Höhlen und andere Verstecke auf. Dort überbrücken sie die kalten Wintermonate bis zum Frühling, ohne ihre Verstecke zu verlassen. Fledermäuse zählen wie alle Säugetiere zu den **gleichwarmen** Tieren. Ihre ansonsten gleichbleibende Körpertemperatur sinkt im Winter fast auf die Umgebungstemperatur ab. Die Zahl der Atemzüge und der Herzschläge pro Minute verringert sich. Der Stoffwechsel der Fledermaus verlangsamt sich. Das spart Energie. Fledermäuse halten **Winterschlaf**. Während des Winterschlafes nutzen sie ihre Fettreserven im Körper. Wenn es zu kalt wird, erwachen sie schnell. So verhindern sie ein Erfrieren im Winter.

Orientierung der Fledermaus

Orientierung in der Dunkelheit

Fledermäuse starten ihre Beutezüge in der Dämmerung. Dabei orientieren sie sich nicht mit ihren kleinen Augen, sondern vor allem mit ihrem Gehörsinn. Die Fledermaus stößt während des Fluges in sehr kurzen Abständen Schreie aus. Menschen können diese Ultraschall-Schreie nicht hören. Wenn Ultraschall auf einen Gegenstand oder ein Beutetier trifft, wird er zurückgeworfen. Diese Echo-Schallwellen fängt die Fledermaus mit ihren großen Ohrmuscheln auf. Mithilfe dieser **Echoortung** kann die Fledermaus die Größe, die Geschwindigkeit und die Form eines Objektes erkennen. Da das Echo von weit entfernten Objekten später zu den Ohren gelangt als von nahen Objekten, kann die Fledermaus auch die Entfernung eines Objektes abschätzen.

1   Orientierung bei der Fledermaus

Material mit Aufgaben

M1   **Ein Gedankenexperiment**

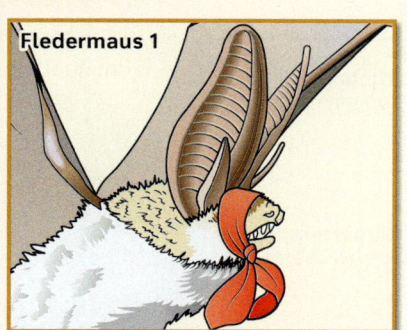

Fledermaus 1

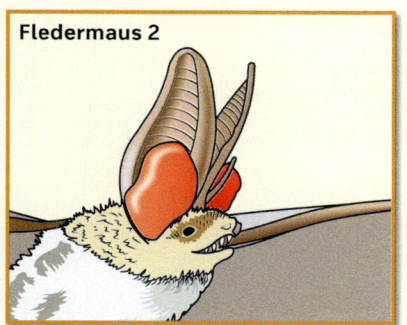

Fledermaus 2

Fledermaus 3

Stell dir vor, man würde die Sinnesleistungen der Fledermaus einschränken. Welche der Fledermäuse könnte noch erfolgreich jagen?

1. ▮▮ Entscheide, welche der drei Fledermäuse erfolgreich jagen kann. Begründe deine Entscheidung.
2. ▮▮ Erkläre, wie die Echoortung bei der Fledermaus funktioniert.

3. ▮▮ Stelle Vermutungen an, ob eine Fledermaus einen hochgeworfenen Stein als Beute erkennen und fangen würde.

Fische

Fortpflanzung:
• äußere Befruchtung
• Eier mit Gallerthülle
• Larven

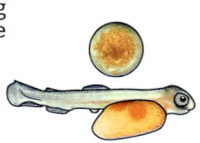

**Körper-
bedeckung:**
Haut mit
Knochen-
schuppen

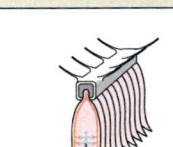
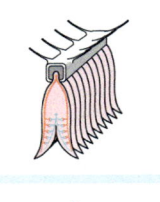

Atmung:
Kiemen

**Körper-
temperatur:**
wechselwarm

Lurche

Fortpflanzung:
• äußere Befruchtung
• Eier mit Gallerthülle
• Kaulquappen
• Metamorphose

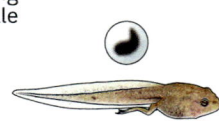

Körperbedeckung:
Haut feucht und
drüsenreich

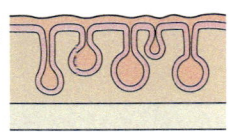

Atmung:
Kaulquappen mit Kiemen,
erwachsene Amphibien
mit Lunge und Haut

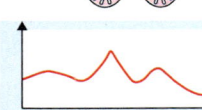

Körpertemperatur:
wechselwarm

Kriechtiere

Fortpflanzung:
• innere Befruchtung
• Eier mit lederartiger
  Hülle

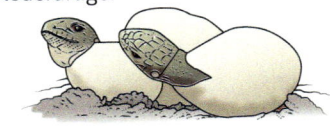

Körperbedeckung:
Haut mit
Hornschuppen

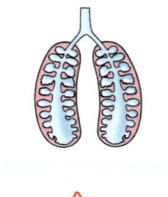

Atmung:
Lungen

Körpertemperatur:
wechselwarm

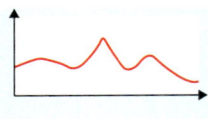

Alle Wirbeltiere lassen sich in fünf **Klassen** ordnen. Die fünf Klassen der Wirbeltiere sind Fische, Lurche, Kriechtiere, Vögel und Säugetiere. Tiere, die zu einer Klasse gehören, sind eng mitein- ander verwandt und haben gemeinsame Merkmale. Diese betreffen vor allem die Fortbewegung, Atmung, Körperbede- ckung und die Fortpflanzung und Ent- wicklung.

Vögel

Fortpflanzung:
• innere Befruchtung
• Eier mit harter Kalkschale

Atmung:
• Lungen mit Luftsäcken

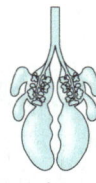

Körperbedeckung: Haut mit Federn

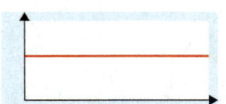

Körpertemperatur: gleichwarm

Säugetiere

Fortpflanzung:
• innere Befruchtung
• lebend gebärend
• Säugen mit Muttermilch

Atmung: Lungen

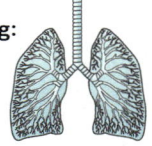

Körperbedeckung: Haut mit Fell

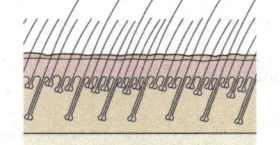

Körpertemperatur: gleichwarm

1. ▐▐▐ Übertrage die Tabelle in dein Heft und fülle sie für die fünf Klassen der Wirbeltiere aus.
2. ▐▐ Ordne den Menschen einer Wirbeltierklasse zu. Begründe deine Zuordnung.
3. Wähle eine Wirbeltierklasse aus:
   a ▐▐ Beschreibe die Fortbewegung der Tiere dieser Klasse in ihrem Lebensraum.
   b ▐▐▐ Erläutere am Beispiel der Körperbedeckung und Atmung, wie Tiere dieser Klasse an ihren Lebensraum angepasst sind.
4. ▐▐▐ Der Schutz der Nachkommen nimmt von den Fischen bis zu den Säugetieren zu. Begründe diese Beobachtung.

Klasse	Befruchtung	Ort der Eiablage	Entwicklung der Jungtiere	Körperbedeckung	Atmung	Lebensraum	Körpertemperatur
Fische	…	Wasser	im Wasser/Fischlarve	…	…	…	wechselwarm
Lurche	…	…	…	…	…	…	…
…	…	…	…	…	…	…	…

1 Rotfuchs mit Winterfell

> Wie schützen sich Säugetiere im Winter vor Kälte?

Überwinterung von Säugetieren

Schutz vor Kälte

Im Herbst verändert sich das Fell des Rotfuchses und vieler anderer Säugetiere. Bei diesem Haarwechsel wachsen zusätzlich viele, dicht beieinander stehende Wollhaare. Die Luft zwischen den Haaren bildet eine isolierende Schicht, die vor Wärmeverlust schützt. Sie schützt so gut, dass Schnee auf dem Winterfell nicht schmilzt. Einige Tiere haben im Winter auch eine andere Fellfarbe als im Sommer. Das Sommerfell von Polarfüchsen ist braun-beige. Im Winter haben sie oft ein weißes Fell. So sind sie im Schnee gut getarnt.

Das Fettgewebe von Säugetieren besteht aus weißen und braunen Fettzellen. Weiße Fettzellen speichern Energie. Die Zellen des braunen Fettgewebes wandeln diese Energie in Wärme um.

2 Reh im Winter

Aktive Überwinterer

Rotfüchse, Wildschweine, Hirsche und Rehe sind den ganzen Winter über **aktiv**. Ihre Körpertemperatur bleibt das ganze Jahr in etwa gleich hoch. Dafür benötigen sie Nahrung. Wie viele Säugetiere sorgen sie für die nahrungsarme Zeit im Winter vor. Bereits im Herbst fressen sie sich ein Fettpolster an. Bei hohem Schnee finden die Tiere nicht immer genug Nahrung. Die angefressenen Fettreserven liefern dann die notwendige Energie zur Aufrechterhaltung der Körperfunktionen. Außerdem bewegen sich die Tiere nur wenig. Das spart auch Energie. Der Maulwurf ist ebenfalls ein aktiver Überwinterer. Bei Frost verlegt er seine Jagdgänge in tiefere, frostfreie Bodenschichten. Er ernährt sich hier von Insektenlarven und Regenwürmern.

Winterruhe

Das Eichhörnchen frisst sich vor dem Winter eine dicke Fettschicht an. Gleichzeitig legt es auch vor dem Winter Nahrungsvorräte an. Es vergräbt in mehreren Verstecken Nüsse, Eicheln, Bucheckern und Zapfen von Fichten und Kiefern. Während des Winters hält das Eichhörnchen dann einen Ruheschlaf in seinem kugelförmigen Nest, dem Kobel. Dieser ist mit Moos und Laub ausgepolstert, sodass die Tiere gut vor Kälte geschützt sind. Die Körpertemperatur des Eichhörnchens bleibt während des Schlafens gleich. Die Anzahl der Herzschläge und Atemzüge pro Minute nimmt dagegen leicht ab. Ab und zu erwacht das Eichhörnchen und verlässt den Kobel, um Kot und Urin auszuscheiden. Dann frisst es auch von seinen verschiedenen Nahrungsvorräten. Die Verstecke findet es sogar unter einer dichten Schneedecke wieder.

Säugetiere, die wie das Eichhörnchen überwintern, halten eine **Winterruhe**. Auch Braunbären und Dachse halten in geschützten Verstecken Winterruhe. Nahrungsvorräte legen sie aber nicht an. Sie fressen sich nur eine dicke Fettschicht an. Wenn sie im Winter aufwachen, machen sie sich auf die Suche nach Nahrung. ▶

A Vergleiche die Überwinterungsstrategie von Fuchs und Eichhörnchen.

3　Eichhörnchen im Winter

Material mit Aufgaben

M1　Winterfell und Sommerfell

Das Hermelin hat im Winter eine andere Fellfarbe als im Sommer. Sein Winterfell ist weiß, sein Sommerfell dagegen braun.

1. ▌▌▌ Vergleiche mithilfe der Bilder Winterfell und Sommerfell des Hermelins. Nenne Gemeinsamkeiten und Unterschiede.
2. ▌▌ Erkläre, warum das Winterfell gut vor Kälte schützt. ✚
3. ▌▌ Beschreibe und erkläre, welche Vorteile die weiße Fellfarbe des Hermelins im Winter hat. ✚

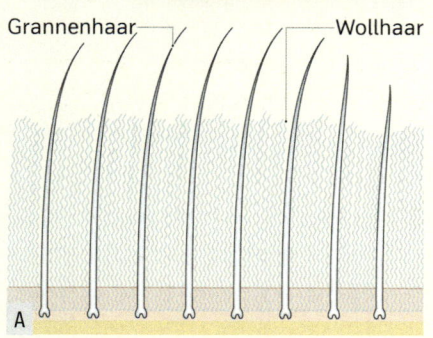

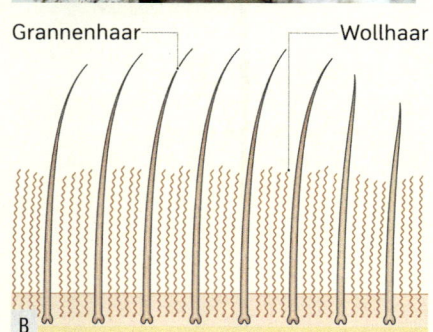

Winterschlaf

Einige Tiere schlafen den ganzen Winter über. Sie schlafen viele Wochen oder sogar einige Monate lang. Während dieser Zeit leben sie nur von den Fettreserven, die sie sich im Herbst angefressen haben. Während dieses **Winterschlafs** werden die Körpertemperatur und die Anzahl der Atemzüge und Herzschläge pro Minute stark verringert. Auf diese Weise wird der Energiebedarf des Körpers stark gesenkt. Sollte es so kalt werden, dass die Tiere während des Winterschlafes zu erfrieren drohen, wachen sie auf. Atmung, Herztätigkeit und Körpertemperatur erreichen dann wieder die normalen Werte. Da dies viel Energie kostet, ist ein häufiges Erwachen für das Tier lebensbedrohlich.

Der Igel sucht sich im Herbst unter einem Laubhaufen ein geeignetes, frostsicheres Versteck. Dort rollt er sich zusammen und fällt in einen tiefen Winterschlaf. Die Körpertemperatur des Igels fällt während des Winterschlafs von ungefähr 37 °Celsius auf 5 °Celsius. Sein Herz schlägt nur noch 2 bis 12 Mal in der Minute, statt sonst ungefähr 200 Mal. Die Zahl der Atemzüge wird von 50 Atemzüge pro Minute auf ungefähr 13 Atemzüge vermindert. Erwacht

4 Igel im Winterschlaf

Material mit Aufgaben

M2 **Aktive Überwinterung und Winterschlaf**

A

B

C

1. ▐▐▐ Ordne den Diagrammen begründet die drei Strategien Winterschlaf, aktive Überwinterung und Winterruhe zu.

2. ▐▐▐ Beschreibe und vergleiche die Zahl der Atemzüge, Herzschläge und die Körpertemperatur. Erstelle dazu eine Tabelle. ✚

3. ▐▐▐ Ordne jeder Strategie zwei Säugetiere zu, die auf diese Weise überwintern. Begründe deine Zuordnung.

der Igel während des Winters oder im Frühjahr aus dem Winterschlaf, muss die Körpertemperatur schnell wieder auf die normale Betriebstemperatur erhöht werden. Dies geschieht mithilfe des braunen Fettgewebes.

Fledermäuse suchen zu Beginn des Winters frostgeschützte Höhlen, Felsspalten oder hohle Bäume auf. Dort hängen sie dann kopfüber und dichtgedrängt nebeneinander und halten gemeinsam ihren Winterschlaf.

Der Siebenschläfer ist ein ausgesprochener Langschläfer. In seinem geschützten Versteck wie Baumhöhlen oder Nischen in alten Gebäuden, schläft er von Ende September bis in den folgenden Mai hinein.

B Vergleiche die Überwinterungsarten der Säugetiere. Lege dazu eine Tabelle an.

C Erläutere, warum der Haarwechsel für viele felltragende Tiere lebensnotwendig ist.

D Fledermäuse und Maulwürfe sind Insektenfresser. Begründe, warum die Fledermaus zu den Winterschläfern gehört und der Maulwurf zu den aktiven Überwinterern.

5 Siebenschläfer im Winterschlaf

Material mit Aufgaben

M3 Winterschläfer

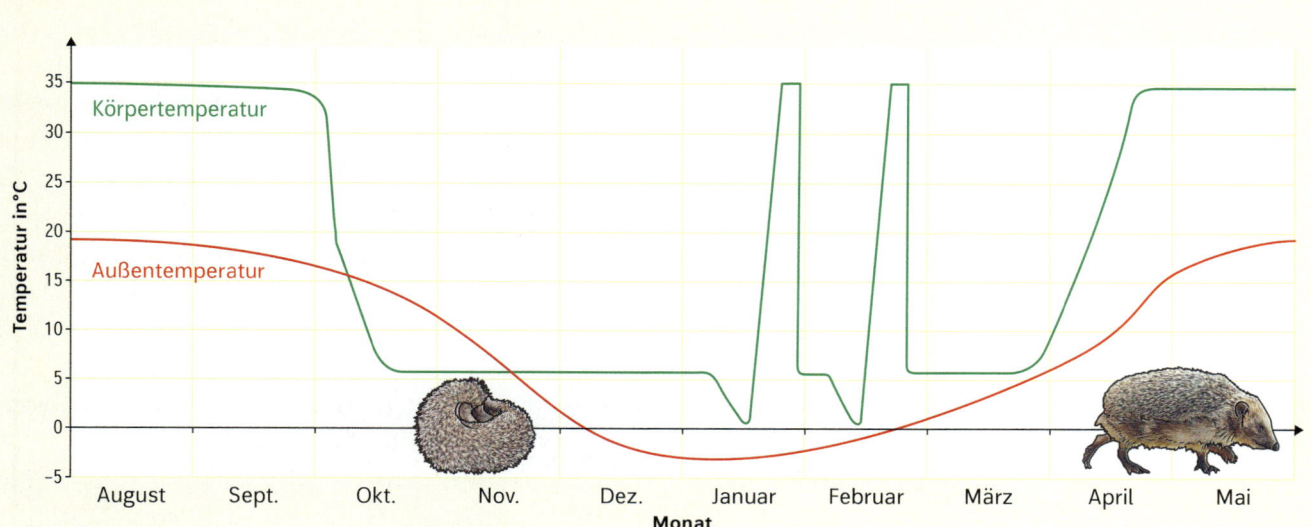

1. **|||** Beschreibe die Veränderung der Körpertemperatur des Igels im Laufe des Jahres.

2. **|||** Erkläre, welche Ursache die „Zacken" in der Kurve haben. ✚

3. Wähle eine der Aufgaben aus:

a **|||** Erkläre, warum Igel im Winter nicht gestört werden dürfen.

b **|||** Erkläre die Bedeutung des braunen Fettgewebes für den Igel.

Eidechsen sitzen oft auf der Oberfläche von Steinen. Warum sonnen sich Eidechsen?

1 Eidechse in der Mittagssonne

Gleichwarme und wechselwarme Tiere

Temperatur-Optimum

Jedes Tier benötigt für sein Überleben bestimmte Temperaturen. Dabei ist es innerhalb eines **Temperatur-Optimums** besonders aktiv. Je weiter die Temperaturen darüber oder darunter liegen, desto mehr nimmt die **Aktivität** des Tieres ab. Fallen die Temperaturen unter einen gewissen Wert, kommt es zu **Kältetod**. Steigen die Temperaturen über einen gewissen Wert, kommt es zum **Hitzetod**. Der Zusammenhang von Aktivität und Temperatur kann als **Toleranzkurve** dargestellt werden. Der optimale Temperaturbereich und seine Grenzen unterscheidet sich je nach Tierart.

Gleichwarm

Tiere benötigen für alle Lebensvorgänge **Energie**. Diese erhalten sie aus dem Abbau energiereicher Nährstoffe ihrer Nahrung. Dabei wird die darin enthaltene Energie frei und ist für die Lebensvorgänge des Körpers verfügbar. Bei **Bewegungen** und beim **Stoffwechsel** wird im Körper Energie als **Wärme** frei. Säugetiere und Vögel nehmen viele Nährstoffe auf und haben einen schnellen Stoffwechsel. Mit einer isolierenden Schicht aus Fett und Haaren oder Federn halten sie die Wärme im Körper. Da ihre Körpertemperatur nur wenig schwankt, bezeichnet man sie als **gleichwarm**.

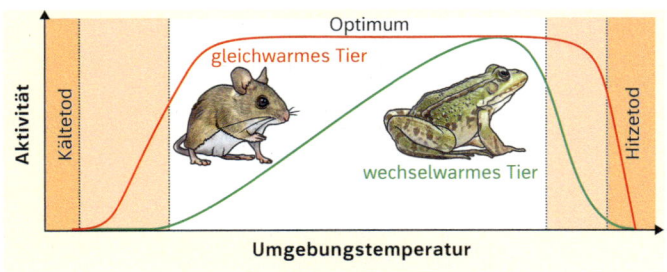

2 Toleranzkurven eines gleichwarmen und eines wechselwarmen Tieres

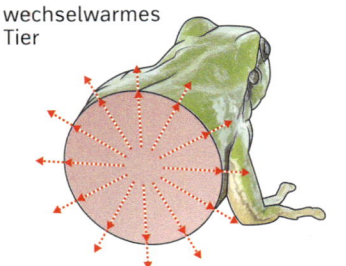

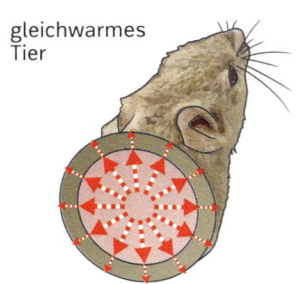

3 Wechselwarmes und gleichwarmes Tier

Wechselwarm

Kriechtiere, Lurche und Fische nehmen wenig Nährstoffe auf und haben einen langsamen Stoffwechsel. Da sie kaum isolierende Schichten haben, verlieren sie Wärme. Sie sind darauf angewiesen, Wärme aus ihrer Umgebung aufzunehmen. Da sich ihre Körpertemperatur mit der Umgebungstemperatur ändert, nennt man sie **wechselwarm**.

Regulation der Körpertemperatur

Tiere beeinflussen durch ihr Verhalten ihre Körpertemperatur. Ist es zu kalt, suchen sie warme, sonnige Plätze auf, um sich aufzuwärmen. Ist es zu warm, suchen sie schattige Verstecke auf. Gleichwarme Tiere erhöhen bei zu hohen Temperaturen die Durchblutung der oberen Hautschichten. So geben sie die mit dem Blut transportierte Wärme verstärkt an die Umgebung ab. Der kühlende Effekt kann durch Befeuchten der

jeweiligen Stellen verstärkt werden. Einige Tiere wärmen sich bei tiefen Temperaturen durch **Zittern** auf. Bei diesen schnellen, energieaufwändigen Muskelbewegungen wird Wärme erzeugt. Um lange, tiefe Temperaturen im Winter zu überleben, haben Säugetiere Überwinterungsstrategien wie **Winterschlaf** und **Winterruhe**. Dabei senken sie ihren Stoffwechsel und verringern durch ein dichtes Winterfell und eine angefressene Fettschicht ihre Wärmeabgabe.

Vorteile gleichwarmer Tiere

Gleichwarme Tiere können dank der Isolation und des schnellen Stoffwechsels in kälteren Gegenden vorkommen. Durch ihre stetig hohe Körpertemperatur können Säugetiere ihre Jungtiere wärmen und Vögel ihre Eier ausbrüten.

A Definiere gleich- und wechselwarm.

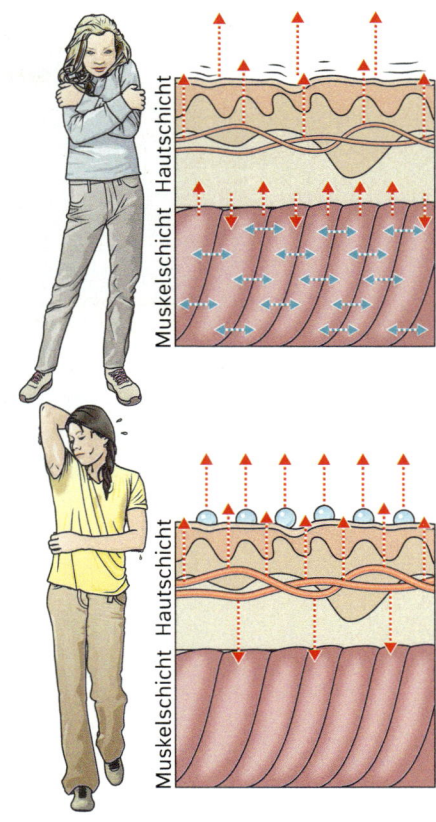

4 Temperaturregulation bei Gleichwarmen

Material mit Aufgaben

M1 Nahrungsaufnahme

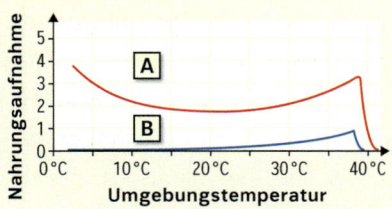

1. ▮ Vergleiche den Verlauf der beiden Kurven im Diagramm.
2. ▮ Ordne die Kurven einem wechselwarmen und einem gleichwarmen Tier zu. Begründe. ➕
3. ▮ Erkläre den Verlauf der beiden Kurven im Diagramm.

M2 Verhalten von Zauneidechsen

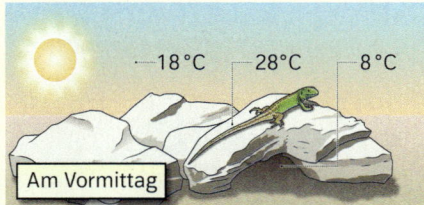

Am Vormittag: 18 °C · 28 °C · 8 °C

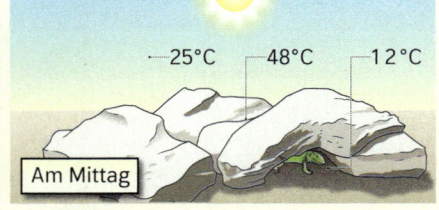

Am Mittag: 25 °C · 48 °C · 12 °C

1. ▮ Beschreibe das Verhalten der Zauneidechse in der Abbildung.
2. ▮ Erkläre das Verhalten der Zauneidechse in der Abbildung. ➕
3. ▮ Erläutere, zu welcher Tageszeit die Aktivität der Zauneidechse am größten ist. ➕
4. ▮ Schätze die jeweilige Körpertemperatur der Zauneidechse in der Abbildung ab. Begründe deine Überlegungen.
5. ▮ Begründe, warum Zauneidechsen sonnige, steinige Lebensräume bevorzugen.

Fischotter leben in ganz Europa.
Wieso sieht man sie so selten?

1 Fischotter springt ins Wasser

Natur- und Artenschutz

Angepasstheiten des Fischotters

Der Fischotter ist ein an das Leben im Wasser angepasstes Säugetier. Er zählt zu den besten Schwimmern unter den Landraubtieren. Er kann bis zu acht Minuten unter Wasser bleiben, ohne aufzutauchen. Mit seinem runden, muskulösen Schwanz steuert er im Wasser. Sein Körper ist gestreckt und walzenförmig, seine Beine sind kurz. Dies erleichtert das Gleiten im Wasser. Zwischen den Zehen befinden sich Schwimmhäute. Sein bräunliches Fell ist besonders dicht und wasserabweisend. Es schützt den Fischotter gegen Kälte und Nässe. Der Fischotter jagt vor allem Fische, Amphibien und kleine Vögel. Mit den scharfen Zähnen seines Raubtiergebisses kann er das Fleisch zerteilen. Kleinere Beutetiere frisst er im Wasser, größere zieht er an Land.

Lebensraum des Fischotters

Der Fischotter kommt natürlicherweise in ganz Europa vor. Er bevorzugt flache, fischreiche Flüsse mit zugewachsenen Ufern und Überschwemmungsflächen. Am Ufer gräbt der Fischotter seinen Bau, dessen Eingang unter der Wasseroberfläche liegt. Im Bau bringt das Weibchen seine Jungtiere zur Welt.

2 Fischotter beim Fressen

Gefährdung des Fischotters

Fischotter wurden in der Vergangenheit vor allem wegen ihres wertvollen Fells gejagt. Die Bejagung führte in Deutschland fast zu seiner Ausrottung. Nur in wenigen Gebieten konnte eine geringe Zahl von Fischottern überleben. Erst durch ein Jagdverbot und weitere Schutzmaßnahmen erholte sich der Bestand an Fischottern wieder.

Durch viele Wiederansiedlungsprojekte konnte der Fischotter in seinen natürlichen Lebensraum zurückkehren. Doch durch die Begradigung von Flüssen, die Bebauung von Ufern oder Überfischungen fehlt es dem Fischotter an intakten Lebensräumen. Der Fischotter ist daher in Deutschland sehr selten und durch die Zerstörung der Lebensräume durch den Menschen immer noch gefährdet.

Die Rote Liste

Viele Tier- und Pflanzenarten auf der Welt sind bedroht oder bereits ausgestorben. Gefährdete Arten werden in die Rote Liste eingetragen. Die Rote Liste gibt Auskunft darüber, wie stark eine Pflanzen- oder Tierart gefährdet ist. Es gibt in Deutschland 478 Wirbeltierarten. Davon stehen 207 Arten auf der Roten Liste.

Erhaltung der Artenvielfalt

Jedes Lebewesen ist Teil einer Lebensgemeinschaft. Diese Lebensgemeinschaft festigt das biologische Gleichgewicht innerhalb eines Ökosystems. Daher werden seltene oder noch intakte Lebensräume geschützt. Dazu werden sie zu Naturschutzgebieten oder zu Nationalparks erklärt. In diesen Gebie-

ten darf nicht gejagt, gefischt oder die Natur verändert werden. Gefährdete Lebewesen können sich in diesen Gebieten ungestörter aufhalten und sich besser vermehren. Wegen der dichten Besiedelung in Deutschland sind viele Naturschutzgebiete recht klein und oft weit voneinander entfernt. Wandernde Arten wie die Geburtshelferkröte erreichen dadurch nicht ihre Laichgewässer und Überwinterungsgebiete.

A Beschreibe, wie der Fischotter an seinen Lebensraum angepasst ist.

Material mit Aufgaben

M1 Artenschutz in Sachsen

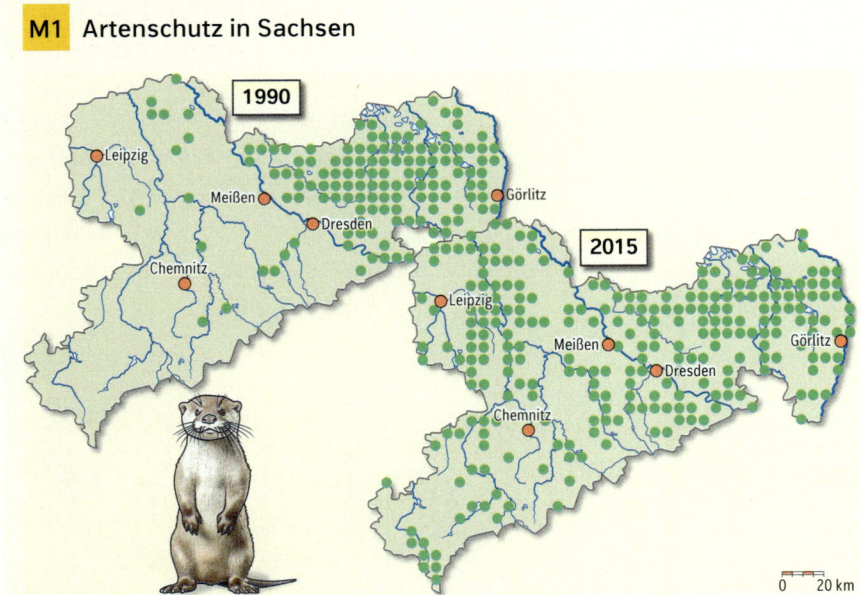

1. ▐▐▐ Vergleiche das Vorkommen des Fischotters im Jahr 1990 und im Jahr 2015.
2. ▐▐▐ Erkläre, warum der Fischotter früher und auch noch heute gefährdet ist. ✚
3. ▐▐▐ Beschreibe mögliche Maßnahmen, wie der Fischotter geschützt werden kann.
4. ▐▐▐ Beurteile die Entstehung von Naturschutzgebieten und Nationalparks.

In Museen kann man Fossilien bestaunen.
Wie entstehen sie und was können wir von ihnen erfahren?

1 Fossil im Museum

Entwicklung der Wirbeltiere

Fossilien

Bei Ausgrabungen finden Forscher häufig Überreste von Lebewesen, wie zum Beispiel Skelettreste von Wirbeltieren. Diese versteinerten Überreste bezeichnet man als **Fossilien**.

Fossil kommt vom lateinischen Wort fossilis und bedeutet „ausgegraben".

2 Entstehung eines Fossils

Entstehung von Fossilien

Meist werden tote Lebewesen im Boden durch Bakterien und Pilze vollständig abgebaut. Wird ein totes Lebewesen jedoch schnell von Schlamm oder Sand bedeckt und dadurch luftdicht abgeschlossen, wird das Zersetzen der Überreste unterbrochen. Im Laufe von Millionen Jahren lagern sich weitere Erdschichten über den Überresten ab. Diese üben durch ihre große Masse einen großen Druck auf die Überreste aus. So werden härtere Überreste wie Knochen versteinert. Es entsteht ein versteinertes Fossil. In tiefen Erdschichten befinden sich meist die ältesten Fossilen, die sich am meisten von heutigen Lebewesen unterscheiden. So können Forscher die Entwicklung der Lebewesen beschreiben. Diese Entwicklung von Lebewesen nennt man **Evolution**.

Landgang der Wirbeltiere

Vor 400 Millionen Jahren bestand das Land aus lebensfeindlichen Sand- und Steinwüsten. Die damaligen Wirbeltiere lebten alle im Wasser und zeigten Skelettmerkmale, die man bei heutigen Fischen findet. Erst vor etwa 375 Millionen Jahren zeigten einige Arten Knochenmerkmale, die für landlebende Wirbeltiere typisch sind. **Tiktaalik** war wahrscheinlich eines der ersten Wirbeltiere, das sich kurze Zeit an Land aufhalten konnte. Erst bei den ersten Lurchen, vor etwa 350 Millionen Jahren, entwickelten sich Skelette mit Schulter- und Beckengürtel. Dadurch konnten sich die Tiere dauerhaft an Land fortbewegen. Tiktaalik besaß Merkmale von Fischen und Lurchen. Er stellt wahrscheinlich ein Bindeglied zwischen Fischen und Lurchen dar. Man bezeichnet Tiktaalik daher als **Übergangsform**.

Stammbaum der Wirbeltiere

Im Laufe der Evolution entwickelten sich die verschiedenen Klassen der Wirbeltiere in unterschiedlichen Zeiten. Die ältesten bekannten Fossilien mit Merkmalen von Kriechtieren sind etwa 300 Millionen Jahre alt. Fossilien mit Säugetiermerkmalen sind nicht älter als 250 Millionen Jahre. Durch das unterschiedliche Alter der Fossilfunde und mithilfe fossiler Übergangsformen, wie Tiktaalik und Archaeopteryx, kann die Entwicklung der Wirbeltiere heute nachvollzogen werden. So kann man die Abstammung der Wirbeltiere in einem Stammbaum darstellen. Wenn neue Fossilien entdeckt werden, muss man den Stammbaum manchmal verändern.

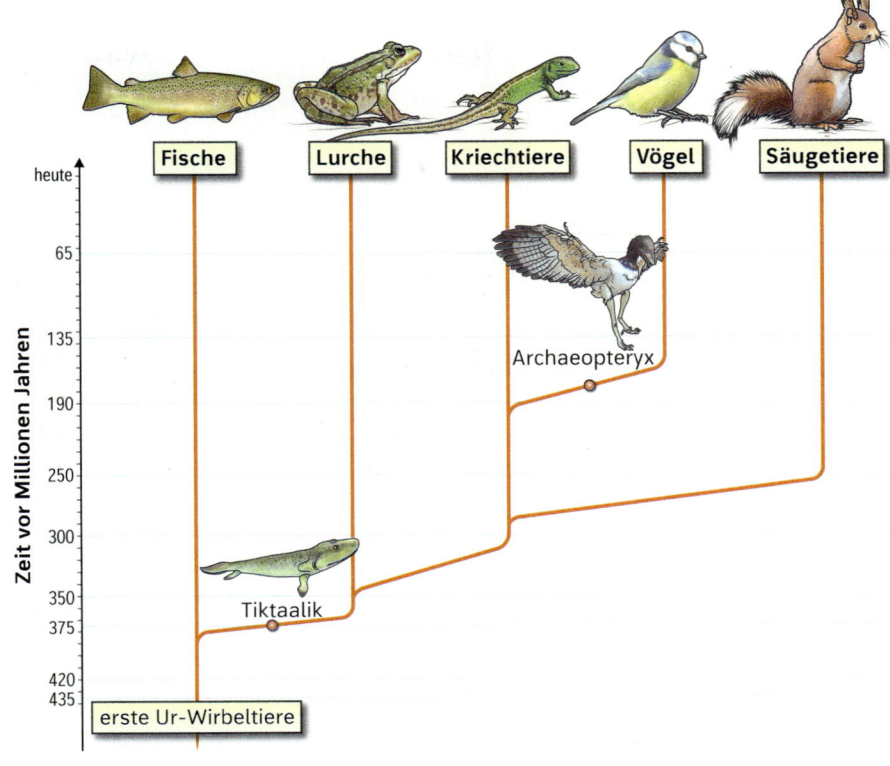

3 Stammbaum der Wirbeltiere

Material mit Aufgaben

M1 Landgang

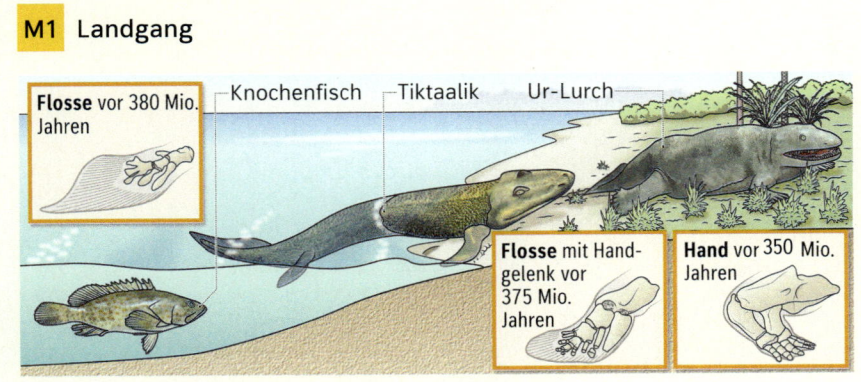

1. ▐▐▐ Vergleiche Gliedmaßen und Körperbau der drei Wirbeltiere.
2. ▐▐▐ Beschreibe mithilfe des Bildes die Entwicklung der Vordergliedmaßen. ➕
3. ▐▐▐ Erkläre, warum man Tiktaalik als Übergangsform bezeichnet. ➕
4. ▐▐▐ Erläutere, warum Übergangsformen Belege für die Evolution sind.

Warum finden wir Welpen und andere junge Tiere süß?

1 Welpe und Katzenjunges

Wahlbereich

Verhalten von Tieren

Untersuchung von Verhalten

Die Grundlage für das Untersuchen von Verhalten ist ein genaues **Beobachten**. Dabei können auch bespielsweise Ferngläser genutzt werden. Heutzutage werden dabei auch Film- und Fotosequenzen erstellt, um möglichst viele Details von Verhaltensäußerungen zu erkennen.

Die Häufigkeit, Stärke, Dauer und Situation bestimmter Verhaltensweisen werden beschrieben und notiert. Man erstellt ein **Ethogramm**.

Um gezielt bestimmte Verhaltensweisen zu untersuchen, können zudem auch **Experimente** durchgeführt werden.

Material mit Aufgaben

P1 Beobachtung von Guppys

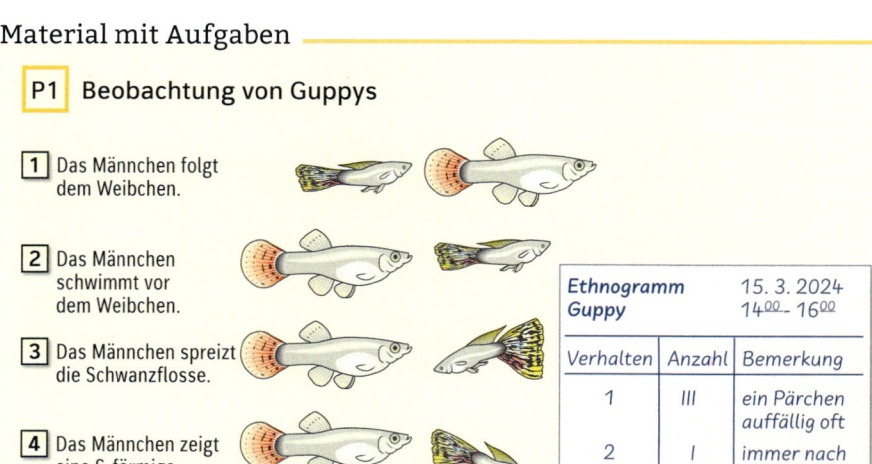

1 Das Männchen folgt dem Weibchen.

2 Das Männchen schwimmt vor dem Weibchen.

3 Das Männchen spreizt die Schwanzflosse.

4 Das Männchen zeigt eine S-förmige Krümmung des Körpers.

5 Begattung

Ethogramm Guppy		15. 3. 2024 14⁰⁰ – 16⁰⁰
Verhalten	Anzahl	Bemerkung
1	III	ein Pärchen auffällig oft
2	I	immer nach 1
...	...	...

In einem bestehenden Aquarium kann das Verhalten wie das Balzverhalten von Guppys untersucht werden.

1. ▮▮▮ Beschreibe verschiedene Verhaltensweisen.
2. ▮▮▮ Fertige ein Ethogramm an und stelle die Häufigkeiten der Verhaltensweisen grafisch dar. ✚
3. ▮▮▮ Nach der Reinigung des Aquariums ändert sich das Verhalten der Guppys. Erstelle ein Ethogramm.

Angeborenes Verhalten

Einige Verhaltensweisen zeigen Tiere von Geburt an. Diese müssen nicht erlernt werden und können nicht vergessen werden. Dazu zählen Atmen, Schlucken und oft auch das Jagdverhalten.

Durch Schreien und Weinen zeigen Säuglinge ihren Eltern, dass sie sich unwohl fühlen. Das Bedürfnis der Eltern, dem Baby zu helfen und es zu beschützen sichert dem Baby das Überleben. Verstärkt wird das Verhalten der Eltern durch Merkmale des Babys, die als **Kindchenschema** zusammengefasst werden - Wir empfinden Kinder als süß.

Erlerntes Verhalten

Ändern sich bei einem Lebewesen durch gemachte Erfahrungen bestimmte Verhaltensweisen, spricht man von **Lernen**. So können Lebewesen auf eine sich verändernde Umwelt reagieren und ihr Verhalten anpassen. Vor allem in der Kindheit lernen Lebewesen viele neue Verhaltensweisen.

Es gibt mehrere Möglichkeiten des Lernens. Berührt ein Kind eine heiße Heizung, verknüpft es diese Erfahrung irgendwann mit dem Wort „heiß". Das Kind lernte durch **Erfahrung**.

Beim **Versuch und Irrtum** probieren Kinder geometrische Formen in die richtige Öffnung in eine Box einzusortieren. Ist eine Aufgabe gelöst und wird anschließend durch Eltern gelobt, wird das Kind in dieser Erfahrung bestärkt. Es tritt ein **Lernen durch Erfolg** ein.

Jeder Mensch hat bestimmte Bedingungen wie leise Musik oder starke Helligkeit, bei denen er am besten Lernen kann. Es gibt verschiedene **Lerntypen**.

Material mit Aufgaben

M2 Kindchenschema

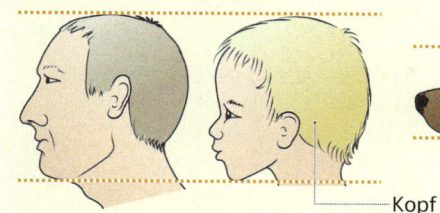 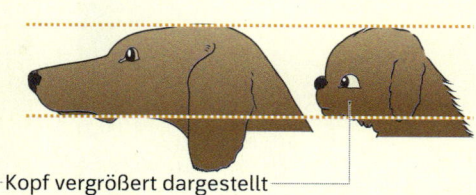

Kopf vergrößert dargestellt

1. ▮▮▮ Beschreibe, wie das Kindchenschema das Überleben des Babys sichert.
2. ▮▮▮ Leite anhand der Abbildung Merkmale des Kindchenschemas ab. Beachte Kopfform, Größe und Lage von Augen und Nase. ➕
3. ▮▮▮ Erkläre, warum in Comics und bei Puppen das Kindchenschema angewendet wird.
4. ▮▮▮ Stelle Vermutungen an, warum Tiere wie Fische, die sich nicht um ihren Nachwuchs kümmern, kein Kindchenschema haben.

M3 Labyrinthtest

Menschliches Lernverhalten kann untersucht werden. Dafür wird eine Platte mit Aussparungen, Papier, ein Stift und eine Augenbinde benötigt.

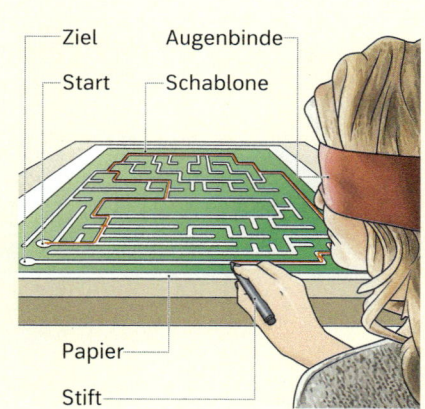

Ziel · Augenbinde · Start · Schablone · Papier · Stift

1. ▮▮▮ Beschreibe die Versuchsdurchführung.
2. ▮▮▮ Führe den Versuch durch. ➕
3. ▮▮▮ Erkläre, wie das Lernverhalten in diesem Versuch ermittelt wird.

M3 Aufnahme von Informationen

Im Gedächtnis bleiben

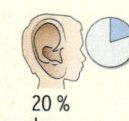 10 % von dem, was wir lesen

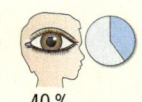 20 % von dem, was wir hören

40 % von dem, was wir sehen

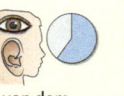 60 % von dem, was wir hören und sehen

80 % von dem, was man selbst sagt

1. ▮▮▮ Beschreibe die Grafik mit einem Je-desto-Satz.
2. ▮▮▮ Erkläre, wie man Lernstoff am besten üben sollte. ➕

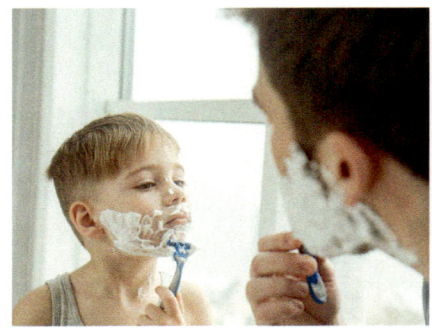

2 Junge ahmt Vater nach

3 Welpen folgen der Mutter

4 Gewöhnung bei Tauben

Nachhahmung

Manchmal entwickeln einzelne Lebewesen bestimmte Verhaltensweisen. So wurde eine Krähe beobachtet, wie sie eine Nuss, die sie nicht mit dem Schnabel knacken konnte, über einer Straße fallen ließ. Durch das Aufschlagen und durch über die Straße fahrende Autos wurde die Nuss geöffnet und konnte von der Krähe gefressen werden. Andere Krähen beobachteten dieses Verhalten und machten es nach.

Vor allem bei Jungtieren ist dieses Lernen durch **Nachhahmung** wichtig. Nicht immer erschließt sich dabei dem Nachahmer der Sinn eines Verhaltens. Wenn etwa ein Junge seinen Vater beim Rasieren sieht, ahmt er das Verhalten nach.

Prägung

Jungtiere erkennen kurz nach der Geburt ihre Mutter und können sie von anderen Artgenossen unterscheiden. Dieser Lernprozess wird als **Prägung** bezeichnet. Meist gibt es hierfür eine bestimmte Phase, in der die Prägung stattfinden kann, sie **sensible Phase**.

Jungtiere, die auf den Schutz der Mutter angewiesen sind, suchen ihre Nähe. Man spricht von **Nachfolgeprägung**.

Junge Lachse werden durch den Geschmack des Wassers an den Ort geprägt, an dem sie aufwachsen. So finden sie zur Paarung bei ihrer Wanderung aus dem Meer das Gewässer wieder, in dem sie selbst geschlüpft sind. Man spricht von **Ortsprägung**.

Gewöhnung

Künstliche Krähen aus Plastik sollen Tauben beispielsweise von Balkonen fernhalten. Meist hält der Effekt aber nicht lange an. Irgendwann ignorieren die Tauben die künstlichen Krähen. Es fand bei der Tauben eine **Gewöhnung** statt. Deshalb kann man sonst scheue Waldtiere wie Rehe auch in der Nähe von Autobahnen grasen sehen. Sie haben ihre Scheu überwunden.

Material mit Aufgaben

M5 **Prägungsphase**

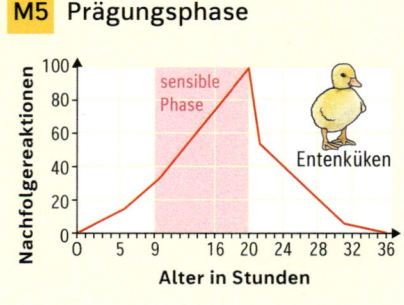

1. ▐▐▐ Beschreibe den Kurvenverlauf.
2. ▐▐▐ Erkläre mithilfe der Abbildung, was man unter der sensiblen Phase versteht. ⊞
3. ▐▐▐ Stelle Vermutungen an, warum es wichtig ist, dass die sensible Phase ein Ende hat.

Jagen im Rudel

Wölfe leben in einer Gruppe mit bis zu 14 Tieren zusammen. Ein solches **Rudel** hat ein eigenes **Jagdrevier**. Die Wölfe markieren die Grenzen ihres Reviers mit Kot und Urin. Ihr Geruch und ihr Heulen halten fremde Wölfe fern. Bei der Jagd verständigen sie sich durch Heulen. Wölfe laufen dem Beutetier nach, bis es erschöpft ist. Der Wolf ist ein **Hetzjäger**.

Leben im Rudel

Die Wölfe eines Rudels kennen sich untereinander genau. Im Rudel nimmt jeder Wolf einen bestimmten Platz ein. Der stärkste Wolf ist der Leitwolf. Er leitet zusammen mit einer festen Partnerin das Rudel. Alle anderen Wölfe des Rudels ordnen sich den beiden in einer bestimmten Reihenfolge unter. Im Rudel gibt es eine **Rangordnung**.

Körpersprache

Die Rangordnung innerhalb des Rudels zeigt sich an der Körpersprache der Wölfe. Wenn sich zwei Wölfe begegnen, hebt der ranghöhere Wolf den Kopf und stellt seinen Schwanz auf. Er imponiert so dem rangniedrigeren Wolf. Dieses **Imponieren** kann zu einem aggressiveren **Drohen** werden. Der ranghöhere Wolf knurrt und fletscht dabei seine Zähne. Der rangniedrigere Wolf legt seine Ohren an, senkt seinen Schwanz und legt sich manchmal auch auf den Rücken. Dabei zeigt er seine verletzliche Kehle. So zeigt er dem Ranghöheren seine **Unterwürfigkeit**. So verhindert er, dass der Ranghöhere zubeißt und ihn verletzt. Bei einem Kampf wird die Rangordnung manchmal neu festgelegt.

Imponieren

Angst

Drohen

Unterwürfigkeit (rechter Wolf)

1 Verhaltensweisen des Wolfes

F

Material mit Aufgaben

M1 Verhalten des Hundes

A

B

C

D

1. ▐▐▐ Beschreibe die abgebildeten Verhaltensweisen der Hunde und erkläre ihre jeweilige Bedeutung.
2. ▐▐ Begründe, warum Hunde ähnliche Verhaltensweisen wie der Wolf zeigen.
3. ▐▐ Erkläre, warum Hunde beim Spaziergehen im Wald an der Leine geführt werden sollten.
4. ▐▐▐ Erkläre, warum Hunde zum Schutz von Grundstücken eingesetzt werden können.

Mit welchen Tieren lebt der Mensch zusammen?

1 Schafhirte mit seiner Herde

Der Mensch lebt mit Tieren

A

B

2 **A** Heimtier, **B** Nutztier

Der Mensch hält Tiere

Auf einem Bauernhof leben verschiedene Tiere. Rinder liegen auf der Weide, Schweine suhlen sich im Schlamm und Hühner scharren. Katzen verstecken sich im Heu, ein Hund passt auf den Hof auf. Alle diese Tiere sind **Haustiere**.

Aus Wildtieren werden Haustiere

Alle Haustiere stammen von Wildtieren ab. So stammt das Hausrind vom Auerochsen, dem Wildrind, ab. Der Mensch fing vor tausenden Jahren zunächst Wildrinder ein. Er wählte die Tiere aus, die für ihn nützliche Eigenschaften hatten. Wenn beispielsweise Tiere schnell wuchsen, verpaarte er sie miteinander, damit sie sich fortpflanzten. So entstanden durch diese **Züchtung** verschiedene Rinderrassen als Haustiere. Tiere wie Füchse, Rehe, Igel oder Feldhasen, die nicht vom Menschen durch Züchtung in ihren Merkmalen verändert wurden, bezeichnet man als **Wildtiere**.

Verschiedene Haustiere

▶ **Heimtiere** • Viele Menschen leben in ihren Wohnungen mit Hunden, Katzen, Meerschweinchen oder Fischen zusammen. Sie machen unsere Freizeit abwechslungsreich und trösten uns. Diese Tiere bezeichnet man als **Heimtiere**. Alle Heimtiere wurden aus Wildtieren gezüchtet.

▶ **Nutztiere** • Haustiere wie Schweine, Rinder, Hühner oder Schafe geben Fleisch, Milch, Eier oder Wolle. Der Mensch nutzt diese Tiere. Sie heißen daher **Nutztiere**. Der Mensch hat viele verschiedene Nutztiere gezüchtet und züchtet immer neue Nutztierrassen. Dabei verfolgt der Mensch bestimmte Ziele: Der Ertrag an Fleisch, Milch oder Eiern soll immer weiter gesteigert werden. Außerdem wird versucht, die Nutztiere weniger anfällig gegenüber Krankheiten und Stress zu machen.

Anschaffung eines Heimtiers

Viele Kinder wünschen sich zum Beispiel einen Hund als Haustier. Hunde sind anhängliche Begleiter des Menschen. Sie sind liebevolle Spielgefährten und nicht selten sind sie wie Familienmitglieder. Hunde benötigen viel Bewegung und Auslauf. Selbst kleine Hunde müssen täglich ausgeführt werden. Man muss sich daher täglich mit dem Hund beschäftigen: Mit ihm spielen, „Gassi gehen" oder das Fell pflegen.

Lebenslange Verantwortung

Ein junger Hund, ein **Welpe**, muss so erzogen werden, dass er alle Familienmitglieder akzeptiert. Er muss lernen, die Anweisungen eines Menschen zu befolgen. Der Besuch einer Hundeschule kann die Erziehung unterstützen. Hunde werden meist zwischen 10 und 12 Jahre alt. Wer sich einen Hund anschafft, muss bereit sein, für diesen Zeitraum Verantwortung zu übernehmen. Das Tier muss gepflegt werden, wenn es krank oder alt ist. Das Schicksal von vielen ausgesetzten Hunden zeigt, dass Familien ihre Entscheidung, einen Hund anzuschaffen, nicht gründlich durchdacht haben. Bevor man einen Hund aufnimmt, muss man sich über seine Bedürfnisse informieren.

Kosten

Viele Familien unterschätzen auch die Kosten, die ein Hund verursacht. Dies sind neben den Anschaffungskosten für den Hund auch Kosten für Futter, Spielzeug, Versicherungen oder die Hundesteuer. Wenn ein Hund krank wird, muss man Kosten für den Tierarzt einplanen.

Material mit Aufgaben

M1 Tiere auf dem Bauernhof

1. Ⅲ Ordne die Tiere den Heimtieren, Nutztieren oder Wildtieren zu.
2. Ⅲ Erkläre, warum das Wildschwein zu den Wildtieren und das Hausschwein zu den Nutztieren zählt. ✚
3. Ⅲ Erläutere an einem Beispiel, dass die Einteilung in Heim- und Nutztiere oft schwierig ist.

M2 Anschaffung eines Hundes

1. Ⅲ Nenne Bedürfnisse eines Hundes, die man beachten muss.
2. Ⅲ Nenne mögliche Gründe, warum Hunde ausgesetzt werden. ✚
3. Ⅲ Beschreibe die Situationen in den Bildern A und B. Bewerte das Verhalten der Hundehalter gegenüber den Hunden.

1 Suchmaschine

Präsentieren mit Plakaten

Plakate kennst du zum Beispiel aus Geschäften oder von den großen Werbetafeln an Gebäuden. Diese Werbeplakate werben für Produkte. Dazu müssen sie Informationen kurz und verständlich vermitteln. Ein gutes Werbeplakat setzt Bilder und kurze Texte auffällig ein, sodass vorbeigehende Personen stehen bleiben und die Werbung ihnen im Gedächtnis bleibt.

Auch im Biologieunterricht werden Plakate eingesetzt. Mithilfe der Plakate kann man Informationen zu einem bestimmten Thema präsentieren und sich besser merken.

Informationen beschaffen

Bevor man ein Plakat zu einem Thema gestaltet, sucht man nach Informationen, man **recherchiert**. Bei der Recherche solltest du einiges beachten:

1 Auftrag • Zu Beginn jeder Recherche steht eine Aufgabe oder Frage. Dabei solltest du berücksichtigen, wozu du die Informationen brauchst, zum Beispiel für einen Vortrag oder ein Plakat. Überlege, welche Informationen du präsentieren möchtest. Ein möglicher Auftrag wäre: **Erstelle ein Plakat zu einem Haustier deiner Wahl**.

2 Informationen suchen • Informationen findest du häufig in Fachbüchern und Fachzeitschriften, aber vor allem auch im Internet. Am einfachsten nutzt du zunächst eine Suchmaschine. Es gibt Suchmaschinen für Kinder wie „Blinde Kuh" oder „Planet Schule". Die Informationen auf diesen Seiten sind besonders verständlich geschrieben.

Verwende bei deiner Suche eindeutige Begriffe. Oft liefern Suchmaschinen dir eine sehr große Menge an Suchtreffern. Dann kannst du deine Suchanfrage eingrenzen. Schreibe zum Beispiel: **Meerschweinchen + Haltung + Pflege**.

3 Suchergebnisse bewerten • Auf guten Internetseiten steht im Impressum, wer die Seite erstellt hat und für ihre Inhalte verantwortlich ist. Der **Urheber** wird genannt. Nicht jeder Urheber präsentiert neutrale Fakten oder ist vertrauenswürdig. Internetseiten von Zeitungen, Fachzeitschriften und Universitäten kannst du in der Regel vertrauen.

4 Informationen verwenden • Lies deine gefundenen Informationen gründlich. Kopiere nur wichtige Informationen in dein eigenes Dokument. Formuliere daraus einen Text in eigenen Worten. Halte immer die Quelle fest, auch bei Bildern. Formuliere daraus einen Text in eigenen Worten.

Plakat gestalten

Ein gutes Plakat ist übersichtlich und hat ein passendes Verhältnis von Bildern und Texten. Es darf nicht zu überladen wirken. Kurze Sätze lassen sich leichter lesen und prägen sich besser ein. Es gibt also Gestaltungsregeln für die Entwicklung eines guten Plakats:

1 Gliederung:

▸ Notiere eine gut zu lesende Überschrift.
▸ Finde passende Teilüberschriften für dein Thema.
▸ Plane Platz für Bilder ein. Achte darauf, dass du zu jeder Teilüberschrift ein Bild zeigst.

2 Text:

▸ Schreibe deine Texte verständlich und fasse dich kurz.
▸ Schreibe gut lesbar. Du kannst deine Texte auch mit einem Textverarbeitungsprogramm auf dem Computer oder Tablet schreiben. Beachte die Schriftgröße und Farbe.
▸ Beachte die deutsche Rechtschreibung.
▸ Denke bei Zitaten an deine Quellenangabe.

3 Bilder:

▸ Achte darauf, dass deine Bilder ausreichend groß sind.
▸ Deine Bilder sollten einen Bezug zu deinen Teilüberschriften und Texten haben.
▸ Füge Bildunterschriften hinzu.
▸ Du kannst auch Zeichnungen selbst anfertigen. Füge bei Bildern aus dem Internet eine Quellenangabe hinzu.

2 Skizze für ein Plakat

Profi-Tipps

1. Erstelle eine Skizze deines Plakats auf einem DIN-A4-Blatt. So kannst du unnötige Arbeit vermeiden.
2. Benutze verschiedene Farben, damit du Aufmerksamkeit erzeugst.
3. Schreibe deine Texte auf Extrablätter. So kannst du deine Texte leichter korrigieren.

Das Meerschweinchen
Ein Nagetier und Rudeltier

25 cm Körperlänge
Durchschnittsalter: 8 Jahre
Fellfarbe: beige, schwarz, weiß, braun oder grau
Kurzes, langes, glattes oder zerzaustes Fell

Herkunft
- Mittel- und Südamerika
- Im 16. Jahrhundert von Seefahrern in die Niederlande gebracht
- Eng verwandt mit dem Stachelschwein

Nahrung
- Pflanzenfresser
- Inhalte der Futternäpfe: Frischfutter wie Salat, Gurke oder Möhren, Heu
- Wassernapf

Der Käfig
- Großer Käfig mit Holzspänen und Stroh
- Versteckmöglichkeiten, Steine zum Abwetzen der Krallen, Futter- und Wassernäpfe
- Garten: nicht in der prallen Sonne und vor Raubvögeln schützen durch eine Abdeckung

Haltung
- Mindestens zu zweit halten
- Genügend Ruhezeiten
- Wöchentliches Bürsten des Fells
- Täglicher Auslauf außerhalb des Käfigs
- Gefahrenquellen im Raum beseitigen, Kabel und Steckdosen abkleben

3 Beispiel für ein Plakat

Der Hund ist eines der beliebtesten Haustiere. Welche besonderen Fähigkeiten haben Hunde?

1　Ein Hund als Haustier

Wahlbereich

Der Hund

„Berufe" von Hunden

Hunde werden vom Menschen für viele Aufgaben trainiert. **Rettungshunde** suchen verschüttete Menschen unter Trümmern oder Schnee. Die Polizei setzt **Spürhunde** zum Aufspüren von Drogen oder Sprengstoff ein. Blinde Menschen werden von einem **Blindenhund** durch den Straßenverkehr geführt. Zum Schutz von Grundstücken und Häusern werden **Wachhunde** eingesetzt.

Sinnesorgane

Ein Hund kann viel besser hören als der Mensch. Selbst hohe Töne, die der Mensch nicht hört, nimmt er wahr. Die Ohren des Hundes sind beweglich, sodass er sie in die Richtung des Geräuschs drehen kann. So kann der Hund genau bestimmen, aus welcher Richtung ein Geräusch kommt.

Beim Schnüffeln nimmt der Hund Geruchsstoffe in der Luft über seine Nase auf. Sein Geruchssinn ist viel besser ausgeprägt als der eines Menschen. Selbst kleine Duftmengen genügen dem Hund, um Gegenstände oder Personen zu wittern.

Material mit Aufgaben

M1　„Berufe" von Hunden

A

B

1. ▮▮▮ Nenne die dargestellten „Berufe" des Hundes.

2. ▮▮▮ Beschreibe Sinne, die bei den „Berufen" gut ausgebildet sind und ihnen beim Einsatz helfen. ➕

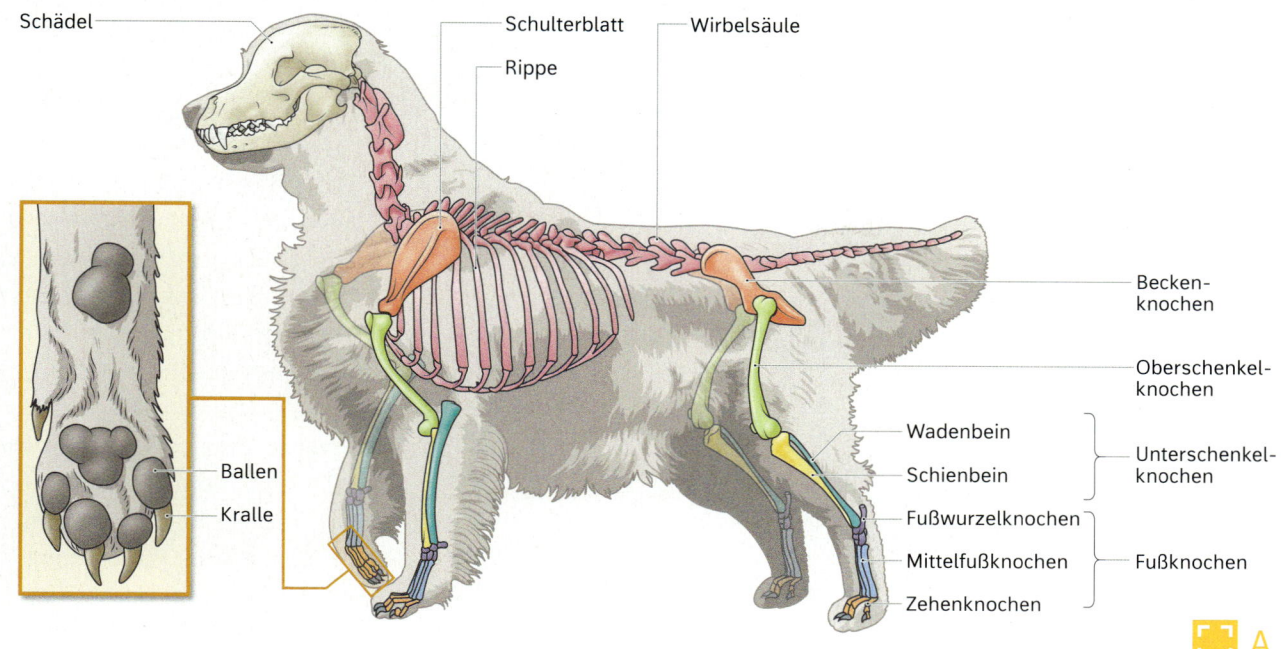

Schädel
Schulterblatt
Wirbelsäule
Rippe
Becken-knochen
Oberschenkel-knochen
Wadenbein
Schienbein
Unterschenkel-knochen
Fußwurzelknochen
Mittelfußknochen
Fußknochen
Zehenknochen
Ballen
Kralle

A

2 Körperbau des Hundes

Körperbau

Der Hund besitzt im Inneren des Körpers ein Knochengerüst, das **Skelett**. Dieses Skelett gliedert sich in das Schädelske-lett, das Rumpfskelett aus Rippen und das Gliedmaßenskelett der Laufbeine. Die langgestreckte Wirbelsäule verläuft vom Kopf bis in den Schwanz. Sie besteht aus beweglich miteinander verbundenen Wirbeln. Der Hund ist ein **Wirbeltier**.

Die vier kräftigen Laufbeine des Hundes sind mit dem Rumpf beweglich verbun-den. Der Oberschenkelknochen ist mit dem Schienbein und Wadenbein ver-bunden. Der Fuß gliedert sich in Fuß-wurzelknochen, Mittelfußknochen und Zehenknochen. Beim Laufen tritt der Hund nur mit den Zehenknochen und nicht mit der ganzen Sohle auf. Der Hund ist ein **Zehengänger**. Seine Krallen kann er nicht einziehen. An der Unterseite der Pfoten hat er abfedernde Ballen. ▶

A Erkläre, warum Hunde zu den Wirbeltieren zählen.

Material mit Aufgaben

M2 Beinskelett von Hund und Bär

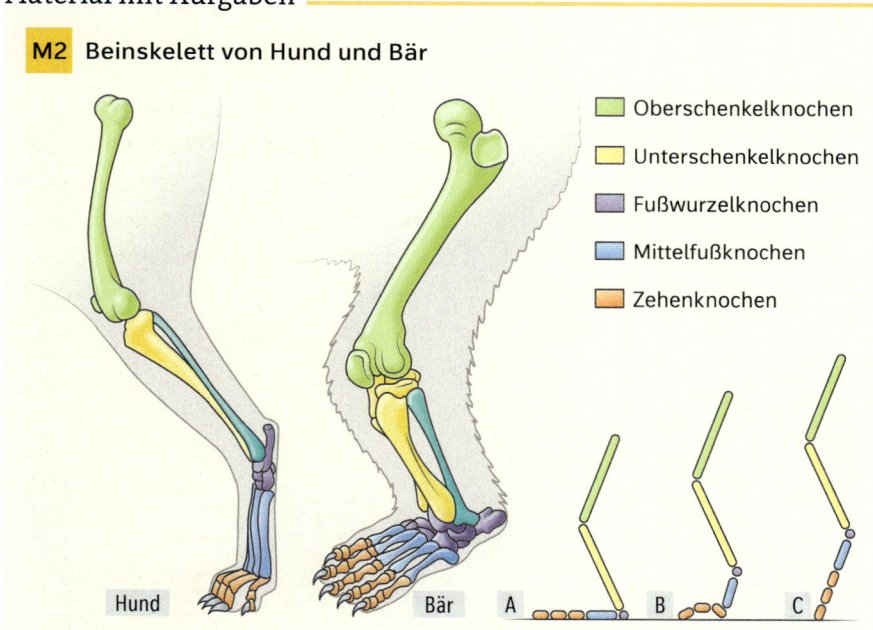

Hund   Bär   A   B   C

Oberschenkelknochen
Unterschenkelknochen
Fußwurzelknochen
Mittelfußknochen
Zehenknochen

1. ▮▮▮ Ordne dem Hund und dem Bär je ein Modell A bis C zu. Begrün-de deine Zuordnung.

2. ▮▮▮ Erkläre, warum Hunde als Zehengänger und Bären als Sohlengänger bezeichnet wer-den. ✚

3. Wähle eine der Aufgaben aus:

a ▮▮▮ Stelle Vermutungen an, welche Aufgaben Ballen und Krallen bei der Fortbewegung des Hundes haben.

b ▮▮▮ Stelle Vermutungen an, warum sich Bären auf ihre Hinterpfoten stellen können.

Befruchtung

- Spermienzelle
- Eizelle
- Penis
- Scheide
- Gebärmutter

- Gebärmutter
- Fruchtblase
- Jungtier

nach Befruchtung

3 Begattung bei Hunden

Ernährung

Der Hund ist ein Fleischfresser. Er ergreift seine Beutetiere mit langen Eckzähnen, den **Fangzähnen**. Vor den Eckzähnen sind die Schneidezähne. Mit ihnen schabt er Fleisch vom Knochen ab. Hinter den Eckzähnen sind die Backenzähne. Die stärksten Backenzähne heißen **Reißzähne**. Sie arbeiten durch die Bewegung des Unterkiefers gegen den Oberkiefer wie eine Schere. Mit den hinteren Backenzähnen kann der Hund Knochen zerreiben. Der Hund hat ein **Fleischfressergebiss**.

Fortpflanzung

Ein weiblicher Hund, eine Hündin, wird zwei Mal im Jahr jeweils für ungefähr drei Wochen läufig. Nur in dieser Zeit kann sie sich fortpflanzen. Bei der Paarung begattet der männliche Hund, der Rüde, die Hündin. Dabei gibt er seine Spermienzellen ab, die die Eizellen der Hündin befruchten. Da dieser Vorgang im Körper der Hündin stattfindet, spricht man von **innerer Befruchtung**.

Im Körper der Hündin können sich bis zu zehn Jungtiere entwickeln. Die Jungtiere, die Welpen, wachsen in einer mit Fruchtwasser gefüllten Fruchtblase heran. So sind sie vor Erschütterungen geschützt. Nach ungefähr 63 Tagen kommen die lebenden Jungtiere nacheinander zur Welt. Hunde sind **lebend gebärend**.

Direkt nach der Geburt kriechen die Welpen an den Bauch der Hündin und suchen nach den Milchzitzen. Haben sie eine Milchzitze gefunden, beginnen sie Muttermilch zu saugen. Der Hund ist ein **Säugetier**. Die nährstoffreiche Muttermilch ist überlebenswichtig für die Welpen, denn sie können anfangs noch keine feste Nahrung fressen. Die Hündin muss ihre kleinen, hilflosen Welpen anfangs auch noch wärmen, damit sie nicht auskühlen. Die Augen der Welpen sind zuerst noch geschlossen. Sie sind blind und nackt. Das **Fell** der Welpen wird erst im Laufe ihres Wachstums dichter. Weil sich Welpen zu Beginn ihres Lebens nicht selbst versorgen können, bezeichnet man sie als **Nesthocker**.

B Erkläre, was man unter innerer Befruchtung versteht.

Material mit Aufgaben

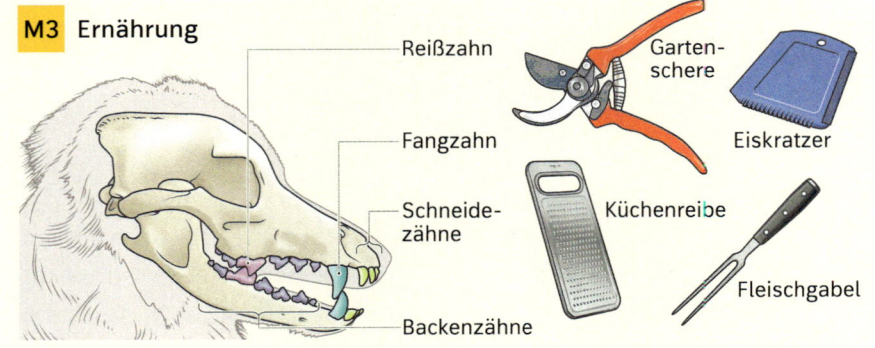

M3 Ernährung

- Reißzahn
- Fangzahn
- Schneidezähne
- Backenzähne

- Gartenschere
- Eiskratzer
- Küchenreibe
- Fleischgabel

1. ▮▮ Beschreibe den Bau des Hundegebisses.
2. ▮▮ Ordne den Zahntypen begründet die Werkzeuge zu. ✚
3. ▮▮ Der Hund hat ein Fleischfressergebiss. Erläutere die Aussage.

Der Geruchssinn von Hunden

Geruchssinn

Der Mensch nutzt die Sinnesleistungen von Hunden. Durch ihren guten Geruchssinn sind Hunde in der Lage, nach einer Lawine im Schnee Vermisste zu finden.

Die Polizei nutzt Hunde oft, um zum Beispiel nach Sprengstoff oder Drogen zu suchen. Das Aufspüren von Gegenständen, Personen oder Drogen erfolgt über die Nase. Die starke Riechleistung ist den Hunden angeboren. Jedoch müssen sie lernen, das Erkennen von Gegenständen und Personen durch Bellen anzuzeigen.

Riechschleimhaut

Die Nase von Hunden und Menschen ist mit einer Schleimhaut ausgekleidet. Ein Teil dieser Schleimhaut dient dem Riechen. Deshalb nennt man diesen Teil **Riechschleimhaut**. In dieser befinden sich **Riechsinneszellen**. Diese nehmen Geruchsstoffteilchen aus der Luft auf und geben Informationen an das Gehirn ab. Im Gehirn findet dann das Erkennen des Geruchs statt.

Oberflächenvergrößerung

Beim Menschen hat die Riechschleimhaut eine Oberfläche von etwa fünf Quadratzentimetern. Beim Hund ist sie durch eine Vielzahl von Falten stark vergrößert. Man spricht in der Biologie von der **Oberflächenvergrößerung**. Auf der größeren Oberfläche haben viel mehr Riechsinneszellen Platz. Damit ist die Wahrscheinlichkeit höher, dass Geruchsstoffe in der Luft von Riechsinneszellen aufgenommen werden. Deshalb riecht ein Hund besser als ein Mensch.

1   Lawinensuchhund

2   Drogensuchhund

Material mit Aufgaben

M1   Riechschleimhaut

Querschnitt des Nasenraumes

Nasenscheidewand

Schleimhaut mit Riechsinneszellen

Schleimhaut ohne Riechsinneszellen

Hund

☐ Knochen und Knorpel

Mensch

	Oberfläche Riechschleimhaut	Zahl der Sinneszellen
Mensch	5 cm^2	20 Millionen
Dackel	80 cm^2	125 Millionen
Schäferhund	200 cm^2	200 Millionen

1. ▌▌▌ Vergleiche die Nasenschleimhaut von Hund und Mensch.
2. ▌▌▌ Erkläre, warum oft Schäferhunde als Spürhunde eingesetzt werden und nicht kleinere Hunderassen wie zum Beispiel Dackel.
3. ▌▌▌ Erkläre mit dem Prinzip der Oberflächenvergrößerung, warum Hunde besser riechen können als Menschen.
4. ▌▌▌ Stelle Vermutungen an, warum man bei Schnupfen schlechter riecht.

Warum sehen Wolf und Husky so ähnlich aus?

1 Huskys beim Schlittenhunderennen

Wahlbereich

Vom Wolf zum Hund

Zähmung

Der Husky und alle anderen Haushunde stammen vom Wolf ab. Der Wolf ist also die **Stammform** des Haushundes. Wahrscheinlich hielten sich Wölfe früher in der Nähe menschlicher Siedlungen auf. Sie suchten in der Nähe des Menschen nach Nahrung und wurden mit der Zeit immer zutraulicher. Die Wildtiere gewöhnten sich an die Anwesenheit des Menschen. Die Menschen nahmen vermutlich Wolfswelpen bei sich auf und zogen sie auf. So gewöhnte sich der Wolf langsam an das Zusammenleben mit dem Menschen. Der Mensch **zähmte** das Wildtier. Der Wolf ist im Laufe der Zeit ein Haustier geworden.

Variabilität

Die gezähmten Wölfe waren für den Menschen nützlich. Die Nachkommen dieser Wölfe ähnelten ihren Elterntieren in ihren Merkmalen, waren aber doch immer ein wenig verschieden. Wölfe unterscheiden sich zum Beispiel in der Farbe und der Dichte ihres Fells, in ihrer Körpergröße und in ihrem Verhalten. Sie weisen Unterschiede in den Merkmalen auf, sie variieren. Diese **Variabilität** kann man bei allen Lebewesen beobachten. Sie ist eine Ursache für die Vielfalt aller Lebewesen.

2 Variabilität bei Wölfen

Züchtung

Der Mensch wählte gezielt die Tiere für die Fortpflanzung aus, die nützliche Eigenschaften hatten. So eignen sich Hunde mit kurzen Beinen zum Beispiel für die Jagd in unterirdischen Tierbauten. Der Mensch verpaarte die Tiere miteinander, die dieses Merkmal zeigten. Unter den Nachkommen wählte er wieder die Tiere aus, die noch kürzere Beine hatten. Diesen Vorgang wiederholte man viele Male. Im Laufe von Jahrtausenden hat der Mensch so aus der Stammform Wolf viele verschiedene Hunderassen **gezüchtet**.

Heute gibt es über 420 Hunderassen. Viele sehen dem Wolf kaum noch ähnlich. Jedoch können sich alle Hunderassen miteinander fortpflanzen und bringen fortpflanzungsfähige Nachkommen hervor. Sie gehören zur gleichen **Art**.

Der Rottweiler ist wachsam und aggressiv. Er wird oft als Wachhund eingesetzt. Der Windhund ist schlank und kann ausdauernd laufen. Er wird oft bei Hunderennen eingesetzt. Der Mops ist klein und liebevoll. Er eignet sich als Familienhund. Der Mensch verfolgt also bei der Züchtung ein bestimmtes **Zuchtziel**.

A Erkläre folgende Begriffe: Zähmung, Züchtung, Art, Zuchtziel.

B Erkläre, was man unter Variabilität versteht. Nimm Bild 2 zu Hilfe.

C Stelle Vermutungen an, welche Vor- und Nachteile die verschieden gefärbten Wölfe in Bild 2 in ihrem Lebensraum haben.

D Beschreibe mögliche Zuchtziele, die der Mensch bei der Züchtung von Hunderassen verfolgt.

Material mit Aufgaben

M1 Züchtung

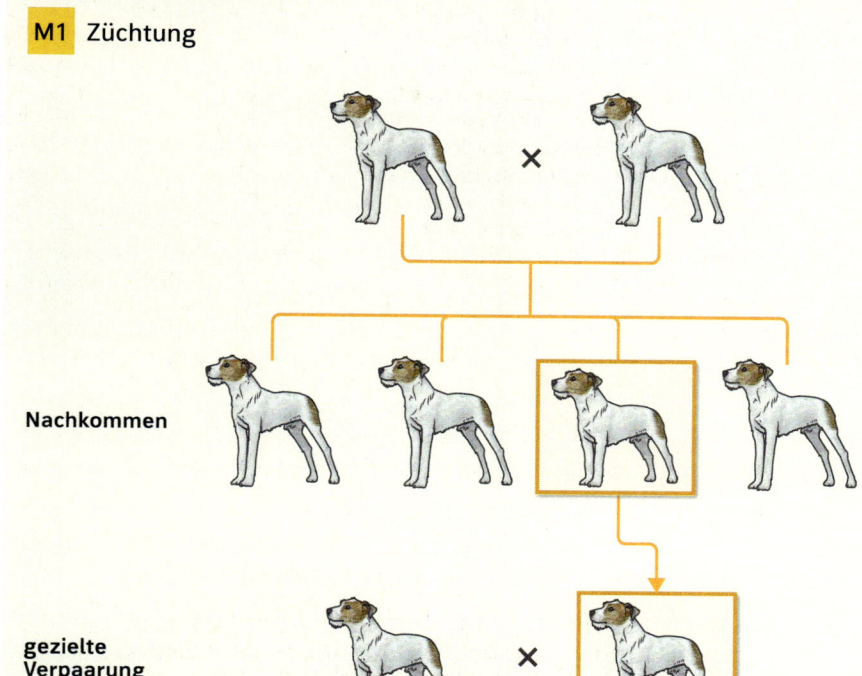

Nachkommen

gezielte Verpaarung

Nachkommen

nach mehreren Generationen

1. ||| Nenne das Ziel bei der Züchtung des Jack Russel Terriers.

2. ||| Beschreibe mithilfe des Bildes das Vorgehen bei der Züchtung des Jack Russel Terriers. ⊞

3. ||| Erkläre, warum alle Hunderassen sich miteinander fortpflanzen können. ⊞

4. Wähle eine der Aufgaben aus:

a ||| Erläutere, warum Variabilität die Voraussetzung für die Züchtung ist.

b ||| Stelle Vermutungen an, was weitere mögliche Zuchtziele bei der Zucht des Jack Russel Terriers waren.

Die Katze jagt allein. Wie ist sie dabei erfolgreich?

1 Katze beim Anschleichen

Wahlbereich

Die Katze

Jagdverhalten der Katze

Lautlos schleicht die Katze über eine Wiese und sucht Beutetiere. Dabei stellt sie aufmerksam ihre Ohren auf und richtet ihren Blick nach vorne. Beim Schleichen setzt sie ihre Pfoten mit eingezogenen Krallen auf und bewegt sich fast lautlos. Die Katze ist ein **Schleichjäger**. Hat sie eine Maus entdeckt, drückt sie sich flach auf den Boden und verharrt regungslos in dieser Lauerstellung. Ist das Beutetier nah genug, springt sie mit ihren muskulösen Hinterbeinen ab und schlägt ihre Krallen in das Beutetier. Mit den Krallen hält die Katze das Beutetier fest und tötet es mit einem Nackenbiss. Die Katze ist ein **Fleischfresser**. Sie jagt nicht in Gruppen, sondern allein. Bei der Jagd ist sie ein **Einzelgänger**.

Material mit Aufgaben

M1 Jagdverhalten

A

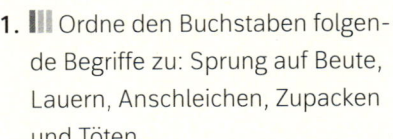
B

C

D

1. ▮▮ Ordne den Buchstaben folgende Begriffe zu: Sprung auf Beute, Lauern, Anschleichen, Zupacken und Töten.

2. ▮▮ Vergleiche das Jagdverhalten der Katze mit dem Jagdverhalten des Hundes. Nenne die Gemeinsamkeiten und die Unterschiede. ✚

3. ▮▮ Erkläre, warum man die Katze als Schleichjäger bezeichnet. ✚

138

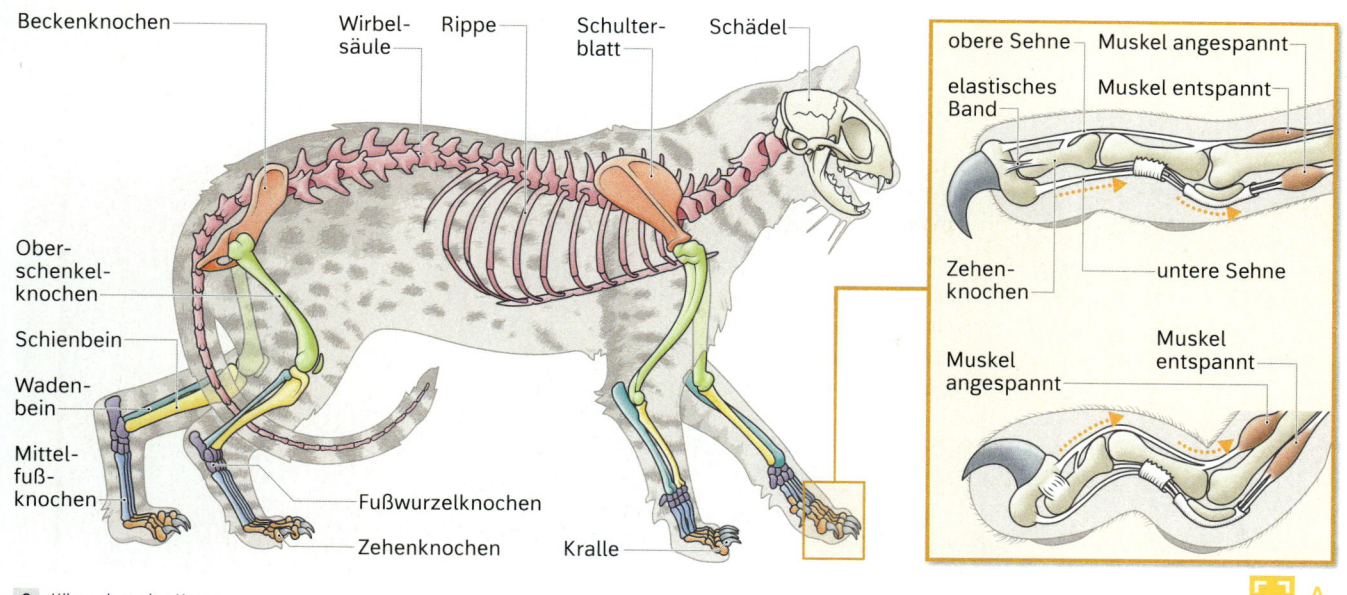

Beckenknochen
Wirbel-säule
Rippe
Schulter-blatt
Schädel
Ober-schenkel-knochen
Schienbein
Waden-bein
Mittel-fuß-knochen
Fußwurzelknochen
Zehenknochen
Kralle

obere Sehne
Muskel angespannt
elastisches Band
Muskel entspannt
Zehen-knochen
untere Sehne
Muskel angespannt
Muskel entspannt

2 Körperbau der Katze

A

Körperbau

Die Katze hat einen an die Schleichjagd angepassten Körperbau. Sie kann sich mithilfe ihrer gelenkigen Beine in ge-duckter Haltung fortbewegen. Die Katze hat kräftige, scharfe Krallen, mit denen sie ihre Beutetiere festhält. Sie nutzt ihre Krallen auch, um zum Beispiel auf Bäume zu klettern.

Die Katze kann ihre Krallen einziehen. Dazu spannt sie Muskeln oberhalb der Zehenknochen an. Über Sehnen werden die Krallen eingezogen. Ein elastisches Band zwischen den Zehenknochen ist dann unter Spannung. Dadurch schnel-len die Krallen der Katze hervor, wenn sie die Muskeln wieder entspannt.

Die Katze tritt beim Laufen nur mit den weichen Ballen an der Unterseite ihrer Pfoten auf. So kann sie fast lautlos schleichen. Die Katze läuft nur auf ihren Zehen. Sie ist ein **Zehengänger**.

Starke Muskeln und die bewegliche Wir-belsäule ermöglichen der Katze weite Sprünge. Die Wirbelsäule verläuft vom Kopf bis zum Schwanz. Die Katze ist ein **Wirbeltier**. Mit ihrem Schwanz hält sie beim Springen das Gleichgewicht.

Sinnesorgane

Die **Augen** der Katze sind sehr leis-tungsfähig. Mit ihnen kann sie auch bei geringen Lichtmengen, zum Beispiel während der Dämmerung und in der Nacht, noch gut sehen. Die Katze ist ein **Nachtjäger**.

Wenn es ganz dunkel ist, sieht aber auch die Katze nichts mehr. Dann orientiert sie sich mehr mit ihrem guten **Gehör**. Die Katze kann ihre Ohren steil aufrich-ten und unabhängig voneinander etwas nach links und rechts drehen. So kann sie genau bestimmen, aus welcher Rich-tung ein Geräusch kommt, ohne den Kopf bewegen zu müssen.

Die Katze hat lange Borstenhaare am Kopf und lange Schnurrhaare an der Oberlippe. Diese Haare sind sehr emp-findlich für Berührungen. Mithilfe dieser speziellen **Tasthaare** kann sich die Katze auch in völliger Dunkelheit orien-tieren und so Hindernissen geschickt ausweichen. ▶

A Beschreibe die Sinnesleistungen der Katze und ihre Bedeutung für die nächtliche Jagd.

A

B

3 Krallen: **A** eingezogen, **B** ausgefahren

4 Eine Katze trägt ihr Jungtier.

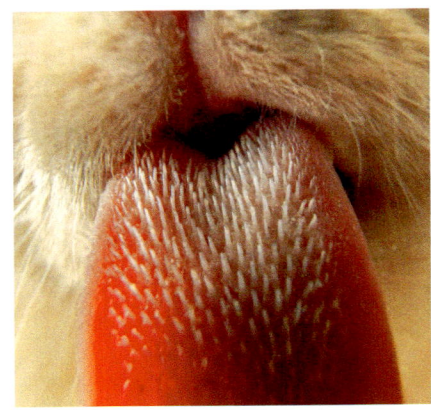

5 Zunge einer Katze

Ernährung

Mit langen, spitzen Eckzähnen hält die Katze ihr Beutetier fest. Man bezeichnet diese Eckzähne auch als **Fangzähne**. Mit den Fangzähnen tötet die Katze ihr Beutetier durch einen Nackenbiss. Vor den Eckzähnen sind die kleineren Schneidezähne. Mit ihnen kann die Katze Fleisch von Knochen schaben. Mit ihrer rauen Zunge leckt sie Fleischreste vom Knochen ab. In jeder Zahnreihe ist ein Backenzahn groß und scharfkantig. Wie eine kräftige Schere teilen diese **Reißzähne** das Fleisch in Stücke. Die Katze hat ein **Fleischfressergebiss**. Sie schluckt die Fleischstücke ohne weiteres Zerkauen hinunter.

Fortpflanzung

Bereits nach neun Wochen Schwangerschaft bringt die Katze zwei bis acht lebende Jungtiere zur Welt. Diese sind zunächst hilflos. Die Jungtiere sind direkt nach der Geburt blind und ihr Fell ist noch nicht voll entwickelt. Katzenjunge sind **Nesthocker**.
Die Katze trägt ihre Jungtiere mit ihren Zähnen vorsichtig im Genick. Die Jungtiere verharren dabei regungslos in der **Tragstarre**. In den ersten Wochen nach der Geburt werden sie von der Mutter gesäugt. Katzen sind **Säugetiere**.
Nach einigen Wochen lernen die Jungtiere das Anschleichen und das Fangen von Beutetieren. Die Mutter bringt ihnen dazu lebende Mäuse.

Material mit Aufgaben

M2 Ernährung

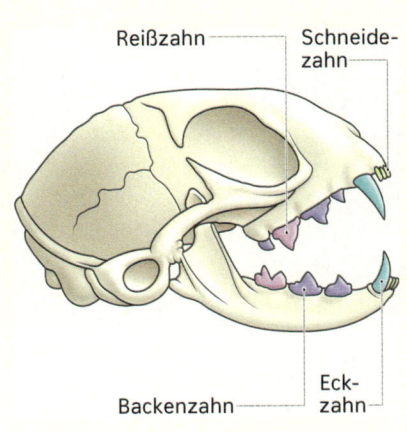

Reißzahn — Schneidezahn

Backenzahn — Eckzahn

1. ▌▌▌ Nenne die Zahntypen der Katze und beschreibe ihre jeweiligen Funktionen. Lege dafür eine Tabelle an.
2. ▌▌▌ Erkläre, warum das Gebiss der Katze als Fleischfressergebiss bezeichnet wird. ⊞
3. Wähle eine der Aufgaben aus:
a ▌▌▌ Erkläre die Aufgabe der rauen Zunge bei der Ernährung der Katze.
b ▌▌▌ Erkläre die Funktion der Reißzähne bei der Ernährung der Katze.

Der Sehsinn der Katze

Sehsinn

Beim Aufspüren der Beutetiere nutzt die Katze ihren leistungsstarken Sehsinn. Im hinteren Teil des Auges befinden sich viele kleine **Lichtsinneszellen**. Sie werden durch einfallendes Licht angeregt und erzeugen so einen Seheindruck. Das Licht gelangt durch die Pupille in das Auge. Am hellen Tag verengen sich die Pupillen der Katze zu schmalen, senkrechten Schlitzen. So verringert die Katze das ins Auge einfallende Licht. Dadurch schützt sie ihre empfindlichen Lichtsinneszellen vor zu großen Lichtmengen. Bei Dämmerung vergrößern sich die Pupillen der Katze zu kreisrunden Öffnungen. Die geringen Lichtmengen können so besser ins Auge gelangen.

Eine zusätzliche Schicht in den Augen der Katze, die **Spiegelschicht**, wirft das aufgenommene Licht wieder zurück.

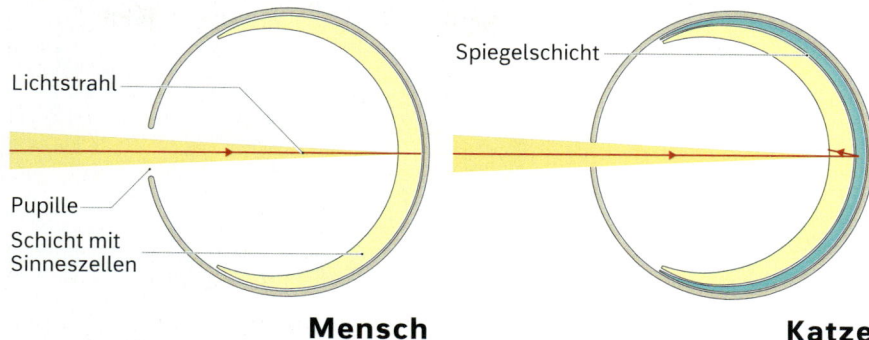

Mensch   **Katze**

1   Augen mit und ohne Spiegelschicht

Das Licht wird reflektiert. Es wird dadurch den Lichtsinneszellen mehrfach zugeführt. Die geringe Lichtmenge bei Dämmerung wird durch diese Reflexion besser genutzt.

Durch die Spiegelschicht sieht es manchmal so aus, als würden die Katzenaugen leuchten, wenn sie angestrahlt werden.

2   Leuchtende Katzenaugen

Material mit Aufgaben

M1   **Katzenaugen**

A   B

1. ▮▮ Ordne den Katzenaugen in den Bildern A und B die entsprechenden Lichtverhältnisse zu.

2. ▮▮ Erkläre, warum Katzen in der Dämmerung gut sehen können. Beachte die Besonderheit im Bau des Katzenauges.

3. ▮▮▮ Erkläre die Funktion der Pupillenverengung bei hellen Lichtverhältnissen.

Hausrinder weiden meist auf feuchten Wiesen.
Weshalb hält der Mensch Rinder?

F

1 Rind beim Grasen

Wahlbereich

Das Rind

Ernährung

Rinder fressen überwiegend Gras und Kräuter. Sie sind **Pflanzenfresser**. Mit ihrer langen, rauen Zunge umfassen sie Grasbüschel und ziehen sie in das Maul. Das Rind besitzt im Oberkiefer eine **Hornleiste**. Die Grasbüschel werden zwischen der Hornleiste und den Schneide- und Eckzähnen des Unterkiefers eingeklemmt. Hebt das Rind ruckartig den Kopf, wird das Grasbüschel abgezupft. Die **Backenzähne** des Rindes sind breit und stehen dicht nebeneinander. Sie haben harte Kanten, die **Schmelzfalten**. Die Oberfläche der Backenzähne ist durch die Schmelzfalten der Zähne immer rau. So können die Pflanzenteile zermahlen werden. Die Backenzähne des Rindes werden daher auch als Mahlzähne bezeichnet. Das Rind hat ein **Pflanzenfressergebiss**.

Das Rind ist ein Wiederkäuer

Die abgezupfte Nahrung wird mit Speichel vermengt und zunächst fast unzerkaut geschluckt. Dann legt sich das Rind hin und stößt die Nahrung portionsweise ins Maul zurück. Der Nahrungsbrei wird sorgfältig zerkaut und erneut geschluckt. Das Rind ist ein **Wiederkäuer**.

Material mit Aufgaben

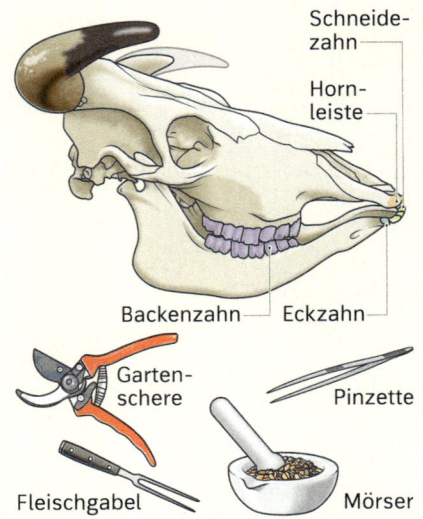

Schneidezahn
Hornleiste
Backenzahn   Eckzahn
Gartenschere
Pinzette
Fleischgabel   Mörser

M1 Gebiss

1. ▮▮▮ Beschreibe den Aufbau des Rindergebisses und nenne die Aufgaben der einzelnen Bestandteile.
2. ▮▮▮ Ordne den Schneide- und Eckzähnen mit der Hornleiste sowie den Backenzähnen ein passendes Werkzeug zu. Begründe deine Zuordnung. ✚
3. ▮▮▮ Erkläre, warum die Backenzähne des Rindes auch als Mahlzähne bezeichnet werden.

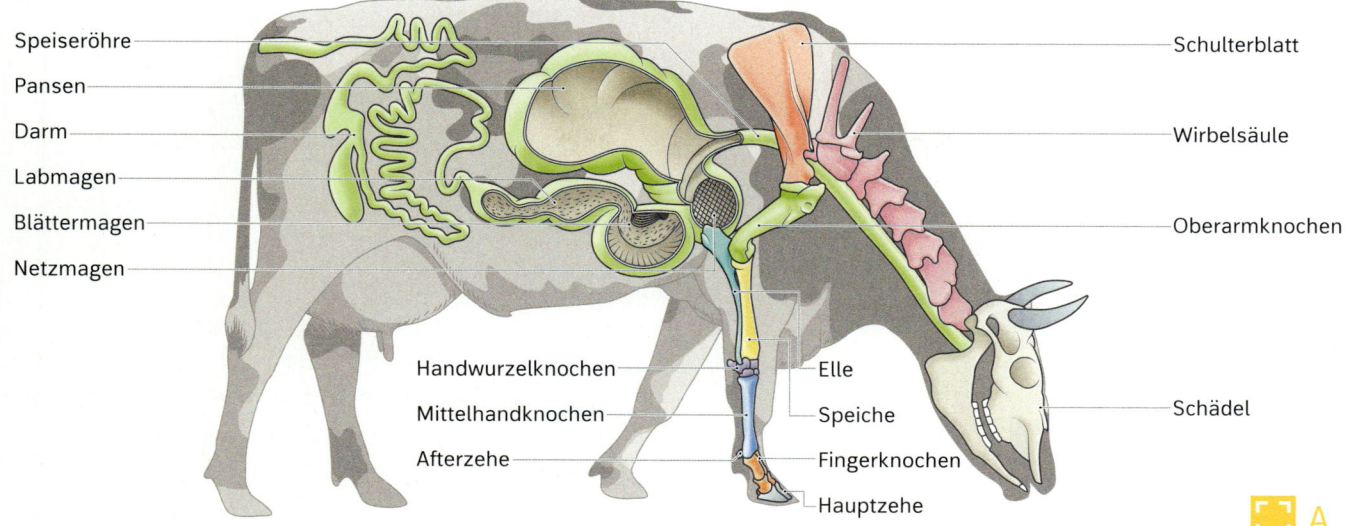

Speiseröhre
Pansen
Darm
Labmagen
Blättermagen
Netzmagen

Schulterblatt
Wirbelsäule
Oberarmknochen
Schädel

Handwurzelknochen
Mittelhandknochen
Afterzehe
Elle
Speiche
Fingerknochen
Hauptzehe

A

2 Körperbau des Rindes

Wiederkäuermagen

Der Magen des Rindes kann sehr viel Nahrung aufnehmen. Doch pflanzliche Nahrung ist schwer verdaulich. Die noch unzerkaute Nahrung gelangt zunächst über die Speiseröhre in den ersten Teil des Magens, den **Pansen**. Dort wird die Nahrung lange Zeit eingeweicht und von Bakterien zersetzt. Vom Pansen gelangen kleine Nahrungsportionen in den **Netzmagen**. Er besitzt netzartig gefaltete Innenwände und kann sich zusammenziehen. Die Nahrung wird so zu kleinen Nahrungsballen geformt. Diese werden über die Speiseröhre wieder ins Maul gestoßen. Nach dem Wiederkäuen gelangt der nun feine Nahrungsbrei wieder in den Pansen. Während das grobe Pflanzenmaterial dort noch eingeweicht wird, rutscht der feine Nahrungsbrei in den **Blättermagen**. Hier wird dem Nahrungsbrei Wasser entzogen. Im folgenden **Labmagen** zerlegen Verdauungssäfte die Nahrungsbestandteile in kleine Bausteine. Diese gelangen in den Dünndarm und werden dort in das Blut aufgenommen. ▶

Material mit Aufgaben

M2 Verdauung

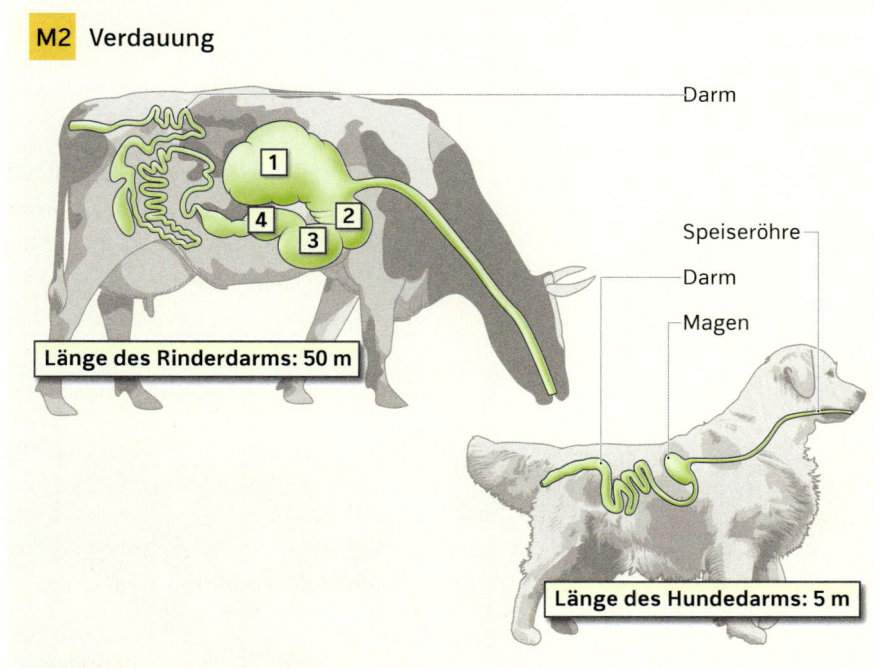

Länge des Rinderdarms: 50 m

Darm
Speiseröhre
Darm
Magen

Länge des Hundedarms: 5 m

1. ▮ Benenne die mit den Ziffern 1–4 gekennzeichneten Teile des Wiederkäuermagens und nenne ihre jeweiligen Aufgaben.
2. ▮ Vergleiche das Verdauungssystem vom Hund mit dem Verdauungssystem vom Rind. ✚

3. Wähle eine der Aufgaben aus:
a ▮ Erkläre, wie das Rind durch sein Verdauungssystem an seine Ernährung angepasst ist.
b ▮ Stelle Vermutungen an, warum das Verdauungssystem beim Hund anders aufgebaut ist.

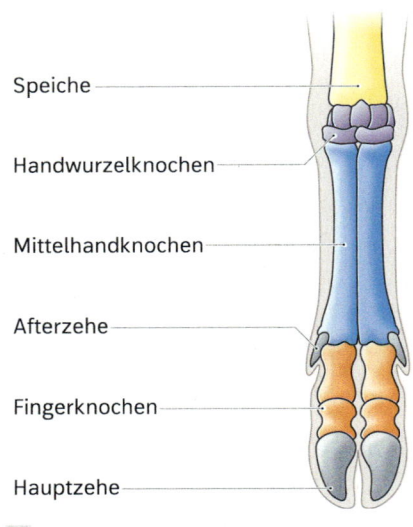

Speiche

Handwurzelknochen

Mittelhandknochen

Afterzehe

Fingerknochen

Hauptzehe

3 Aufbau des Rinderbeins

Rinder sind Huftiere

Das Rind tritt nur mit der Spitze der Zehen auf. Es ist ein **Zehenspitzengänger**. Die Zehen sind mit einem Huf aus Horn überzogen, der die Knochen schützt. Das Rind ist ein **Huftier**. Auf feuchten Wiesen spreizen sich die paarigen Zehen. Mit den nach hinten gerichteten Afterzehen vergrößert dies die Trittoberfläche. Es sinkt im Schlamm nicht so leicht ein. Das Rind ist ein **Paarhufer**.

Lebensweise

Rinder stammen vom Urrind ab. Dieses lebte in einer Gruppe, der Herde. Dort gab es eine Rangordnung. Die Herde wurde von einem männlichen Rind, dem Bullen, angeführt. Auch die heutigen Hausrinder sind **Herdentiere**.

Das weibliche Rind, die Kuh, bringt ein Jungtier zur Welt. Nach der Geburt sucht das Kalb das Euter der Mutter. Die Kuh säugt das Kalb mit Milch. Das Rind ist ein **Säugetier**. Nach der Geburt folgt das Kalb der Mutter. Es kann sehen, hat ein voll ausgebildetes Fell und ist fast selbstständig. Das Rind ist ein **Nestflüchter**.

Züchtung von Rindern

Rinder werden hauptsächlich als Milch- und Fleischlieferanten gehalten. Der Mensch hat verschiedene Rinderrassen gezüchtet.

Bei einigen **Milchrinderrassen** geben die Kühe bis zu 50 Liter Milch am Tag. Dafür werden sie mit Milchviehfutter gefüttert. Bei diesen Hochleistungskühen sind die Euter so groß, dass sie sich kaum hinlegen können. Damit sie ständig Milch geben, müssen sie einmal im Jahr ein Kalb zur Welt bringen.

Es gibt auch Rinderrassen, die besonders viel Muskelfleisch ansetzen. Diese **Fleischrinderrassen** wachsen schnell und legen schnell an Körpergewicht zu. Dazu werden sie mit Kraftfutter gefüttert.

Material mit Aufgaben

Schwarzbunte

Weißblauer Belgier

Rinderrasse	durchschnittliches Gewicht in Kilogramm	durchschnittliche Milchmenge in Liter pro Jahr	durchschnittliche Gewichtszunahme in Gramm pro Tag
Schwarzbunte	690	7 400	850
Weißblauer Belgier	860	3 400	1 500

M3 Züchtung

1. ▌▌▌ Vergleiche den Körperbau der abgebildeten Rinderrassen.
2. ▌▌ Ordne den Rinderrassen der Tabelle die Begriffe Milchrinderrasse oder Fleischrinderrasse zu. Begründe deine Zuordnungen. ➕
3. Wähle eine der Aufgaben aus:
a ▌▌ Erläutere, weshalb der Mensch verschiedene Rinderrassen gezüchtet hat.
b ▌▌▌ Bewerte die Zucht von Hochleistungsmilchkühen.

Haltung von Rindern

Früher wurden Rinder fast immer auf Weiden gehalten. Dort können sie sich frei bewegen und sich ins Gras legen. Sie haben ständig Kontakt zu anderen Rindern. In dieser **Freilandhaltung** werden ihre Bedürfnisse erfüllt. Man bezeichnet dies als **artgerecht**. Zum Melken, nachts und bei kalten Temperaturen kommen sie in große Ställe.

Damit Rinder mehr Fleisch ansetzen, müssen sie mehrmals täglich mit Kraftfutter gefüttert werden. Außerdem dürfen sie sich nicht so viel bewegen, damit das Kraftfutter zum Aufbau von Muskelfleisch genutzt wird. Früher wurden daher oft mehrere Hundert Tiere auf engstem Raum gehalten. Dies nennt man **Intensivtierhaltung**. Die Rinder stehen oft auf rutschigen Böden mit großen Spalten, durch die der Urin und Kot ablaufen kann. Milchrinder stehen oder liegen den ganzen Tag an ihrem Platz. Sie werden ständig gefüttert und mehrmals am Tag gemolken. Da die Tiere auf engstem Raum in großer Anzahl gehalten werden, können sich Krankheiten dort schnell ausbreiten. Deshalb bekommen sie oft zur Vorbeugung Medikamente.

Viele Milchbetriebe halten heute Rinder in geräumigen **Boxenlaufställen**. Die Tiere können sich im Stall frei bewegen. Es gibt Liegeplätze und sie können frisches Futter fressen. An der Melkstation werden die Rinder regelmäßig gemolken. Tierärzte kontrollieren bei häufigen Besuchen die Gesundheit der Tiere.

A Erkläre, warum das Rind zu den Paarhufern gezählt wird.

Material mit Aufgaben

M4 Rinderhaltung

A | Boxenlaufstall

B | Freilandhaltung

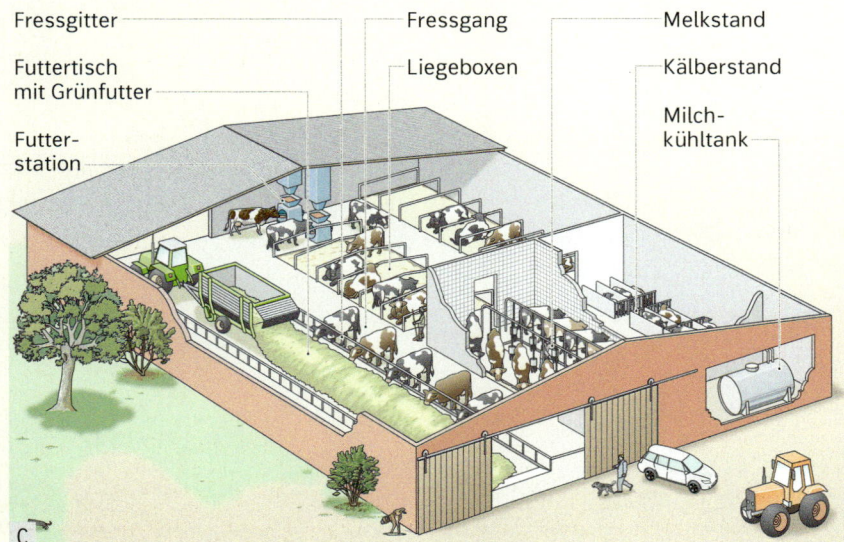

Fressgitter — Fressgang — Melkstand
Futtertisch mit Grünfutter — Liegeboxen — Kälberstand
Futterstation — Milchkühltank

C

1. ▌▌▌ Beschreibe mithilfe von Bild A und Bild C den Aufbau eines modernen Boxenlaufstalls.
2. ▌▌▌ Vergleiche mithilfe der Bilder A und B die Freilandhaltung mit der Haltung im Boxenlaufstall. ✛
3. ▌▌▌ Erläutere, warum Rinder in Freilandhaltung langsamer wachsen oder weniger Milch geben. ✛
4. ▌▌▌ Beurteile, ob die Haltung in Boxenlaufställen artgerecht ist. Beachte bei deiner Antwort, ob die Tiere im Boxenlaufstall ihre natürlichen Verhaltensweisen zeigen können.
5. ▌▌▌ Stelle Vermutungen an, welche Nachteile ein Spaltenboden für die Rinder als Huftiere hat.

1 Bache mit Frischlingen

Das Schwein

Ernährung

Das Wildschwein frisst Nüsse, Kräuter und Gras. Mit seinem guten Geruchssinn spürt es Würmer und Insektenlarven im Boden auf. Das Wildschwein frisst auch **Aas**. Es ist ein **Allesfresser**. Im Ober- und Unterkiefer besitzt es stark entwickelte Eckzähne, die **Hauer**. Mit ihrer Hilfe kann es den Boden aufwühlen. Mit den Schneidezähnen kann es Blätter abzupfen und mit den hinteren Backenzähnen zermahlen. Die vorderen Backenzähne sind scharfkantig und dienen dem Zerreißen von Fleisch. Das Wildschwein hat ein **Allesfressergebiss**.

Aas: tote Tiere, die bereits verwesen

Material mit Aufgaben

M1 Gebisse

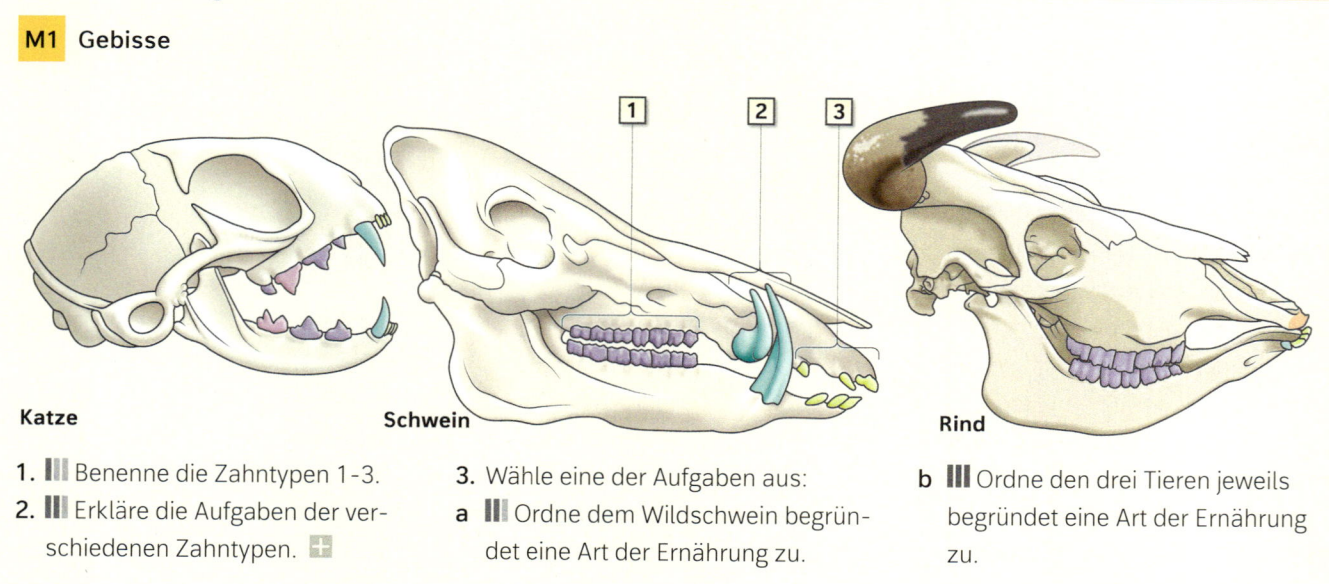

Katze   Schwein   Rind

1. ▮▮▮ Benenne die Zahntypen 1-3.
2. ▮▮▮ Erkläre die Aufgaben der verschiedenen Zahntypen. ✚

3. Wähle eine der Aufgaben aus:
   a ▮▮▮ Ordne dem Wildschwein begründet eine Art der Ernährung zu.

b ▮▮▮ Ordne den drei Tieren jeweils begründet eine Art der Ernährung zu.

Fortpflanzung

Wildschweine leben in Familienverbänden, den **Rotten**. Eine Rotte besteht aus mehreren weiblichen Tieren, den **Bachen** und ihren Jungtieren. Die männlichen Wildschweine, die **Keiler**, sind Einzelgänger. Sie schließen sich den Rotten nur zur Paarungszeit an. Im Frühjahr bringt die Bache bis zu zwölf Jungtiere zur Welt. Die **Frischlinge** werden mehrere Monate von der Bache gesäugt. Das Wildschwein ist ein **Säugetier**.

Lebensweise

Das etwa 100 Kilogramm schwere Wildschwein lebt in Wäldern. Den Tag verschläft es im Schutz des Dickichts und sucht erst in der Dämmerung nach Nahrung. Das Wildschwein wälzt sich gerne im Schlammpfützen. Es suhlt sich. Dabei bedeckt es den Körper mit Schlamm. Dieser dient der Abkühlung und schützt vor Insekten. Wenn der Schlamm getrocknet ist, scheuert es sich an Bäumen. Das Fell mit harten Borsten schützt dabei vor Verletzungen.

Körperbau

Auf matschigem Boden spreizen sich die paarigen Hauptzehen des Schweins auseinander. Zusammen mit den kleinen Nebenzehen, den **Afterzehen**, verhindern sie ein Einsinken in den Boden. Alle Zehen sind mit Horn überzogen und bilden einen geteilten Huf. Schweine sind **Paarhufer**. Sie treten nur mit den Zehenspitzen auf und sind deshalb Zehenspitzengänger. ▶

A Beschreibe die Zusammensetzung einer Rotte.

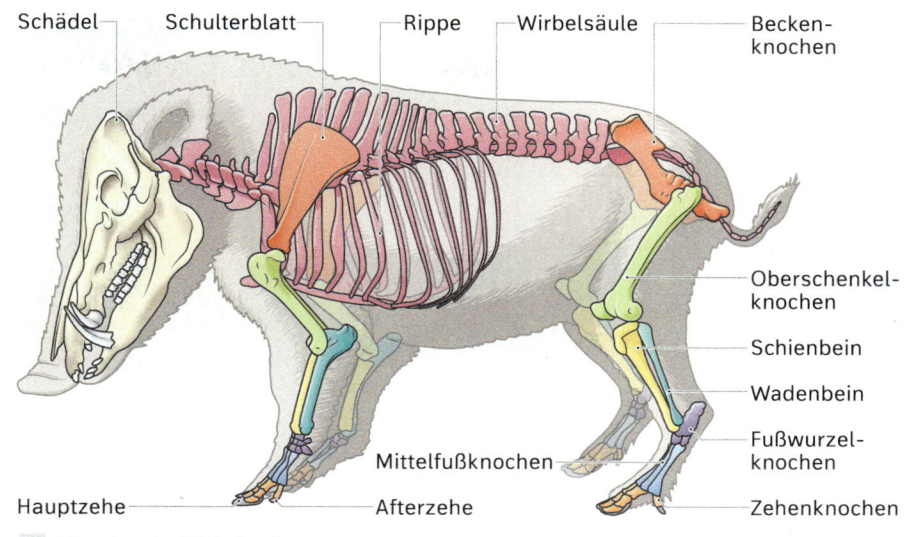

Schädel — Schulterblatt — Rippe — Wirbelsäule — Beckenknochen — Oberschenkelknochen — Schienbein — Wadenbein — Fußwurzelknochen — Zehenknochen — Mittelfußknochen — Afterzehe — Hauptzehe

2 Körperbau des Wildschweins

Material mit Aufgaben

M2 Huftiere

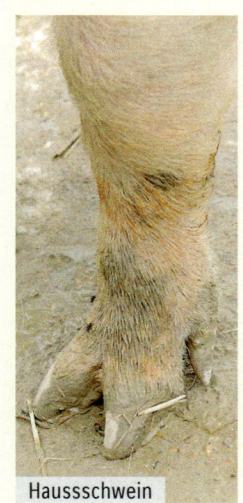
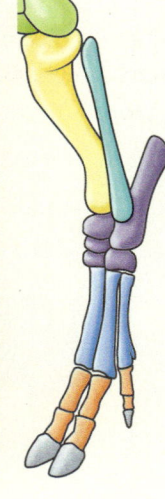
Haussschwein

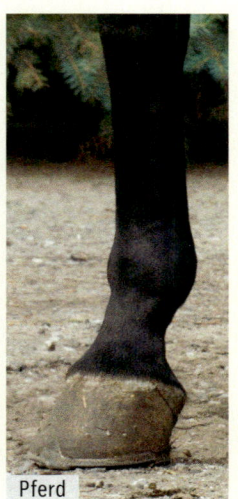
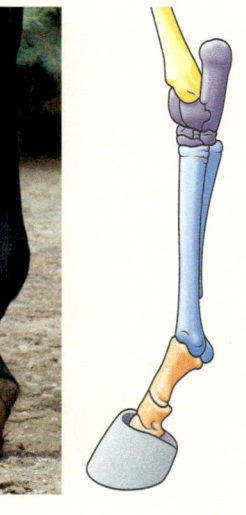
Pferd

1. ▌▌ Erkläre, warum das Haussschwein zu den Paarhufern zählt. ✚

2. ▌▌ Ordne dem Schwein und dem Pferd die Begriffe Zehengänger oder Zehenspitzengänger zu. Begründe deine Zuordnungen. ✚

3. Wähle eine der Aufgaben aus:

a ▌▌▌ Erkläre am Beispiel der Hauptzehen und der Afterzehen, wie das Schwein an seinen Lebensraum angepasst ist.

b ▌▌▌ Erläutere, warum man das Pferd zu den Unpaarhufern zählt.

3 Hausschweinrassen: **A** Deutsches Edelschwein, **B** Schwäbisch-Hällisches Landschwein

Züchtung von Hausschweinen

Das Hausschwein stammt vom Wildschwein ab. Im Laufe der Zeit züchtete der Mensch verschiedene Hausschweinrassen. Das **Hausschwein** ist ein Allesfresser. Der Schädel des Hausschweins ist weniger keilförmig als der Schädel des Wildschweins. Der Körper ist länger und weniger stark behaart. Manche Hausschweinrassen besitzen Schlappohren und einen Ringelschwanz.

Das männliche Hausschwein, der **Eber**, hat kleinere Hauer. Das weibliche Hausschwein, die **Sau**, wirft zweimal im Jahr bis zu 20 Jungtiere, die **Ferkel**. Der Mensch nutzt das Hausschwein als Fleischlieferanten. Es werden heute vor allem Hausschweinrassen gezüchtet, die schnell wachsen, sich schnell vermehren und viel fettarmes Fleisch ansetzen.

Material mit Aufgaben

Kalenderjahr
Schlachtgewicht
Alter bei Schlachtung

1800
40 kg
3 Jahre

1850
70 kg
2 Jahre

1900
100 kg
1 Jahr

1950
150 kg
1 Jahr

M3 Wild- und Hausschwein

1. ▮▮ Vergleiche mithilfe von fünf Merkmalen das Wildschwein und das Edelschwein miteinander.
2. ▮▮ Beschreibe die verfolgten Zuchtziele beim Deutschen Edelschwein mithilfe des Bildes.
3. ▮▮ Begründe, warum das Edelschwein heute eine der am häufigsten gehaltenen Hausschweinrassen ist. ✚

4 Haltung von Schweinen: **A** Intensivtierhaltung, **B** Freilandhaltung

Haltung von Hausschweinen

Schweine werden in Mastbetrieben oft zu Hunderten in Ställen gehalten. Sie sind in kleinen Boxen untergebracht. Die Boxen haben Bodenplatten mit Spalten, sodass der Kot und der Urin der Tiere unter den Boxen in Behältern aufgefangen wird. Die Tiere werden mit Kraftfutter gefüttert und können sich kaum bewegen. Bei dieser **Intensivtierhaltung** legen die Schweine schnell an Gewicht zu und sind innerhalb eines Jahres schlachtreif. So kann günstig und in sehr kurzer Zeit viel Fleisch produziert werden.

Bei der **Freilandhaltung** können sich die Tiere in einem geräumigen Stall und zusätzlich im Freien viel bewegen. Sie können im Boden selbst nach Nahrung wühlen und sich im Schlamm suhlen. Das Hausschwein benötigt jedoch bis zu zwei Jahre, damit es mit einem Körpergewicht von über 100 Kilogramm schlachtreif ist.

B Beschreibe die Lebensbedingungen des Mastschweins bei der Intensivtierhaltung und bei der Freilandhaltung.

Material mit Aufgaben

M4 Offenfront-Schweinestall

Außenbox   Futterstation   Innenbox

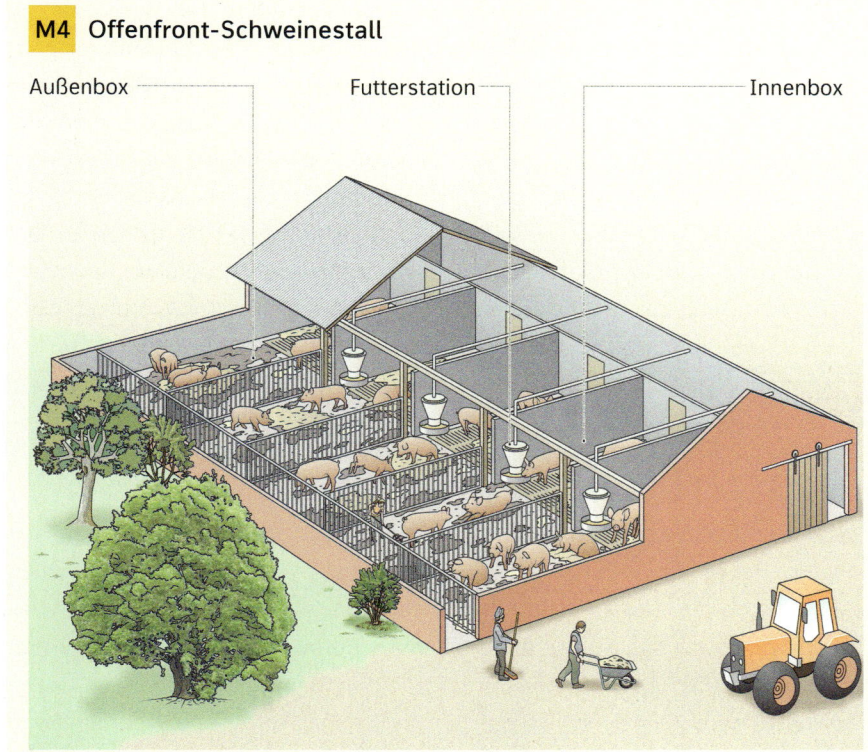

1. ▥ Beschreibe den Aufbau eines Offenfront-Schweinestalls.
2. ▥ Erkläre, warum das Fleisch aus der Freilandhaltung meist teurer ist als das aus der Intensivtierhaltung. ⊞
3. ▥ Erkläre, ob diese Art der Stallhaltung die natürlichen Verhaltensweisen der Schweine berücksichtigt. ⊞
4. ▥ Beurteile, ob diese Art der Stallhaltung artgerecht ist.

Die Säugetiere

Säugetiere zählen zu den gleichwarmen Tieren. Der Körper der Säugetiere ist mit Fell bedeckt. Dies dient auch dazu die Körpertemperatur konstant zu halten. Säugetiere atmen mit Lungen. Das Gebiss eines Säugetiers besteht in der Regel aus Schneidezähnen, Eckzähnen und Backenzähnen. Je nach Ernährungsweise haben Säugetiere unterschiedlich angepasste Gebissformen. So hat der Maulwurf ein Insektenfressergebiss mit scharfkantigen Backenzähnen zum Zerkauen von harten Insektenpanzern. Das Eichhörnchen hat ein Nagetiergebiss mit meißelförmigen, verlängerten Schneidezähnen. Mit diesen Nagezähnen kann es Nüsse öffnen.

Die Befruchtung und die Entwicklung der Jungtiere erfolgen im Körper des Weibchens. Es bringt lebende Jungtiere zur Welt. Nach der Geburt werden diese von der Mutter gesäugt.

Der Hund

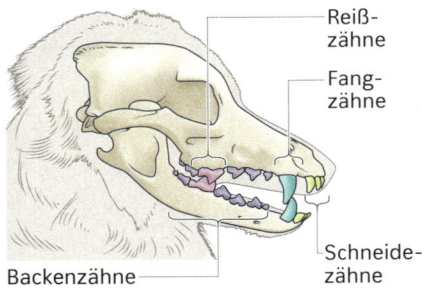

Der Hund hat ein Fleischfressergebiss, welches an seine Ernährung angepasst ist. Hunde besitzen einen sehr guten Geruchssinn und Gehörsinn. Beim Laufen tritt der Hund nur auf seinen Zehen und nicht mit der ganzen Sohle auf. Er ist ein Zehengänger und Hetzjäger. Der Hund stammt vom Wolf ab. Der Wolf ist die Stammform des Hundes. Wölfe schlossen sich vor Jahrtausenden den Menschen an. Der Mensch züchtete viele verschiedene Hunderassen. Er nutzt die verschiedenen Eigenschaften. Hunde werden zum Beispiel als Spürhund, Wachhund oder Blindenhund eingesetzt.

Entwicklung der Wirbeltiere

Die Entwicklung der Wirbeltierklassen lässt sich mithilfe von Stammbäumen nachvollziehen. Das ist möglich, weil man bei Ausgrabungen versteinerte Fossilien findet. Sie entstehen, wenn tote Lebewesen schnell von Schlamm oder Sand bedeckt werden. Durch den großen Druck versteinern sie. Mithilfe fossiler Übergangsformen, die Merkmale von Fischen und Lurchen zeigen, kann man ungefähr bestimmen, seit wann Wirbeltiere an Land leben.

Das Rind

Das Hausrind stammt vom Wildrind, dem Auerochsen, ab. Der Mensch hält Rinder vor allem als Milch- und Fleischlieferanten. Er hat verschiedene Rinderrassen gezüchtet. Fleischrinderrassen setzen schnell viel Muskelfleisch an. Milchrinderrassen geben viel Milch.

Rinder sind Zehenspitzengänger. Sie haben paarige Zehen und zählen zu den Huftieren. Sie haben ein Pflanzenfressergebiss ohne Schneidezähnen im Oberkiefer. Ihr Wiederkäuermagen besteht aus vier Teilen: dem Pansen, dem Netzmagen, dem Blättermagen und dem Labmagen.

1 Vordergliedmaßen im Vergleich

A ‖‖ Beschreibe den Bau der abgebildeten Gliedmaßen von Wirbeltieren.

B ‖‖ Beschreibe die jeweilige Fortbewegung der Tiere in ihren Lebensräumen.

C ‖‖‖ Erkläre, warum der Bau der verschiedenen Gliedmaßen eine Angepasstheit an den jeweiligen Lebensraum ist.

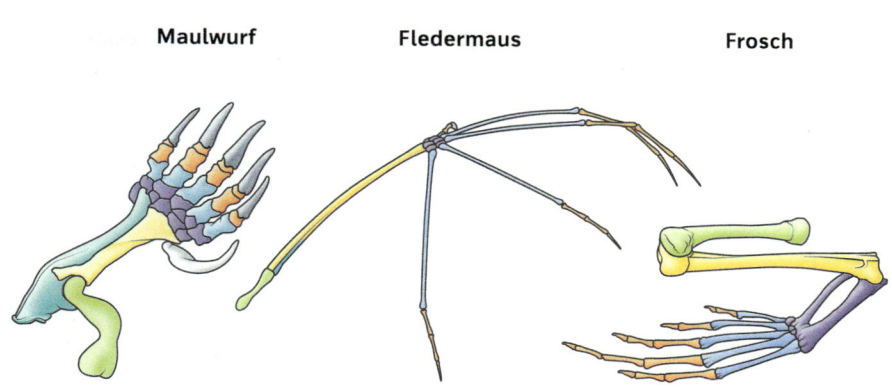

Maulwurf   Fledermaus   Frosch

2 Schädel im Vergleich

A ‖‖ Benenne die mit Ziffern gekennzeichneten Bestandteile.

B ‖‖ Vergleiche die Gebisse von Fledermaus und Hausmaus.

C ‖‖ Ordne den beiden Tieren die Begriffe Nagetiergebiss und Insektenfressergebiss zu. Begründe deine Zuordnungen.

D ‖‖‖ Erläutere, wie die Nagezähne bei Nagetieren scharfkantig bleiben.

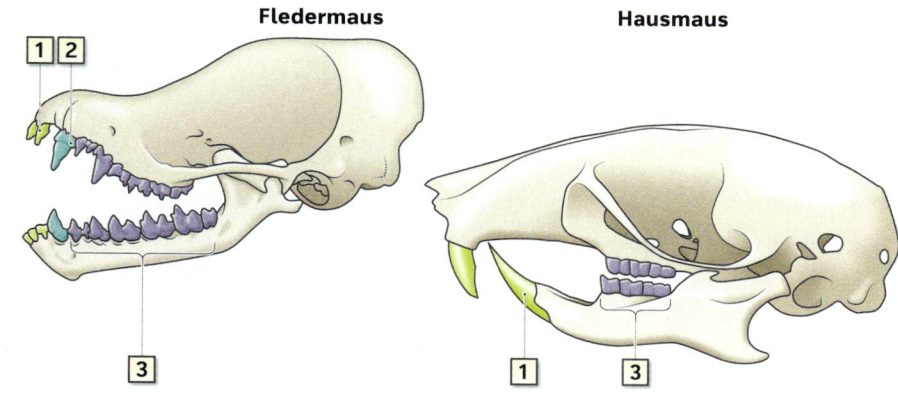

Fledermaus   Hausmaus

3 Heimtiere und Nutztiere

A ‖‖ Nenne je ein Beispiel für ein Heimtier und ein Nutztier.

B ‖‖ Erkläre den Unterschied zwischen Heimtier und Nutztier.

C ‖‖‖ Erläutere, was man unter artgerechter Nutztierhaltung versteht.

4 Hund und Katze

Merkmal	Hund	Katze
Ernährung	...	...
Jagdverhalten	...	...
Besondere Sinne	...	...

A ‖‖ Übertrage die Tabelle in dein Heft. Vergleiche damit Hund und Katze.

B ‖‖ Erkläre, wie die Katze erfolgreich in der Dämmerung jagen kann.

C ‖‖‖ Erkläre, warum man Wölfe und Hunde als Hetzjäger bezeichnet.

5 Rindermagen

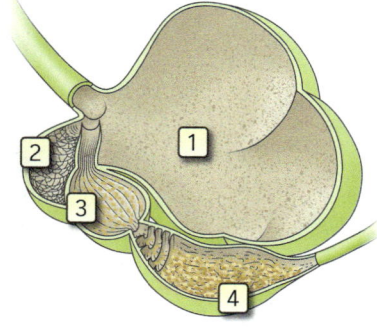

A ‖‖ Benenne die einzelnen Teile des Rindermagens.

B ‖‖‖ Erstelle eine Tabelle und ordne den einzelnen Teilen des Rindermagens ihre Funktionen zu.

Seite 11

M1 Aufgabe 2

Überprüfe für den Uhu und die Drohne alle Kennzeichen des Lebendigen: Fortpflanzung, Wachstum und Entwicklung, Bewegung, Reizbarkeit, Stoffwechsel.

Seite 12

M2 Aufgabe 2

Beachte, dass die Venusfliegenfalle Insekten fängt und verdaut um wichtige Stoffe für ihren Stoffwechsel zu erhalten.

Seite 15

M1 Aufgabe 1

Erstelle am besten eine Liste, in der du für jeden Schüler oder jede Schülerin einen Eintrag machst. Du könntest notieren:

A: ... hat die Haare nicht zusammengebunden.

B: ... ist nicht aufmerksam, schüttelt ein

Seite 21

M1 Aufgabe 1

Tipp: Nutze den Text und die Aussagen aus der Umfrage.

Seite 22

M1 Aufgabe 2

Tipp: Denke auch an den untersuchbaren Ausschnitt und die mögliche Vergrößerung.

M1 Aufgabe 3

Nutze folgenden Satzanfang:
▸ *Für die Untersuchung beweglicher Objekte eignet sich ...*

Seite 30

M1 Aufgabe 2

Vervollständige die Tabelle.

Flossen	Aufgaben
Schwanzflosse	Fortbewegung im Wasser
Rückenflosse	...
...	Hält Fisch aufrecht
Bauchflosse	...
Brustflosse	...

Seite 31

M2 Aufgabe 2

Tipp: Friedfische suchen den Boden nach Nahrung ab. Sie haben meistens gar keine Zähne im Kiefer.

Seite 32

M3 Aufgabe 2

Nutze folgenden Satzanfang:
▸ *Beim Einatmen sind die Kiemendeckel geschlossen. Durch das Maul saugt der Fisch Wasser ein. Beim Ausatmen... .*

M3 Aufgabe 3

Beachte bei deiner Antwort, dass der Sauerstoff aus dem Wasser über die Blutgefäße der Kiemenblättchen aufgenommen wird.

Seite 33

M4 Aufgabe 3

Tipp: Steigt ein Fisch nach oben, ist in seiner Schwimmblase viel Gas. Sinkt der Fisch ab, ist in seiner Schwimmblase wenig Gas.

Seite 35

M1 Aufgabe 2

Nutze folgende Satzbausteine: fast durchsichtig und wenige Millimeter groß - ernährt sich vom Dottersack - Nährstoffe des Dottersacks aufgebraucht - Jungforelle verlässt Bachbett - ist ausgewachsen und geschlechtsreif

M1 Aufgabe 3

Beachte, dass die Forelle erst als Jungforelle das Bachbett verlässt und eigenständig nach Nahrung sucht.

Seite 36

M2 Aufgabe 2

Beachte, das Rot eine Signalfarbe ist.

M2 Aufgabe 3

Nutze folgenden Satzanfang:
▸ *Das Nest bietet den jungen Fischen eine sichere Umgebung ...*

Seite 37

M3 Aufgabe 2

Tipp: Achte auch auf die Größen.

M3 Aufgabe 3

Tipp: Aale wandern von Flüssen ins Meer und wieder zurück in Flüsse.

Seite 39

M1 Aufgabe 2

Tipp: Schollen leben am Meeresboden.

Seite 43

M1 Aufgabe 2

Achte auf den Ort der Nahrungssuche.

Seite 47

M1 Aufgabe 3

Nutze folgende Satzbausteine: Eintrag von Sauerstoff - Verminderung des Eintrags von Nährstoffen - Entfernen von Fäulnisbakterien

Seite 53

M1 Aufgabe 3

Beachte bei deiner Erklärung den Flossensaum und die Schwimmhäute beim Teichmolch.

M1 Aufgabe 4

Nutze folgenden Satzanfang:
▸ *Der Wasserfrosch hat nicht nur Schwimmflossen, sondern auch sehr kräftige... .*

Seite 57

M1 Aufgabe 3

Tipp: Bei einer Metamorphose sehen die Jungtiere anders aus und haben auch eine unterschiedliche Lebensweise im Vergleich zu den erwachsenen Tieren.

Seite 59

M1 Aufgabe 3

Beachte bei deiner Erklärung, dass Erdkröten immer zum gleichen Laichgewässer wandern.

M1 Aufgabe 4

Beachte bei deiner Beschreibung den sicheren Weg zum Laichgewässer, nahegelegene Sommer- und Winterquartiere und das Vorhandensein von sauberen Feucht- und Laichgewässern.

Seite 61

M1 Aufgabe 2

Beachte bei deinem Vergleich zum Beispiel wie die Haut bedeckt ist und was für Drüsen sich in der Haut befinden.

M1 Aufgabe 3

Zauneidechse: Die Lunge ist an der Innenseite sehr stark gefaltet.

Erdkröte: ?

M1 Aufgabe 4

Tipp: Die Hornschuppen sind sehr fest und dicht gepackt.

Seite 62

M2 Aufgabe 2

Tipp: Kriechtiereier haben eine feste, ledrige Schale.

Seite 69

M1 Aufgabe 3

Tipp: Knochen von Säugetieren sind mit Knochenmark gefüllt. Das macht sie stabiler, aber auch schwerer. Wie sieht es bei Vögeln aus?

Seite 71

M2 Aufgabe 2

Schwungfeder – Die langen Schwungfedern bilden die Tragflächen der Flügel. Mit ihnen können Vögel fliegen.

Deckfeder – Die Deckfedern liegen wie Dachziegel übereinander. Sie schützen...

Daune – ?

Steuerfeder – ?

P3 Aufgabe 2

Beachte bei deinem Vergleich die Hakenstrahlen und Federäste der Feder und die Haken und Schlaufen beim Klettverschluss.

Seite 73

M1 Aufgabe 2

Nutze folgende Satzbausteine: Abwärtsschlag - schräg nach unten - Aufwärtsschlag - Flügelfläche nicht geschlossen - erneuter Abwärtsschlag

Seite 74

M2 Aufgabe 2

Beachte bei deinem Vergleich zum Beispiel die Flügelposition, Nutzung von Aufwinden oder die Geschwindigkeit und Höhe.

Seite 77

P1 Aufgabe 1

Tipp: Überprüfe, welche der folgenden Bestandteile du sehen kannst: Hagelschnur, Keimscheibe, Kalkschale, Schalenhaut, Eiklar, Dotterhaut, Dotter.

P1 **Aufgabe 2**

Beachte, dass sich eine befruchtete Eizelle mehrfach teilt und sich eine Keimscheibe ausbildet.

Seite 78

M2 **Aufgabe 2**

Tipp: Damit sich ein Küken entwickelt, muss das Ei auf einer gleich bleibenden Temperatur gehalten werden.

Seite 80

M1 **Aufgabe 2**

Tipp: Der Habicht ist ein Greifvogel, der Beutetiere wie Mäuse jagt.

Seite 85

M1 **Aufgabe 2**

Nutze folgenden Satzanfang:
▸ *Da die Augen von 4 Tage alten Küken noch nicht geöffnet sind, ...*

M1 **Aufgabe 3**

Nutze den Begriff Abhängigkeit.

M1 **Aufgabe 4**

Tipp: Die Augen 10 Tage alter Küken sind geöffnet.

Seite 86

M1 **Aufgabe 2**

Beachte bei deiner Erklärung, dass eine Luftschicht vor Kälte schützt.

Seite 89

M3 **Aufgabe 2**

Tipp: Überlege dir Kriterien, wie zum Beispiel das Nahrungsangebot im Winter für Vögel. Prüfe damit, ob die Winterfütterung sinnvoll ist.

M4 **Aufgabe 2**

Beachte bei deiner Beschreibung zum Beispiel, ob die Vögel über das Meer fliegen und wie weit im Süden sie überwintern.

Seite 91

M1 **Aufgabe 2**

Nutze folgenden Satzanfang:
▸ *Vögel wie der Weißstorch nutzen die vielseitigen Strukturen der ursprünglichen Kulturlandschaft zur Nahrungssuche. Andere Arten wie ...*

Seite 92

M1 **Aufgabe 2**

Tipp: Hühner putzen sich in ihrem Tagesablauf.

M1 **Aufgabe 3**

Beachte bei deiner Antwort die Futtersuche, das Sandbaden und die Schlafstätten der Hühner.

Seite 94

M2 **Aufgabe 2**

Hinweis: In der Freiland- und Bodenhaltung können sich Hühner frei bewegen und es ist Sand zum Sandbaden vorhanden.

M3 **Aufgabe 2**

Nutze folgenden Satzanfang:
▸ *Um Eier günstig anbieten zu können, müssen sehr viele Hühner in einem Betrieb gehalten werden. Dies ist bei der... .*

Seite 101

M1 **Aufgabe 2**

Nutze folgende Satzbausteine:
muskulöse Hinterbeine - schlanker und leichter Körper - langer Schwanz zum Gleichgewicht halten - lange Krallen

Seite 102

M2 **Aufgabe 2**

Beachte bei deinem Vergleich die verschiedenen Zahntypen und ihre Funktionen.

M3 **Aufgabe 2**

Tipp: Eichhörnchen müssen bei der Fortbewegung in Bäumen alle Äste im Blick haben und auch mögliche Fressfeinde schnell erkennnen.

Seite 105

M1 **Aufgabe 2**

Beachte bei deinem Vergleich zum Beispiel die Tiefe der Gänge, Anzahl und Funktion der Kessel und die Form der Hügel.

M1 **Aufgabe 3**

Tipp: Der Maulwurf ist ein Nützling. Er frisst Wurzelschädlinge und lockert mit seinen Gängen den Boden auf.

Seite 106

M2 Aufgabe 2

Nutze folgenden Satzanfang:

▸ *Der Maulwurf besitzt Grabhände. Durch das Sichelbein wird die Handfläche... .*

Seite 107

M3 Aufgabe 2

Beachte bei deiner Antwort, dass der Maulwurf mit seinen Zähnen Insekten zerbeißen und zermahlen muss.

M3 Aufgabe 3

Beachte bei deiner Antwort, dass der Maulwurf mit seinen Zähnen durch die harte Schale von Insekten und die zähe Haut von Regenwürmern kommen muss.

Seite 109

M1 Aufgabe 2

Nutze folgende Satzbausteine:

verlängerte Finger- und Unterarmknochen - dünne Flughäute - Sporenbein - Flughaut am Schwanz spannen

Seite 110

M2 Aufgabe 2

Beachte bei deiner Antwort, dass Fledermäuse den ganzen Winter über Winterschlaf halten.

M3 Aufgabe 1

Tipp: Die Körpertemperatur von Fledermäusen sinkt im Winter. Auch die Anzahl der Atemzüge verringert sich.

Seite 115

M1 Aufgabe 2

Nutze folgenden Satzanfang:

▸ *Beim Wechsel zum Winterfell wachsen zusätzlich viele, dicht beeinander stehende Haare. Diese bilden... .*

M1 Aufgabe 3

Tipp: Wenn im Winter Schnee liegt, sind Hermeline im braunen Fell deutlich zu erkennen.

Seite 116

M2 Aufgabe 2

Verwende beim Vergleich Begriffe wie zum Beispiel: bleibt gleich, steigt in folgenden Monaten, schwankt stark...

Seite 117

M3 Aufgabe 2

Tipp: Igel können im Frühjahr aus dem Winterschlaf erwachen.

Seite 119

M1 Aufgabe 2

Beachte bei deiner Antwort, dass wechselwarme Tiere einen geringeren Stoffwechsel haben.

M2 Aufgabe 2

Beachte bei deiner Antwort, dass jede Tierart eine Toleranzkurve für Temperatur hat.

M2 Aufgabe 3

Bedenke, dass Eidechsen wechselwarm sind.

Seite 121

M1 Aufgabe 2

Tipp: Denke an den Lebensraum, den der Fischotter benötigt.

Seite 123

M1 Aufgabe 2

Beachte bei deiner Beschreibung, wie sich die Knochen der Gliedmaßen vom Knochenfisch zum Tiktaalik und von Tiktaalik zum Uramphib verändert haben.

M2 Aufgabe 2

Nutze folgenden Lückentext:

▸ *Tiktaalik besitzt sowohl Merkmale von... als auch Merkmale von... . Er ist daher eine.... .*

Seite 124

P1 Aufgabe 2

Es eignet sich ein Säulendiagramm.

Seite 125

M2 Aufgabe 2

Nutze folgende Satzbausteine:

Kopfform - kleine Nase - große Augen - rund - Augen und Nase weit unten

M3 Aufgabe 2

Arbeitet in einem Team.

M4 Aufgabe2

Beachte, dass unterschiedlich viele Sinne angesprochen werden.

Seite 126

M5 Aufgabe2

Nutze folgenden Satzanfang:
▸ *Die sensible Phase ist ein kurzer Zeitraum, in dem eine Prägung ...*

Seite 129

M1 Aufgabe 2

Beachte bei deiner Antwort, dass Wildtiere nicht in ihren Merkmalen durch Züchtungen des Menschen verändert wurden.

M2 Aufgabe 2

Tipp: Neben genügend Zeit für einen Hund, benötigt man außerdem noch Geld für Futter, Spielzeug, Körbchen oder einen Tierarzt.

Seite 132

M1 Aufgabe 2

Beispiel: Die Polizei nutzt Spürhunde zum Aufspüren von Drogen oder Sprengstoffen, zum Beispiel in Koffern oder Verstecken. Hunde sind dafür besonders geeignet, da sie einen sehr guten Geruchssinn haben.

Seite 133

M2 Aufgabe 2

Tipp: Der Bär läuft auf seiner ganzen Fußsohle. Er ist daher ein Sohlengänger. Wie ist es beim Hund?

Seite 134

M3 Aufgabe 2

Schneidezahn – Schaber: Der Hund kann mit seinen flachen Schneidezähnen Fleischreste vom Knochen abschaben.
Eckzahn – Fleischgabel: ?
Backenzahn – ?
Reißzahn – ?

Seite 25

M1 Aufgabe 2

Nutze folgenden Anfang:
▸ *Die Menschen wählten zunächst gezielt die Tiere für die Fortpflanzung aus, die bereits kurze Beine hatten. Sie verpaarten... .*

M1 Aufgabe 3

Tipp: Ein Hund und eine Katze können sich nicht fortpflanzen, weil sie zwei unterschiedliche Arten sind.

Seite 138

M1 Aufgabe 2

Erstelle eine ähnliche Tabelle für die Katze wie beim Hund.

Jagdweise	Jagdverhalten	Merkmale
Hetzjäger	hetzt Beute hinterher, bis sie erschöpft ist	guter Läufer, Zehengänger, Krallen nicht einziehbar

M1 Aufgabe 3

Beachte bei deiner Antwort, dass die Katze bei der Jagd ihre Krallen einzieht.

Seite 140

M2 Aufgabe 2

Tipp: Fangzähne und Reißzähne sind typisch für ein Fleischfressergebiss.

Seite 142

M1 Aufgabe 2

Backenzähne: Mörser - Pflanzenteile werden zermahlen

Schneidezähne und Eckzähne mit Hornleiste: ?

Seite 143

M2 Aufgabe 2

Beachte bei deinem Vergleich die Länge des Darms und die Anzahl der Mägen.

Seite 144

M3 Aufgabe 2

Tipp: Milchrinderrassen produzieren viel Milch, wiegen aber nicht so viel wie Fleischrinderrassen. Die Fleischrinderrassen sind sehr schwer, brauchen viel Kraftfutter und geben wenig Milch.

Seite 145

M4 Aufgabe 2

Beachte bei deinem Vergleich zum Beispiel den verfügbaren Platz zum Laufen und Liegen und das Nahrungsangebot.

M4 Aufgabe 3

Beachte, dass Rinder viel Milchviehfutter bekommen.

Seite 146

M1 Aufgabe 2

Nutze folgende Satzbausteine:
zerreißen von Fleisch - zermahlen
pflanzliche Nahrung - Durchwühlen des
Bodens - Abrupfen von Blättern

Seite 147

M2 Aufgabe 2

Hinweis: Hunde laufen auf ihren Zehen.
Sie zählen zu den Zehengängern. Wie
ist es bei Schweinen und Pferden?

Seite 148

M3 Aufgabe 3

Folgende Zuchtziele solltest du beachten: Schlachtgewicht und Wachstum.

Seite 149

M4 Aufgabe 2

Beachte, dass man in kurzer Zeit viel
Fleisch produzieren muss, um es günstig anbieten zu können.

M4 Aufgabe 3

Beurteile, ob die Schweine sich suhlen,
frei bewegen, wühlen und mit anderen
Tieren zusammenleben können.

Register

Bildquellen

|Alamy Stock Photo, Abingdon/Oxfordshire: imageBROKER.com GmbH & Co. KG 30.1, 34.4, 70.1, 79.1, 87.2, 115.2; Juniors Bildarchiv GmbH 71.1; Premium Stock Photography GmbH 73.1. |Alamy Stock Photo (RMB), Abingdon/Oxfordshire: age fotostock/Ciesla, Piotr 147.4; Arco Images GmbH 131.5; Arterra Picture Library 149.1; Arterra Picture Library/De Meester, Johan 2.1, 3.13; Bednar, Fero 35.3; Buschkind 55.2; Cephas Picture Library 2.3; Costina, Mircea 114.1; Darrington, Andrew 55.4, 73.2; Dembinsky Photo Associates/Moody, Skip 23.4; Down, Cairney 131.4; Ercolani, Giulio 72.1; Fälchle, Jürgen 93.4; Grant, Michael 147.2; Hecker, Frank 35.2, 39.2; HUTCHINSON, Wayne 144.3; imageBROKER 136.2; imageBROKER/Huwiler, Stefan 52.1; imageBROKER/Martin, Wilfried 79.4; Ivanko, John D. 27.3; Juniors Bildarchiv GmbH 129.2; Kelly, Gina 129.3; Koskinen, Henri 106.3; MagicSea.com/Villoch, Carlos 39.4; Mattison, Chris 63.1; MediaWorldImages 88.1; Melnychuk, Nataliia 146.1; Nature Photographers Ltd 56.2; Nature Picture Library/Rouse, Andy 120.1; Nature Picture Library/Zankl, Solvin 37.2; Oliveira, Paulo 52.2, 104.1; Panther Media GmbH 27.4; PhotoStock-Israel 96.4; Poteko, Uros 114.2; preve, beatrice 136.1; Prisma by Dukas Presseagentur GmbH/Reiner, Bernhardt 120.2; Pullinger, Gillian 3.3; Science Photo Library 23.1; Sintapanon, Warut 15.1, 27.2; Stakauskas, Giedrius 115.1; The Garden/Schulte, Antje 3.4; Top-Pics TBK 79.3; Tyakht, Victor 68.1; van Wijk, Fred 128.1; Walls, Rob 63.3; Watts, Barrie 56.4; Westend61 GmbH 14.1; www.mjt.photography 149.2; Zoonar GmbH 18.1, 100.1. |Atelier tigercolor Tom Menzel, Scharbeutz/Klingberg: 2.2, 2.4, 3.1, 3.2, 3.6, 3.10, 3.11, 3.12, 3.14, 3.15, 6.1, 7.1, 7.2, 13.3, 18.2, 19.1, 25.1, 25.3, 30.2, 31.1, 31.2, 32.1, 32.2, 33.1, 33.2, 35.1, 36.4, 37.3, 39.5, 40.1, 40.2, 40.3, 40.4, 40.5, 40.6, 40.7, 40.8, 40.9, 41.1, 41.2, 41.3, 41.4, 41.5, 41.6, 41.7, 41.8, 42.2, 42.3, 43.1, 43.2, 45.1, 45.2, 47.2, 48.1, 48.2, 49.1, 49.2, 49.3, 53.1, 53.2, 54.1, 54.2, 54.3, 55.1, 57.1, 58.3, 59.1, 60.2, 61.1, 62.4, 63.4, 64.2, 64.3, 65.1, 65.2, 65.3, 68.2, 69.1, 69.2, 70.2, 71.2, 73.4, 73.5, 74.2, 74.3, 75.1, 75.2, 75.3, 76.2, 77.1, 78.4, 80.2, 81.1, 81.2, 82.1, 82.2, 82.3, 82.4, 82.5, 82.6, 82.7, 82.8, 82.9, 82.10, 82.11, 82.12, 82.13, 83.1, 83.2, 83.3, 83.4, 83.5, 83.6, 83.7, 83.8, 83.9, 83.10, 85.3, 87.3, 89.1, 91.1, 91.2, 94.3, 96.2, 96.5, 97.1, 97.2, 97.3, 97.4, 101.1, 101.2, 102.1, 102.2, 105.1, 105.2, 106.1, 106.2, 107.2, 109.1, 109.2, 110.3, 110.4, 110.5, 110.6, 111.1, 111.2, 113.1, 115.4, 115.5, 116.2, 117.2, 118.2, 118.3, 119.1, 119.2, 119.3, 121.1, 122.2, 123.1, 123.2, 124.2, 125.1, 125.2, 126.4, 127.1, 127.2, 129.1, 132.2, 133.1, 133.2, 134.1, 134.2, 135.3, 137.1, 138.2, 139.1, 140.3, 142.2, 143.1, 143.2, 144.1, 145.3, 146.2, 147.1, 147.3, 147.5, 148.3, 149.3, 150.2, 151.1, 151.2, 151.3, 304.3. |Berghahn, Matthias, Bielefeld: 130.1. |Bláha, Marek, Offenbach am Main: 21.2, 21.3, 21.4, 21.5, 21.6. |fotolia.com, New York: crisod 38.2; fineart-collection 148.1; Jargstorff, Wolfgang 150.3; martiposa 55.3. |Gall, Eike, Enkirch: 46.2, 47.1. |Getty Images (RF), München: 500px Plus 80.1; BraunS 132.1; digital_eye 12.2; imageBROKER/Sohns, Jurgen & Christine 4.2, 66.1; Karkalicheva, Maya 10.2. |Goessel, Hannes von, Erding: 3.7, 3.8, 24.2, 86.2, 125.3, 131.1, 131.2. |Hardel, Thorsten/www.39punkt.de (RV), Wees: 15.5. |Imago, Berlin: blickwinkel 36.1; Fotoagentur Nordlicht 21.1; Hessland, Karina 27.6. |iStockphoto.com, Calgary: alxpin 150.4; ArtMarie 23.2; AVRORRA 141.3; gabort71 144.2; korionov 141.4; matteodestefano 93.3; MegaV0lt 141.2, 305.1; Mypurgatoryyears 122.1; nbgbgbg 96.1; ollo 44.1; Parsons, David 110.2; R-J-Seymour 142.1; Rhoberazzi 151.4; Sutterby, Lee 37.1. |juniors@wildlife Bildagentur GmbH, Hamburg: 4Nature 63.2; Biosphoto 3.9, 28.1, 103.1, 107.1; Bogon, K. 62.2; F. Graner 39.3; Hamblin, M. 3.16; Harms, D. 91.4, 148.2; Klein, J.-L. & Hubert, M.-L. 10.3, 116.1; Minden Pictures 25.2, 56.3, 57.2, 57.3, 57.4, 64.1, 79.2, 85.2, 87.1;

Muller, S. 60.1; Visage, A. 100.2. |mauritius images GmbH, Mittenwald: imageBROKER / Norbert Probst 39.1; imageBROKER/Eidenweil, T. 38.1; imageBROKER/Sarti, Alessandra 56.1; Minden Pictures/Arndt, Ingo 34.3; Nature in Stock/Weenink, WiM 84.1; Photoshot Creative/Dalton, Stephen 72.2; Weimann, Peter 11.2, 26.1, 304.2. |mauritius images GmbH (RF), Mittenwald: imageBROKER 73.3, 73.6. |Minkus Images Fotodesignagentur, Isernhagen: 12.3, 12.4, 22.1, 22.2, 71.4, 77.2. |Naumann, Andrea, Aachen: 17.1, 17.2, 17.3. |OKAPIA KG - Michael Grzimek & Co., Frankfurt/M.: ARDEA/Watson, M. 117.1; BIOS/Cavignaux, Bruno 36.3; BIOS/Gautier, Christian 71.3; BIOS/Labat, Jean-Michel 78.1, 78.2, 78.3; Christen 34.2, 35.4; de Oliveira, Paulo 42.1; FLPA/Eveson, John 94.1; FLPA/Lane, Mike 85.1; Giel, Oliver 58.1; Hartl, Andreas 36.2; imageBROKER 135.2; imageBROKER/Adam, Friedhelm 91.3; imageBROKER/Huwiler, Stefan 96.3; imageBROKER/Robiller, Franz Christoph 108.1; NAS/Dimijian, Gregory G. 110.1; Nill, Dietmar 108.2; Steimer, Christine 135.1; Werle 12.1. |PantherMedia GmbH (panthermedia.net), München: lacroix2007 138.1. |Picture-Alliance GmbH, Frankfurt a.M.: blickwinkel 34.1; OKAPIA/Pforr, Manfred 62.3. |Rössler, Michal, Freiburg: 24.1, 54.4, 92.2, 94.2, 95.1, 95.2, 95.3, 141.1. |Science Photo Library, München: Calvo, Jose 13.1, 26.2; Chillmaid, Martyn F. 106.4; Durham, John 13.2, 26.4. |Shutterstock.com, New York: ADS-DESIGN 15.3, 27.1; Andronache, Florian 74.1; Bildagentur Zoonar GmbH 115.3; Cripps, Peter 92.1; fewerton 23.5, 26.5; Grigorita Ko 140.1; Gudella, Peter 15.4; Hlavko, Miroslav 131.3; Julio F 145.2; Kalinovsky, Dmitry 11.1, 304.1; leungchopan 10.1; Lotay, Minnie 23.3, 26.3; Mierzejewski, Marek 62.1; MyImages - Micha 86.1; oksana2010 139.2, 139.3; Photodiem 3.5, 8.1; Sornnoi, Setta 93.1; tonkid 16.1; Valitov, Rashid 6.2. |stock.adobe.com, Dublin: alter_photo Titel; bdavid32 140.2; bennytrapp 4.1, 50.1; countrypixel 145.1, 305.2; Dean, Drobot 126.1; Dewald Titel; Durst, Otto 38.3; Fokussiert 15.2; fotoresultate 58.2; Hoffheinz, Michael 118.1; jenoche 128.3; Kobyakov, Serhiy 128.2; kvitkanastroyu 126.3; Lloyd Titel; mirkograul 84.2; mivod 46.1; mmphotographie.de 104.2; Müller, Christian 126.2; Nikolow, Djejwis 44.2; PhotoSG 27.5; rai 20.2; Robert 90.1; rohappy 10.4; Schubbel, Carola 124.1; Semenov, Alexander 5.1, 98.1; swillklitch 23.6; TTstudio 93.2; wideonet 76.1; Wilding 150.1. |Zoo Leipzig GmbH, Leipzig: 20.1.

Aufgaben richtig bearbeiten

Im Unterricht und bei Klassenarbeiten musst du Aufgaben lösen. Dazu ist es wichtig, genau zu verstehen, was mit dem jeweiligen Arbeitsauftrag gemeint ist. Dafür musst du wissen, was die Verben in den Aufgaben bedeuten.

Nennen

Beim Nennen listest du Daten, Fakten, Personen oder Begriffe ohne weitere Erklärung auf.

1. Nenne fünf verschiedene Haustiere, die der Mensch hält und züchtet.

Aufgabenlösung:
Rind, Schwein, Huhn, Hund, Katze.

Beschreiben

Beim Beschreiben gibst du Sachverhalte, den Aufbau oder Zusammenhänge wieder. Die Antwort soll in ganzen Sätzen und in eigenen Worten formuliert sein. Es sind keine weiteren Informationen oder Erklärungen nötig.

2. Beschreibe den Aufbau des Rindergebisses.

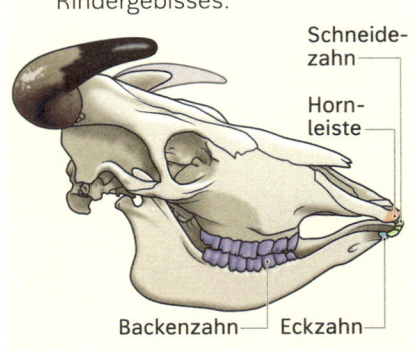

Aufgabenlösung:
Das Rind hat kleine Schneide- und Eckzähne. Die breiten Backenzähne des Rindes stehen dicht zusammen. Die Oberfläche der Backenzähne ist durch die Schmelzfalten immer rau. So können die Pflanzenteile zermahlen werden. Die Backenzähne werden daher als Mahlzähne bezeichnet. Das Rind hat ein Pflanzenfressergebiss.

Vergleichen

Beim Vergleichen stellst du Gemeinsamkeiten und Unterschiede gegenüber. Eine Tabelle kann helfen, Vergleiche anschaulich darzustellen.

3. Vergleiche eine Drohne mit einem Uhu. Übernimm die Tabelle in dein Heft und ergänze sie.

Aufgabenlösung:

Kennzeichen	Drohne	Uhu
Fortpflanzung	nein	ja
Wachstum und Entwicklung	nein	ja
Bewegung	ja	ja
Reizbarkeit	(ja)	ja
Stoffwechsel	nein	ja